英単語記憶術
語源による必須6000語の征服

岩田一男

筑摩書房

英単語記憶術
語源による必須6000語の征服

岩田一男

まえがき

　pencil（鉛筆）、peninsula（半島）、penis（男根）、この、一見まったく無関係な単語は、みんな「突き出る」という語源からきている（44ページ）。river（川）、rival（競争相手）、arrive（着く）も同じだ。riverの両岸で、魚をとりあったのが、rivalだし、arriveとは、そもそも「川岸に着く」という意味だった（44ページ）。

　こういうふうに、英単語は、個々別々にバラバラなものでなく、いくつかの大家族の中の一員なのである。そういう考えから出発し、私は、この本で約6000の必須単語（これだけあれば大学入試に十分である）を250家族に分類した。それを見開き2ページ一家族というふうに整理し、各ページの冒頭に、その家族のなかでだれでも知っているやさしい単語を太字で示した。この本は、この基本250語を知っていれば、altocumulus（18ページ）のようなウルトラC級の単語でも、一瞬にしてその意味を推理できるようになっている。

　いままでの英単語の記憶術は、ABC順のまる暗記型のものや、「犬が寝るからケンネル（犬小屋）」式のものが多かった。こんな無体系の記憶術では、能率が悪いし、まったく知らない単語にぶつかったときには、

どうしようもない。

　たとえば、embellishment という難解な単語にぶつかったとする。しかし、この本の読者なら、この単語の意味がすぐわかるだろう。すなわち、em- は「…にする」、bell が「美しい」、-ish は「…させる」の意の動詞語尾、-ment は名詞語尾。とすると、この単語は「美しくするもの」という意味だ。つまり「装飾」だとわかる。

　また、この本は英単語をおぼえながら、ヨーロッパの歴史と文化について、いろいろな新知識が得られるように工夫(くふう)したつもりだ。carpenter（大工）とは、もとは、carpentum（ラテン語で、二輪馬車）を作る職人だった（50ページ）とか、bribe（賄賂(わいろ)）は、乞食(こじき)にやるパン屑(くず)の意味だった（417ページ）とか、minister（大臣）のミニは、ミニカー、ミニスカートのミニだから、大臣じゃなく小臣である（150ページ）、などなど。

　英単語をおぼえながら、楽しい想像にひたり、ヨーロッパ文明に興味を深めていただければ、著者として苦労のしがいがあったと思う。

　　　　昭和 42 年 1 月 25 日

　　　　　　　　　　　　　　　岩　田　一　男

まえがき......5

1 語根による記憶術......9

北極と南極から等しい (equal) 地点にあるから、赤道 (equator) である。

2 接頭辞による記憶術......313

発見する (discover) とは、カバー (cover) をとる (dis-) ことである。

3 接尾辞による記憶術......377

ライバル (rival) とは、川 (river) の両側で魚を取り合う人 (-al) である。

4 人名・地名などによる記憶術......457

ホッテントット (Hottentot) の言葉は、探検家の耳には hot や tot としか聞こえなかった。

本文挿絵・真鍋博
本文レイアウト・倉地亜紀子

1 語根による記憶術

この章の読み方

　apartments（アパート）、department（部門）、impartial（公平な）、participate（参加する）、partake（食事などの相伴をする）などを、いちいち棒暗記するとしたら、うんと骨が折れるし、すぐ蒸発する。

　ところが、これらは、みな part（部分）という語根からきているのだとわかれば、パッと電気がつうじる。apartment は部分部分の部屋で、いくつかの部屋から成っているから apartments となる。department store（デパート）は、いくつもの売り場の部門から成り立っているからだ。participate は、みんなが part（部分、すなわち役割）をとるからで、take part in（参加する）という句も思い浮かぶ。particular は、部分ばかりだから「特殊な」

だし、「きちょうめんな」などとなったり、partake なら、豚のまる焼きを part ずつ take（取り合う）している、一家団欒の場面を想像する余裕さえ生まれる。participant や impart がでてきても少しもあわてず、「参加者」、「分け与える」と理解できるようになる。party（パーティ）、partisan（パルチザン、党兵）などもわかるし、participating program なんて新しい表現にあっても、広告主数社が一つのテレビやラジオ番組に参加し、共同で買いとるあれだな、などと想像がつく。

　そういう、根本的な、まことにだいじな語根（root）による記憶術が、この章である。

*act*ress ＝女優

★ actress の act は drive（駆る）、do（行動する）の意、それに女性語尾 -ress がついて（女優）。ちょっと気がつかないが、**exact**（正確な）も ex + act と因子に分解できるから、この仲間。exact の語源はラテン語 exigere（天びんの分銅を動かして重さをはかる）である。天びんではかったので「正確」だったというわけだろう。

★ act の ac- が ag- に変わることがある。したがって、**agitate**（煽動する、アジる）、**agile**（機敏な）なども act の仲間であることが容易にわかる。

action	行動 〔act + ion〕
active	活動的な〔反対は passive 受動的な〕
activity	活動〔↔ inactivity 不活発なこと〕
actual	現実の〔actually 実際に〕
actuality	現実(性)〔-ty は名詞語尾〕
react	反作用を起こす〔re- = back〕
reactionary	反動的な、反動家〔react から〕
transaction	取引き〔trans- = across〕
activate	活発にする〔active + ate〕
acting	代理の〔～ minister 代理公使〕
exactitude	正確〔-tude は抽象名詞語尾〕
examination	試験〔exact から転じた〕
agent	代理人〔secret ～ スパイ〕
agency	媒介〔-cy は名詞語尾〕
agenda	(pl.) 協議事項〔単数 agendum〕
agitation	扇動〔agitate の名詞形〕
agony	苦悶〔「首をしめる」意から〕
prodigal	放蕩の〔drive out 浪費する〕
antagonist	敵対者〔ant (i) = against〕
navigate	航海する〔navis は「船」〕

*alb*um ＝アルバム

★ album の alb は「白」という意味。なるほど、album には写真をはるための白いスペースがある。同様に、**Albion**（イギリスの雅名。イギリス南岸が白亜質なので、攻めてきた Julius Caesar がこう呼んだ）や、**albumin**（蛋白質）が生まれた。北ア、南アの **Alps** は、この変形。

★ **blank space**（空白）に見るように、blank も「白」の意。application blank（申込み用紙）など。

★ **wheat**（小麦）も white（白い）から。種が「白」だった。candle（ろうそく）の cand も「白」。

★ なお、若い女性が気にする **melanin**（メラニン色素）や、また **melancholy**（ゆううつ）の melan は「黒」の意。海上に黒く見える **Melanesia** 群島の名もこうして生まれた。

★ **ruby**（ルビー）の rub は「赤」の意。

albatross	あほうどり〔元来ポルトガル語の algatross（う）だったが、翼が白いので g が b となった〕
albescent	白くなりかかった〔-escent「なりかかる」の意〕
albinism	白化現象〔この -ism は「作用」の意〕
albumen	卵白〔white of an egg〕
blanket	毛布〔元来は「白い布」だった〕
blankly	むなしく〔「白」から転じて「からっぽ」の意〕
blanch	白くする〔blanc = white〕
bleach	白くさらす〔元来 make pale の意〕
bleak	寒々とした〔bleach と同語源〕
candid	淡白な〔色彩より〕
candidate	候補者〔ローマで官職志願者が白い上着で街を歩いたことから〕
candour	淡白〔candid の名詞形〕
melanoid	黒色素のような〔melan + oid〕
melanosis	黒色症〔-osis は「……症」を表わす接尾辞〕
rubicund	赤い〔顔色などの形容に〕
rubricate	朱書きにする〔印刷物、原稿などを〕
rouge	ルージュ、口紅〔「赤」の意のフランス語〕

*ali*bi ＝アリバイ

★ alibi は、ラテン語で elsewhere、つまり、「どこかほかの所」の意味で、ここから、現在使われている意味になった。このように、ali- には、「ほか」の意がある。Dr. Jekyll **alias** Mr. Hyde（ジキル博士、別名ハイド氏）など。

★ なお、**alter** も「ほか」を表わす。To be, or not to be: that is the question. —— "Hamlet"のように、二つに一つを選ばねばならない状態（二者択一）は **alternative** である。

★「他」に対するのは、**ego**（自分）である。なお、alter をつけて **alterego** となると、「他の自分」、すなわち、（無二の親友）となる。

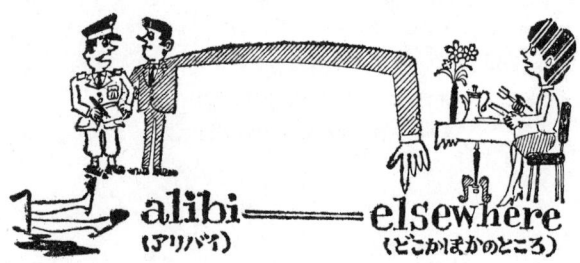

alien	外国の〔他の人や国の〕
alienate	疎外する〔alien + ate〕
alienation	疎外、譲渡〔alienate の名詞形〕
alienable	譲渡しうる〔alien + able〕
inalienable	売り渡せない〔alienable でない〕
alteration	変更〔alter から〕
alterable	変更できる〔alter できる〕
alternate	交替する、たがい違いの
alternation	交替〔alternate の名詞形〕
altruism	愛他主義〔egoism の反対〕
inalterable	不変の〔in- = not〕
altercate	口論する〔他をののしる〕
alternator	交流発電機〔-or は「機械」の意〕
egoism	利己主義〔ego + ism〕
egoist	利己主義者〔-ist は「人」の意〕
egoistic	利己主義の〔-ic は形容詞語尾〕
egotism	自己中心主義〔egoism と同じではない〕
egotist	自己中心の人〔-ist は「人」〕
egotistic	自己中心の〔-ic は形容詞語尾〕
ego-centric	自己中心の〔center から〕

alto =アルト(中高音)

★声楽の alto (アルト) は soprano につぐ「中高音」だが、これはラテン語 altus (高い) からきている。これがわかると、alto-cumulus、alto-stratus という気象用語も、cumulus は accumulate (蓄積する)、stratus は stratum (層) と関係があるだろうと考え、まえが「高積雲」、あとが「高層雲」と合理的に推量できよう。

★ alto の反対は低音の bass。これから base (土台、基地)、baseball (野球) ができたことは容易に気がつくだろう。basis は「基礎」。

★古くからの英語なら、もちろん「高い」は high、「低い」は low。

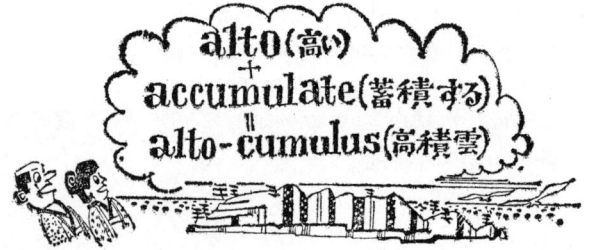

altissimo	もっとも高い〔イタリア語、very high の意〕
altar	祭壇〔高い所にまつってある〕
altitude	高度〔-s (pl.)は「高所」のこと〕
exalt	高める〔は(おどり上がって喜ぶ)〕
exaltation	高揚〔の名詞形〕
haughty	高慢な〔h はドイツ語の hoch(高い)の影響〕
basis	基礎〔複数形は bases〈béisi:z〉〕
basement	地階〔base + ment〕
baseless	根拠のない〔base + less〕
debase	卑しくする〔de- は make の意〕
basely	卑しく〔base + ly〕
baseness	卑劣さ〔base + ness〕
highball	ハイボール〔ウイスキーにソーダなどをまぜたもの〕
highbrow	インテリ(の)〔額(ひたい)が高い〕
highland	高地〔highlander 高地居住者〕
highlight	呼び物〔「強い光を当てられる部分」の意〕
Highness	殿下〔小文字なら「高いこと」〕
high-octane	オクタン価の高い〔ガソリンなど〕
highway	(主要)道路〔highwayman 追いはぎ〕
low-spirited	元気のない(↔ high-spirited)
low-teen	十三、十四歳の(子)〔十八、十九なら high-teen〕

anarchy ＝無政府（状態）

★ anarchy の an- は「ない」で、arch は「支配者」、つまり「支配者のいない」ことで、（無政府状態）の意味になった。arch にはこのほかに、「おもな、第一の」の意味がある。だから、**archbishop** というと、第一の bishop（司教、監督）で、（大司教）とわかる。もっとも、**archliar**（大うそつき）のように悪い意味に使うこともある。

★ arch を単独で使えば（ずるい）の意味になる。

★なお（弓形）を arch というが、語源的にはまったく無関係。

anarchist	無政府主義者
archangel	大天使 (arch + angel)
architect	建築者 (もとは chief builder だった)
architecture	建築 (-ure は抽象名詞語尾)
archpriest	主牧師 (arch + priest (牧師))
archenemy	大敵 (「人類の～」なら Satan)
archfiend	魔王 (arch + fiend (悪魔))
archtraitor	大反逆者 (traitor 反逆者)
archetype	原型 (arch + type (prototype) と同じ)
archly	ちゃめに (arch (いたずらの) + ly)
archness	ちゃめっ気 (arch + ness)
autarchy	絶対主権、自給自足 (aut- = self)
monarch	君主 (mon = one)
monarchy	君主政治 (一人の君主が治める)
monarchism	君主主義 (-ism は「主義」)
oligarch	少数者独裁 (olig = few)
archipelago	群島、(A—) エーゲ海 (chief sea の意)
archaic	古代の (始まりの、むかしの)
archaeology	考古学 (logy は「学」)
arc	弧、弓形 (arch (弓形) と同根)
arcade	アーケード (「アーチ形をした所」の意)
archway	アーチのかかった道 (arch + way)
archer	射手 (arch + er)
archery	弓術 (-y は「術」の意の名詞語尾)

apt =適した

★ apt は fit（適当な）の意。adapt は apt に ad (= to) のついたもの。だから（適応させる）である。

★ ept や att と、つづりが変わることもある。attitude（態度）とは、aptitude（適性）の p の落ちたもの。aptitude test なら（適性検査）。

★ apt と比較的似た語に cert がある。これは「確かな」の意。なるほど、certain は（確かな）だし、ascertain は（確かめる）だ。certificate（証明書）は、在学しているとか、自動車免許をとったとかを、確かにするものだから。

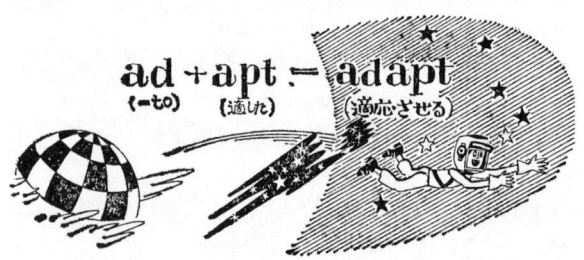

aptly	適切に (-ly は副詞語尾)
aptness	適合性、性質 (-ness は名詞語尾)
adapted	適当な、脚色した (-ed は形容詞語尾)
adaptation	適応、脚色 (-tion は名詞語尾)
adaptable	適応しうる (-able は「できる」)
adaptability	適応性 (-ty は名詞語尾)
adapter	改作者 (-er は「人」)
adept	熟達した (人) (-ept = apt)
inept	不適切な (in- = not)
ineptitude	愚かしさ (-tude は「性質」を表わす)
certain	確かな、ある (cert は「確かな」の意)
uncertain	不確かな (un- = not)
certainly	確かに、承知しました (certain + ly)
certes	確かに (請け合うとき)
certitude	確実性 (-tude は「性質」を表わす)
certify	証明する (-fy は「……にする、確かだという」)
certification	証明、免許 (-tion は名詞語尾)
certainty	確実なこと、必然性 (-ty は名詞語尾)
ascertain	確かめる (as- = to)
ascertainment	見とどけ (ascertain すること)

*aqua*lung＝アクアラング

★ aqualung は、aqua（水）＋ lung（肺）で「水中肺」、つまり、（アクアラング）となる。aqua は、元来梵語で、「供養(ぼんご)」の意。これから、「供える器」→「器の中の聖水」→「水」と変化した。aqua vitae「生命の水」とは（酒）のこと。whisky もやはりもとは「生命の水」の意。日本でも、『源氏物語』などに「あか棚(だな)」、「あか桶(おけ)」などと「あか（水）」が出てくる。

★ aqua はラテン語だが、ギリシャ語で「水」は、hydra。ここから、（水素）を表わす hydrogen が生まれた。

★ なお、terra はラテン語で「土」。よく土を掘って鼻を真黒にしている犬 terrier（テリヤ）は、ここから生まれた。earth dog というわけ。

aquaplane	波乗り板〔モーター・ボートに引かせる〕
aquatic	水の〔〜 animal 水棲動物〕
aqueduct	(ローマの) 水道〔水を導くもの〕
aqueous	水の〔「海へび」の意〕
hydra	ヒドラ〔ギリシャ神話の蛇〕
hydrant	給水栓 (hydr + ant)
hydrangea	アジサイ〔色が「水色」だから〕
hydroplane	水上飛行機 (hydro + plane)
hydrophobia	恐水病〔「狂犬病」のこと〕
terrace	テラス〔「段々になった台地」の意〕
terrestrial	陸の〔「土の」の意から〕
territorial	領土の (territory の形容詞)
territory	領土 (terra から)
extraterritoriality	治外法権 (extra は「外の」の意)
Mediterranean	地中海の (middle land)
subterranean	地下の (sub は「下」)
terrain	地形 (made of earth)

arm =腕

★ arm は「腕」だが、arms と複数形になると、(武器、紋章) のように、意味が広がる。Hemingway の "Farewell to Arms" のように。

★ alarm (警報) は、"To the arms"(武器を取れ!) のつまった形。alarm clock は (目ざまし時計)。

★ brace も「腕」の意で、bracelet は (腕輪)、もっとも armlet という表現も使われる。embrace は「腕で抱く」から、(抱擁する) となる。

★なお、「足」は ped。ここから、pedal (ペダル)、peddler (足で歩く人→行商人) などの言葉が生まれた。

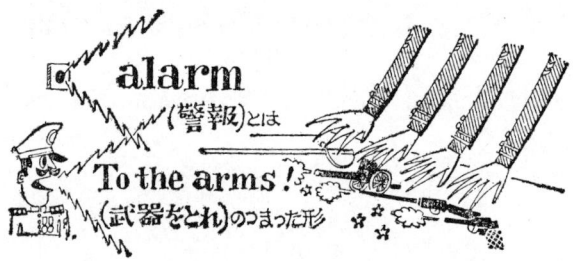

armour	よろい〔armoured cruiser 装甲巡洋艦〕
armament	軍備〔-ment は名詞語尾〕
army	軍隊、陸軍〔arm + y〕
disarmament	武装解除〔dis- = off〕
armada	艦隊〔Invincible A— 無敵艦隊〕
armadillo	アルマジロ〔よろいを着たような格好だから〕
armful	腕いっぱい〔arm + ful〕
arming	武装、紋章、-ing は名詞語尾
armless	腕のない、無防備の〔-less は「ない」〕
armpit	わきの下〔pit 穴〕
armistice	休戦〔stice = stop〕
armory	兵器庫〔armor + y〕
pedestrian	歩行者〔「足で行く人」の意〕
pedicab	リンタク〔歩く車〕
pedestal	台座〔「台の脚」の意〕
pedigree	系図〔pied de grue〈仏〉鶴の脚）のつまったもの。系図を鶴の脚に見立てた〕
expedite	はかどらせる〔「足かせをとる」の意〕
expedition	遠征隊〔expedite から〕
impede	妨害する〔足かせをはめる〕
impediment	邪魔物〔impede の名詞形〕

art ＝芸術

★art は、(芸術、技術)。artist は、芸術家だが、おもに、(画家)。お風呂屋さんの壁に富士山を描くのは painter。fine arts というと、(美術) のことになる。

★art には、また、「二つのものをつなぎ合わせる」の意味があり、articulation（関節）などが生まれた。

★なお art と対照される nature（自然）は元来 nasci「生まれる」からきたもの。芸術の花開いた Renaissance は、re（ふたたび）＋ nasci（生まれる）で、(文芸復興) となる。この nasci から、native（土着の）や、nation（国家）などが生まれた。

artful	技術的な〔art + ful〕
artless	無邪気な〔art（飾り気）が less（ない）〕
artifice	くふう〔fice は「作る」の意から〕
artificial	人工的〔-al は形容詞語尾〕
artistic	芸術的な〔-ic は形容詞語尾〕
artisan	工匠〔技術的指導者 cf. artist〕
article	品物〔元来は「小さい関節」〕
articulate	はっきりした〔関節で接合したように〕
articular	関節の〔articulate から〕
natural	自然の〔「nature の」の意〕
naturalist	生物学者〔natural science 生物学〕
naturalism	自然主義〔-ism は「主義」〕
naturalize	帰化させる〔-ize は「……にする」の意〕
national	国民の、国家の、国立の〔nation + al〕
nationality	国籍〔-ity は名詞語尾〕
nationalism	国家主義〔-ism は「主義」〕
nationalize	国営にする〔-ize は「……化する」〕
nationalization	国営化〔-tion は名詞語尾〕
innate	生まれつきの〔= inborn〕

*audi*ence ＝聴衆

★ audio のついた語は「聴く」に関係があると思ってよい。これはラテン語 audire（聴く）からきた。audience が（聴衆）であることも理解できるだろう。ほかにも audio-visual（視聴覚教育）は現代の花形である。また、audition（試聴）も近ごろよく「きく」言葉。本来の意味は、新番組を、放送まえに聴いて研究すること。

★ auditorium が（講堂、聴衆席）であることは、ごぞんじのとおり。video「視」とともに、こんごますます、いろいろな合成語が作られていくだろう。

★「聴く」には、このほか hear と listen がある。

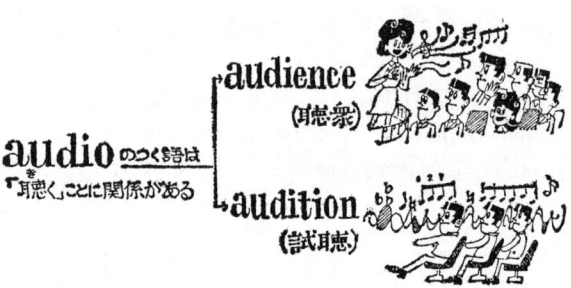

audible	聞こえる (audire + able)
inaudible	聞こえない (in- = not)
audit	会計検査 (をする)
auditor	会計検査官
audimeter	オーディメーター〔聴視状態調査のため、受信機にとりつけた自動記録装置〕
audio	(ビデオに対し) 声の部分 (aural ともいう)
audiometer	音波計 (audimeter とはちがう)
audiophile	ハイファイ愛好家 (phile = lover、audio fan ともいう)
auditory	聴感の (visual に対応)
auricular	聴覚の (-ar は形容詞語尾)
aurist	耳科医 (-ist は「人」)
auriscope	検耳鏡 (scope は「鏡」)
auscultate	聴診する (= listen to)
auscultator	聴診器 (-or は「人、器械」)
hearsay	噂 (うわさ) (to hear say (聞いてしゃべる) から)
hearken	傾聴する (= listen)
listener	傾聴者 (list「聴く」から)
listening-in	ラジオ聴取 (listen in すること)

*auth*or ＝作家

★ author はラテン語の augere（ふえる）から来たもので、「事を大きくする人」、「創始者」の意であった。**augment**（増加する）などは、明らかにこのラテン語からきたもの。aug は auc ともなる。**auction**（競売）は、売り値をせり上げる（増大させる）からである。形は変わっても、**auxiliary**（補助の）も、この仲間。「さらに加わる」の意からである。

★なお意味の似た語で、**increase**（増加する）、**crescent**（三日月）などは、ラテン語 crescere（＝ grow 大きくなる）からきたもの。

★（ふえる）にも他にも grow がある。

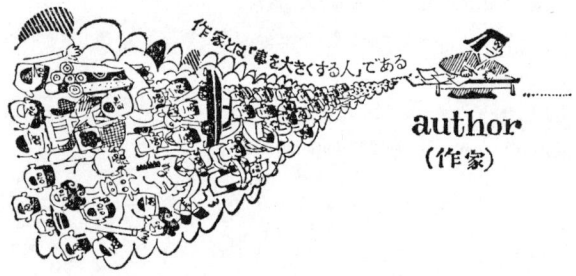

augmented	増大された〔augere から〕
augmentation	増大〔augment の名詞形〕
augmentative	増加的な〔-ive は形容詞語尾〕
auctioneer	競売者〔-eer は「人」〕
authority	権威(者)〔-ity は名詞語尾〕
authoritative	権威ある〔-ive は形容詞語尾〕
authorization	認可〔-ization …化する〕
authentic	信ずべき〔-ic は形容詞語尾〕
authenticity	真正〔-ity は名詞語尾〕
crescendo	(音楽) クレッシェンド (しだいに強く＜であらわす)
excrescence	贅肉(ぜいにく)〔よけいに(ex) ふえたもの〕
decrease	減少する〈di:krí:s〉〔減少(名詞) は〈dí:kri:s〉〕
decrescendo	(音楽) しだいに弱く(＞であらわす)
decrescent	漸減的な〔反対は crescent〕
accrue	増加する〔自然増加によって〕
accrete	加える〔cre- = grow〕
decrepit	老衰した〔de- = off〕
decrepitude	老衰〔-ude は名詞語尾〕
grownup	おとな〔grow up したもの〕
growth	成長〔-th は名詞語尾〕

ball ＝舞踏会

★ ball は「踊る」の意。ボールもダンスも「ころがる」のだから、野球も舞踏会ももとは一つ。つづりは少し変わるが、あなたの好きな bowling（ボーリング）もこの親類。

★ なお踊りにつきものの「歌」の語源はラテン語 cant（歌う）。これがわかれば、accent（アクセント）やフランス語の chanson（シャンソン）もその一種とすぐわかる。音楽用語の cantata（カンタータ、声楽曲）、andante cantabile（ゆるやかに歌うように）なんてイタリア語も見当がついてくる。

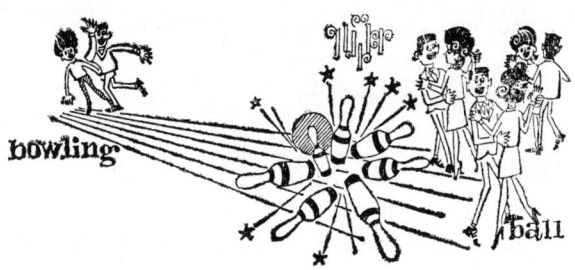

ballpark	球場〔baseball park の意〕
ballot	投票（用紙）〔むかしは小石で投票した〕
balloon	軽気球〔large ball の意、-oon は「大」〕
ballistics	弾道学〔-tics は「学問」〕
bowl	鉢〔まるい形から〕
belly	腹〔「ふくれる」の意〕
ballad	民謡〔ダンスといっしょに歌う〕
ballet	バレエ（ball + et）
ballet-dancer	バレエダンサー
bullet	銃弾（〜 proof 防弾の）
cant	仲間言葉〔もとはラテン語（歌う）から〕
canticle	詠唱〔御詠歌のようなもの〕
cantor	先唱者〔聖歌隊の歌い手〕
incantation	魔法〔歌ってとりこにする〕
enchant	魅惑する〔ほんらいは「歌う」〕
enchantment	魅惑（en- = make、-ment ＝名詞語尾）
chant	歌（う）〔→ chanson の親類〕
chanter	歌う人（chantress なら「歌姫」）
chanty	よいとまけ〔錨（いかり）を上げるときの船員のかけ声〕
chanticleer	雄鶏（おんどり）〔clear に歌うから〕

bar ＝バー、酒場

★ bar は本来「横木」、「棒」の意味。横木で判事席と被告席とを分けるから（法廷）、客席と分けるから（酒場）、そんなバーがあるとじゃまになるから（障害物）などという意味ができた。

★ なお、形が似ている bat は「打つ」から。なるほどそういえば、battle（戦闘）、combat（戦闘）、beat（たたく）、みんな「打つ」と関係がある。

★（こうもり）の bat は、はねてバタバタするところから。（目をまばたく）の bat も同じ。

barbecue	バーベキュー〔肉を焼く bar から〕
barbell	バーベル〔dumbbell (亜鈴) の意〕
barfly	酒場の常連〔アメリカの俗語〕
barrier	障害 (bar + ier)
barracks	バラック〔横木で一時的に作ったもの〕
barrel	樽 (たる)〔bar は「樽の板」〕
barricade	バリケード〔土をつめた barrel で作る〕
barrister	弁護士〔法廷で訴訟を扱う〕
embarrass	当惑させる〔「横木でとり囲んで」の意味〕
baton	(リレーの) バトン〔「棒」の意〕
batter	打者 (bat する人)
battery	投手と捕手、砲台〔「打つ」の意から〕
batting	打撃 (bat すること)
battledore	羽子板 (-dore ……する者)
battalion	大隊 (-ion は「大」の意。中隊は company)
battlefield	戦場 (field は「野」)
battleship	戦艦 (warship は一般的な軍艦)
debate	討論する (= beat down)
abate	減じる〔「打ち倒す」の意から〕
bate	弱める (abate の a が落ちた)
combatant	戦闘員 (-ant は「人」)
combative	戦闘的な (com- = together)

Bible ＝聖書

★古代エジプトの草である papyrus（パピルス）から **paper**（紙）ができたことは有名だが、この papyrus を輸出していた古代フェニキアの都市の名が Byblos であったことから、**Bible**（聖書）の名が起こったことはあまり知られていない。

★papyrus の葉の一枚を kharfes といい、**card**（カード）の語源となった。

★古代エジプトと違ってイギリスでは beech（ブナ）の木の皮に文字を刻んだ。ここから **book**（本）が生まれた。

paperback	ペーパーバック（「紙表紙本」の意）
paperweight	文鎮（「紙のおもし」である）
papery	紙のような（-y は形容詞語尾）
Biblical	聖書の（< Bible）
biblio	本（聖書ばかりではない）
bibliography	書誌学（biblio (book) + graphy (writing)）
bibliofilm	図書複製フィルム（biblio + film）
bibliolatry	図書崇拝（-latry = worship）
bibliomania	蔵書狂（-mania は「狂」）
bibliophil(e)	愛書家（-phil (e) = love）
cardboard	ボール紙（board（板）のように厚いから、ボールは board の発音のくずれ）
cardcase	名刺入れ
cardsharp(er)	トランプ詐欺師（card + sharper（詐欺師））
discard	捨てる（（トランプで）カルタを捨てるように）
chart	海図（card と姉妹語）
charter	借り切る（飛行機など）
cartography	製図法（cart + graphy）
cartel	決闘状、カルテル（書類で約束する）
bookish	書籍口調の（～ English など）
bookkeeping	簿記（book + keeping）
booklet	小さな書物（-let は「小」）

*bon*us ＝ボーナス

★ bonus の bon は「よい」＝ good の意。なるほど bonus（ボーナス）はよいものだ。また **bonanza**（大当たり）もこの仲間で、スペイン語の「幸運」に当たる。

★ bell、beau は「美しい」の意味である。beau（しゃれ男）の発音は〈bou〉で、フランス語からきたもの。beauty が（美、美人）であることはだれでも知っている。

★酒好きの人につごうのよいラテン語の言葉、In vino veritas.（酒の中に真理あり）の veritas、英語では **verity**（真理）。これは very というやさしい語と親類どうし。これで真善美がそろった。

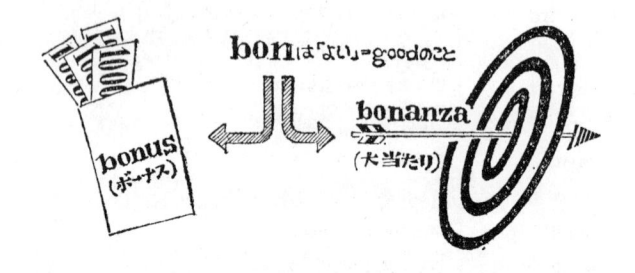

bonanzagram	穴うめクイズ〔正解がないと賞金が順次追加される〕
bonbon	ボンボン〔bon の加重形〕
bonny、-ie	肉づきよくかわいい〔スコットランド語〕
bounty	恩恵〔bonus (= good) から〕
bountiful	豊富な〔-ful は「いっぱいの」〕
boon	贈物、愉快な〔~ companion 飲み友だち〕
belle	美人〔~ of the ball 舞踏会一の美人〕
belvedere	見晴らし台〔イタリア語で fine view の意〕
belladonna	ベラドンナ（毒草）〔化粧水として珍重された〕
beautiful	美しい〔「美がいっぱい」の意〕
beautify	美化する〔-fy は「……する」〕
embellishment	装飾〔em- = en- = make〕
veracious	正直な〔verax (= truthful) + ous〕
verdict	裁決〔「本当に言われた」の意〕
verify	立証する〔正しくする、名詞は -ication〕
veritable	真実の〔-able は「できる」〕
verisimilitude	ありそうなこと〔veri + similitude〕
aver	断言する〔a- = ad- = to、ver = true〕

brief ＝簡潔な

★ Ars longa, vita brevis.（芸術は長く生命は短い）この brevis から **brief**（短い）ができた。古くからの英語では short。

★ **abridge** も「橋」とは関係なく（要約する）である。その姉妹語 **abbreviate** が brief からきたものだといえば（短縮する）という意味はすぐわかる。

★ longa からの派生語はじつに多い。また **long** はたんに（長い）のほか、動詞として使えば「首を長くして待つ」の意から（恋いこがれる）、**prolong** なら（ひきのばす）。

briefcase	折りかばん〔書類を入れる革製のかばん〕
briefing	要領報告〔brief + ing〕
brevity	簡潔〔Brevity is the soul of wit. 簡潔は知恵の魂〔ハムレット〕〕
abbreviation	短縮〔B.G. とか G.I.〕
abridgement	要約〔bridge = brief〕
shortage	不足〔short なこと〕
shortcoming	欠点〔short + coming〕
shortstop	遊撃〔short とつぜんに〕
longing	あこがれ〔首を長くして〕
alongside	〔船などが〕並んで〔along + side〕
oblong	長方形〔ob + long〕
longhand	ふつうの書き方〔↔ shorthand 速記法〕
lengthen	長くする〔length は「長さ」〕
elongate	ひきのばす〔e- = ex〕
longevity	長命〔long + aevum〔= age〕〕
lengthy	長たらしい〔注説、文体などが〕
longitude	経度〔↔ latitude 緯度〕
linger	ぐずぐずする〔すなわち「ひきのばす」〕
headlong	まっさかさまに〔head + long〕
sidelong	わき〔の〕〔~ glance 横目〕
long-run	長期興行〔の〕〔マラソンではない〕
long-standing	積年の〔~ promise まえからの約束〕
longdistance	長距離の〔a ~ call 長距離電話〕

camp =野宿

★ camp は、もともと「野」(field)、「平地」(plain) の意。野で寝るから(野営、軍隊生活)の意にもなる。パリでもっとも美しいのは、シャンゼリゼ通り(Champs Élysées)、すなわち Elysian fields (極楽浄土) の意。

★ なお、このページでは、mons「土」、mari「海」、river「川」などもいっしょに扱った。mountain (山)。marine (海の)。arrive (着く) は、もとは「川岸に着く」ことだった。地中海沿岸の保養地 Riviera も、語源は river。

★ island (島) は、ぽつんと離れて (isolate) いるから。

★ peninsula (半島) は突き出たものの意。pencil (鉛筆)、penis (男根) も関係がある。

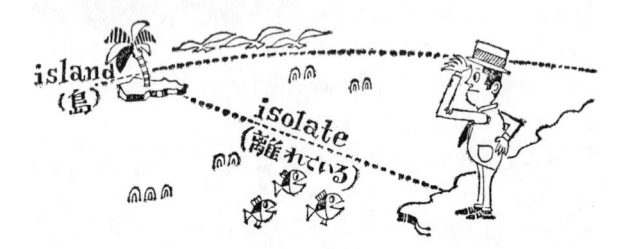

campus	校庭〔field の意〕
campaign	(社会的) 運動、カンパ〔open country〕
champion	優勝者〔「戦場に出る人」の意、つねにひとり〕
champignon	食用きのこ〔野に生えるから〕
champagne	シャンペン〔(仏) Champagne (田舎の意) 地方産〕
encamp	野営する〔en- = make、陣地にする〕
decamp	野営をたたむ〔de- は away〕
mount	登る〔dismount おりる〕
mountebank	大道香具師 (やし)〔bank (台) に上がってやるから〕
surmount	打ち勝つ〔sur- = above〕
paramount	最高の〔to the mountain の意〕
mariner	船員〔= sailor〕
submarine	潜水艦〔「海の下」の意、subway 地下鉄〕
ultramarine	群青色の〔beyond the sea の意〕
riverside	川岸〔river + side〕
rivalry	競争〔rival の抽象名詞〕
islet	小島〔-let は指小辞〕
insularity	島国根性〔insular 島国の〕
peninsular	半島の〔peninsula の形容詞形〕

cap =ふちなし帽子

★ cap の語源は、ラテン語の caput (= head) で、「頭」、「頂上」、「さき」などの意味がある。(帽子)の意味がでてくるのは当然といえよう。captain (船長、大将) もこの仲間。

★ chief (かしら)、cabbage (キャベツ) などと形が変わることもある。この cabbage は、その格好が人の頭に似ているから。もっとも、スラングでは female genitals の意味にも使う。

★ 日本語の合羽(かっぱ)は、ポルトガル語の capa (= cape) からきた。また handkerchief (ハンカチ) も、もとは chief (= head) を包んだものであったから。また、mischief は「chief (さき) まで達しないこと」→「不成功」→「損害」→（他人の迷惑になるいたずら）と変化した。

cape	ケープ、みさき〔海中に頭のように出ているから〕
capital	首都、頭文字〔もとは「主要な」、Capitol とは同音異義語〕
capital letter	頭文字、大文字
Capitol	(アメリカ) 国会議事堂〔Jupiter の神殿の呼称〕
capitalism	資本主義〔cap (もとの、基本の) から (資本) となった〕
capitalist	資本家〔-ist は「人」〕
capitalize	頭文字で書きはじめる〔capital にする〕
capsize	転覆させる〔頭から〕
capitulate	降伏する〔頭をたれて〕
chieftain	(山賊の) 親分〔-tain は「人」を表わす名詞語尾〕
chapter	章〔caput からきた〕
chattel	家財、動産〔むかしは家畜、奴隷 (どれい) のことだった〕
achieve	なしとげる〔head (終わり) までもってくる〕
achievement	業績、達成〔achieve + ment〕
decapitate	首を切る〔de- = away〕
decapitation	斬首〔de- = off〕
cap-à-pie	頭のてっぺんからつまさきまで〔pie = foot〕
mischievous	いたずらの〔mischief の形容詞形〕

*cap*able ＝有能な

★ **capable** の cap はラテン語の capere (= catch、take) からきた「捕える」である。したがって、capable は「捕えることができる」から (有能な) わけである。**capture** (捕獲)、**captive** (捕虜) などもこの仲間。

★ **cash** (現金) も cap の仲間だということをごぞんじだろうか。cash はラテン語の capsa (とった金を入れる箱) からきた語といえば、なっとくできよう。

★ **occupy** (占める) も「場所をとる」ということで、このグループの一つ。

★ **accept** (受け入れる) もこの仲間。ac = ad、cept = capere だから。

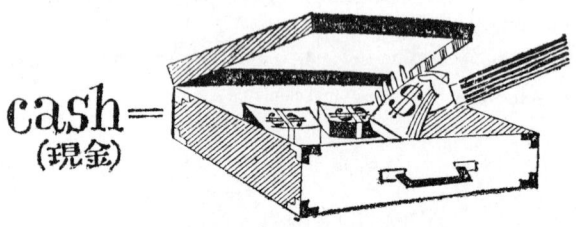

cash ＝ (現金)

もとは「とったお金を入れる箱」であった

capability	能力 (-ity は名詞語尾)
incapable	できない (in- = not)
capacity	収容力 (hold の意)
capacious	広い (capacity のある)
caption	小見出し (そこをまずつかまえるから)
captivity	監禁 (-ity は名詞語尾)
capacitor	蓄電器 (= condenser)
captivate	魂を奪う (vate は「……する」の意)
captor	捕獲者 (-or は「人」)
cashier	出納係 (-ier は「人」)
occupation	占領 (occupy + tion)
preoccupied	夢中になった (preoccupy の過去分詞)
occupant	占有者 (-ant は「人」)
occupancy	占有 (-cy は抽象名詞を作る接尾辞)
acceptor	承諾者 (ac (ad) + cept (capere) + or (人))
acceptable	受け入れられる (-able は「できる」)
acceptance	受領 (accept の名詞形)
chase	追跡する (catch と姉妹語である)
purchase	買う ((品物を) 追い求めること)
carp	あらさがしする (capere から)

car = 車

★ car（車）は、ラテン語の carrus（二輪馬車）からきた語。carry（運ぶ）も同じ。人生の軌跡ともいうべき career（経歴）は本来「車のわだち」の意だった。carpenter（大工）が car の仲間だと知る人は少ないだろう。そのむかし carpentum（ラテン語、二輪馬車の意）を作るのが仕事だったからである。caricature（風刺）も car からきたもので、車に荷物を積みすぎて滑稽だったことによる。

★ car は、あとにくる語によって ch- となることがある。chariot（戦車）や「車に荷を積むこと」から（詰める）の意の charge などがある。

carriage	馬車、身のこなし〔-age は名詞語尾〕
carrying	運輸〔車で運ぶこと〕
carryall	一頭立て軽馬車〔carriole の変形〕
carry-over	〔簿〕繰越し〔商品だと「持越し品」〕
carrier	運ぶ人〔医学用語では「保菌者」〕
careerism	立身出世主義〔career + ism〕
careerist	野心家〔career + ist〕
cart	荷馬車〔t がなければ「自動車」〕
cargo	船荷〔荷物を車に積んで運んでいって積むから〕
carrousel	回転木馬〔merry-go-round〕
caravan	隊商〔car から〕
carbarn	〔電車の〕車庫〔barn = place、house〕
carsick	車に酔った〔car + sick〕
cartridge	弾薬筒
caricaturist	漫画家〔caricature + ist〕
charger	馬〔charge〔荷を積む〕ものだから〕
chargeable	負わせられるべき〔費用など〕
discharge	発射する〔charge したものを放出する〕
overcharge	荷を積みすぎる〔高い代金を請求することもいう〕
undercharge	代金を少なく請求する
charioteer	〔戦車の〕御者〔-eer は「人」〕

*carn*ival ＝謝肉祭

★ carnival（カーニバル）と carnation（カーネーション）は、どちらも carn（肉）からきている。カーネーションは色が「肉色」、カーニバルは肉断ちをする直前の三日間、すなわち「謝肉祭」である。cannibal（食人種）もこの仲間。

★ carn に対して、骨（bone）は os で表わす。魚などの小骨を ossicle、骨のことを研究する学問を osteology（骨学）という。

★ついでに、bio は、「生命」（life）を表わす。biology（生物学）。

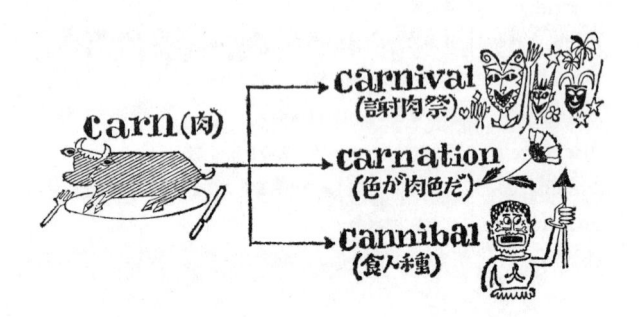

carnal	肉の〔-al は形容詞語尾〕
carnality	肉欲〔-ity は名詞語尾〕
carnivore	食肉動物〔「食虫植物」の意もある〕
carnivorous	肉食の〔-ous は形容詞語尾〕
incarnation	化身〔神の子イエスが、人間の肉体をもって生まれた〕
incarnate	肉体をそなえた〔a devil 〜悪魔の化身〕
ossify	骨にする〔-fy は「……にする」の意〕
osseous	骨から成る〔-ous は形容詞語尾〕
ossuary	納骨堂〔os は「骨」、-uary は「場所」〕
amphibious	水陸両棲（せい）の〔amphi- は「両方の」の意〕
antibiotic	抗生物質〔anti- は「抗」の意〕
biochemical	生化学の〔-al は形容詞語尾〕
biochemistry	生化学〔chemistry 化学〕
biogen	活素〔-gen は「素」の意〕
biogenesis	生物続生説〔生物は生物からのみ発生するという〕
biographer	伝記作者〔-er は「……する人」の意〕
biography	伝記〔graphy = writing〕
biological	生物学的〔-al は形容詞語尾〕
biology	生物学〔-logy は「学」の意〕
bioscope	（むかしの）映写機〔生きているのが映るから〕

cave =洞穴(ほらあな)

★ cave は(洞穴)の意。excavation は、洞穴から外へ(ex- = out)出すから、遺跡などの(発掘)となる。

★同じ意味の語に hollow がある。これは hole(穴)からきている。Irving の "Sketch Book" の一編に Sleepy Hollow(眠り谷)というのがある。hollow が穴だからといって、Holland(オランダ)を穴だらけの国というのは当たらない。元来、holtland で、holt は wood(木)の意。日本で、「紀伊(=木)の国」というのに当たる。

★洞窟(どうくつ)の grotto は、ラテン語の crypta(かくす)からきている。ルネサンス時代に、地下の墓窟(= grotto)に多く見いだされた古代ローマの装飾模様を grotesque(グロテスク)という。

★ void、vacant は「からの」の意味。

caveman	ぶこつ者〔洞窟に住んでいる人間のような〕
cavity	穴〔nasal ～ 鼻腔〕
caverned	ほら穴になった〔cavern + ed〕
excavate	発掘する〔ex- = out〕
cavern	大洞窟〔cave + ern〕
cavernous	落ちこんだ〔目など〕
cryptogram	暗号文〔ラテン語 crypta から〕
cryptogam	隠花植物〔「秘密の結婚」の意〕
crypt	教会の地下室〔「かくれた」の意から〕
camera	カメラ〔本来「穴」、「暗い室」の意だった〕
avoid	避ける〔a- = out〕
avoidance	回避〔avoid の名詞形〕
devoid	欠けている〔de- + void〕
vacantly	うつろに〔vacant + ly〕
vacancy	空虚〔vacant の名詞形〕
vacate	からにする〔-ate は「……にする」〕
vacation	休暇〔-ion は名詞語尾〕
vacuity	空虚〔-ity は名詞語尾〕
evacuate	疎開する〔「排泄（はいせつ）する」の意もある〕
evacuee	疎開者〔-ee は「人」〕

centre ＝中心

★ centr は「中心」。歴史を重んじるイギリスは centre とつづり、実用性中心のアメリカでは、center とつづる。

★ concentration という長い単語も、よく見れば中央に centr があるから（集中）とわかる。また eccentric なら ec- ＝ ex- で「はずれる」の意だから「中心をはずれる」で（変わりもの）となる。

★ centr の縁語で circ は「周囲」の意。circle（円）、近ごろ流行の circuit（サーキット）などこの仲間。

★ なお bicycle（自転車）の cycle も ring（輪）の意味。

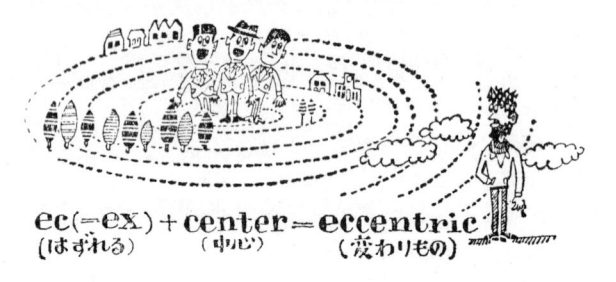

ec(＝ex) ＋ center ＝ eccentric
(はずれる)　(中心)　(変わりもの)

central	中心の〔接尾辞 al がついた〕
centricity	求心性〔-ity は名詞語尾〕
centrifugal	遠心(性)の〔求心性の反対〕
centrosphere	(地球の) 核〔sphere は「球」〕
concentrate	集中する〔con (= with) + centr + ate〕
centralization	集中化〔center 化すること〕
eccentricity	奇行〔的はずれの行為〕
circular	円形の〔-ar は形容詞語尾〕
circulate	循環する〔circle をかく〕
circulation	循環〔-ion は名詞語尾〕
circus	サーカス〔円形にテントを張るから〕
circuitous	回り道の〔-ous は形容詞語尾〕
encircle	とり巻く〔en- = make、circle にする〕
encirclement	包囲〔encircle の名詞形〕
semicircle	半円〔semi- は「半分」〕
circumlocution	遠回し〔circum (周囲) + locution (言い方)〕
cycle	周波〔「輪」の意〕
cyclone	温帯性低気圧〔輪になって動く〕
cyclotron	サイクロトロン〈原子核破壊装置〉〔cycle + electron〕
cylinder	円筒、汽筒〔cycle から〕
encyclopedia	百科事典〔「すべてをふくむ総括的教育」の意〕
encyclopedic	博学な〔-ic は形容詞語尾〕

clear =明るい

★ clear（明るい、透明な）の語源は、ラテン語の clar。楽器の clarinet（クラリネット）の語源も同じ。明るい音をたてるからである。なお、イギリスでは clarionet とつづる。また、フランス、ボルドー産のぶどう酒 claret もこの仲間。明るく赤い色をしているためである。

★ declare（宣言する）もじつは、clar からきた語で、「まったく、すっかり」の意の接頭辞 de- がついて「すっかり明らかにする」から（宣言する）となった。

★ cleaning-（クリーニング）などの clean（きれいな）は clear の親類である。

★ところで clear の反対は umb「暗い」。umber は（暗褐色）。umbrella（こうもりがさ）もこの仲間。させば暗いかげができるから。

clarify	透明にする〔-fy は「……にする」の意〕
clarion	クラリオン〔むかし戦争に用いた明快な音色のラッパ〕
clearance	払いのけ〔~ sale 蔵払い〕
clear-cut	明快な〔声や輪郭など〕
clearing	(林の) 空地〔-ing は「つつ」ではない〕
clearway	停車禁止道路地〔clear + way〕
clean-up	一掃〔~ trio など〕
cleaner	掃除器〔「清掃作業員」のこともある〕
cleanly	きれいに〔形容詞（cléanly〈klénli〉きれい好きな）と発音が違う〕
cleanliness	きれい好き〔〈klénlinis〉発音注意〕
cleanse	清潔にする〔clean から〕
cleanser	洗剤〔cleanse の名詞形〕
declaration	宣言〔-tion は名詞語尾〕
unclean	不潔な〔un- = not〕
unclear	はっきりしない〔un- = not〕
umbrage	不快、残念〔umbra + age〕
umbrageous	影のある〔-ous は形容詞語尾〕
sombrero	広縁のフェルト帽〔かぶると陰になるから〕
somber	薄暗い〔som- = sub-〕
adumbrate	ぼんやり示す〔ad- = to、umbra = shade〕

*cli*max＝クライマックス

★ climax の cli は「傾ける」(= lean）の意。だから climax は元来「傾けたもの」で「はしご」の意味だった。はしごを登りつめて、ついに（最高潮）に達したわけである。incline は（傾斜）。京都の INCLINE の名もここから。

★ lean（傾く）もじつは、cline の c がとれたもの。Leaning Tower of Pisa（ピサの斜塔）はあまりにも有名。

★「傾ける」が clin なら「曲げる」は curv、flex。curve（カーブ）、flexibility（柔軟性）などが生まれた。一眼レフカメラなどのレフは reflex（反射光）から。

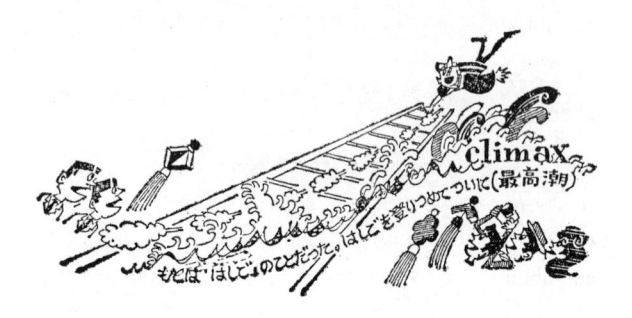

decline	断わる、衰える (de- = from)
declination	傾斜 (decline の名詞形)
declension	語形変化 (名詞、代名詞、形容詞などの)
inclination	傾き、意向、好み (-tion は名詞語尾)
disincline	気乗りうすになる (dis- = not)
disinclination	いや気 (-tion は名詞語尾)
recline	寄りかかる (列車の一等席など)
anticlimax	竜頭蛇尾 (anti (反対) + climax)
curvature	湾曲 (curve すること)
curb	舗道のふち石、抑制する (= kerb)
flexible	柔軟な (-ible は形容詞語尾)
flexion	屈曲 (flex 曲げる)
flexure	曲げること (flex + ure)
inflexible	曲がらない (in- = not)
inflect	曲げる (中へ折り曲げる)
reflect	反射する (re- = back、後ろへ曲げるから)
reflection	反射 (reflexion はおもに科学用語「屈折」)
reflexive	再帰の (~ pronoun 再帰代名詞、itself など)
deflect	そらす (de- = off)
circumflex	湾曲した (circum は「丸い」)

collect ＝集める

★ lect は、二つのグループに分かれる。一つは、collect とか elect のように、gather（集める）、choose（選ぶ）のグループ。この場合、lect が leg と形を変えることもある。もう一つは、lecture（講義）のように、read（読む）の意味のものである。むかし、文字を彫りつけた beech（ブナの木）の木切れを地にまき、それらを「集め」、「選び」、さらに文字を「読ん」で、神意を知ったところからきている。

★ intellect は、あいだ（inter）から「選ぶ」能力、つまり「選択力」から、（知性）の意味になった。

collection	収集(品)(切手、レッテルなど)
collective	集合的(-ive は形容詞語尾)
election	選挙(-ion は名詞語尾)
recollect	思い出す(再び(re-)集める)
recollection	回想(recollect の名詞形)
neglect	怠る(neg- = not「集めない」から「なまける」)
negligent	怠惰な(-ent は形容詞語尾)
negligible	とるにたらない(「無視することができる」の意)
elegant	優雅な(e- = out、(服装、趣味など)「中から選り抜いた」の意)
elegance	優雅さ(elegant の名詞形)
lecturer	講師(「lecture(本を読む)人」である)
legend	伝説(「読まれるもの」の意)
legible	判読できる(-ible は「できる」)
illegible	判読できない(il- = not)
intellectual	知的な(中から(inte⟨r⟩)選ぶ、選択力のある)
intelligent	聡明(そうめい)な(選ぶことのできる人)
intelligence	知能、情報(~ officer は、りこうな士官でなく「情報係将校」)
intelligentsia、-tzia	知識階級
intelligible	わかりやすい(-ible は「できる」)

con*clude* ＝結論を出す

★ clude は shut up（口を閉ざす）の意。with の意の接頭辞 con- をつけた conclude なら「ともに（口を）閉ざす」から「討論をやめる」すなわち（結論を出す）となる。

★ 形は変わるが close（閉じる）も clude と同語源。W.C. の C. は closet、これは本来「密閉された室」の意。（便所）となったのもむべなるかな、である。

con + clude (shut up) = conclude
(ともに) + (口を閉ざす) = 討論をやめる　結論を出す

conclusion	結論〔-ion は名詞語尾〕
conclusive	決定的な〔-ive は形容詞語尾〕
conclusively	最後的に〔finally の意〕
exclude	閉め出す〔ex- は out、clude は shut〕
exclusion	排除〔-ion は名詞語尾〕
exclusive	排他的な〔-ive は形容詞語尾〕
exclusivism	排他主義〔-ism は名詞語尾〕
exclusively	もっぱら〔他のものは排除して〕
include	含む〔中へ閉じ込めるから〕
including	……を含めて〔～ Japan　日本を含めて〕
inclusion	包含〔-ion は名詞語尾〕
inclusive	……を含めた〔-ive は形容詞語尾〕
seclude	隠退させる〔se- は「離して」の意〕
seclusion	引っ込めること〔-ion は名詞語尾〕
seclusive	引っ込みがちな〔-sive は形容詞語尾〕
preclude	遮断する〔pre- は「前」の意〕
preclusion	遮断〔-ion は名詞語尾〕
recluse	世捨て人〔re- は「隠退、秘密」の意〕
closing	閉鎖〔～ time 閉店時間〕
closely	密接して〔-ly は副詞語尾〕
enclose	囲う〔en- = in〕
enclosure	囲い地〔私有地など〕
cloister	僧院、修道院〔囲まれた場所〕
disclose	暴露する〔dis- = not〕
disclosure	暴露〔-ure は名詞語尾〕

con*fuse* ＝混乱させる

★ confuse の con- は together（いっしょに）の意。fuse は melt（溶ける）、pour（注ぐ）の意味。あれこれの区別がつかなくなって、自分も「いっしょに溶ける」から（混乱させる）となる。**diffuse**（普及する）は、dif- = dis- = apart で、「離れ離れに注ぐ」こと。思想などは、一カ所に集中するより、あちこちからしみ込ませたほうが早く普及する。**refuse** は、re- は back（もとへ）で、注がれたものを「注ぎ返す」ことから、（拒絶する）という意味である。

★ **confound**（あわてさせる）も confuse と同根。

★電流の過流を防ぐ **fuse**（ヒューズ）は、「溶けて」とぶことからきたのではなく、ラテン語の fusus（ = spindle〈紡錘(つむ)〉）からきている。

fusion	溶解 (-ion は名詞語尾)
diffusive	普及する (-ive は形容詞語尾)
effuse	放出する (光、においなどを。ef- = ex- = out)
effusion	流出 (-ion は名詞語尾)
infuse	注入する (注ぎ入れる (= in))
infusion	注入 (-ion は名詞語尾)
interfuse	まざり合う (あいだに (= inter) 注ぐ)
profuse	気まえのよい (「どんどん注ぐ」意)
profusion	豊富 (-ion は名詞語尾)
refusal	拒絶 (-al は名詞語尾)
suffuse	みなぎらす (suf- = sub- = under 下に注ぐ→あふれる)
transfuse	(液体を) 注ぎ移す (trans- = across)
transfusion	輸血 (transfuse の名詞形)
futile	無益な (fut- = fuse むだに注ぐ)
refute	論駁(ろんばく)する (re- = back、「注ぎ返す」から)
dumbfound	あきれてものを言えなくさせる (dumb + (con) found)
foundry	鋳造所 (金属をとかす所)
fusee	信管 (形が spindle に似ているから)

cover = 覆いかくす

★ cover は、ラテン語の cooperire からきている。cooperire の co は強意の接頭辞で、「完全な」「すべての」の意、operire は「かくす」。したがって、cover は、完全にかくすの意で、（おおう）となる。本の表紙をカバーというのもうなずけるだろう。cover には、ほかに（全距離を行く、網羅する、十分につぐなう）などの意味があるが、これは co- からくる。

★ cel、ceal も「かくす」の意。ぶどう酒などをかくしてある（地下室）を cellar という。clam（蛤）もこの親類で、二枚の貝殻の中にかくれているから。

★（かくす）の意味でほかに occult がある。

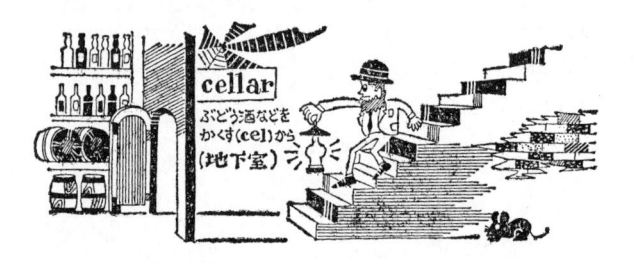

coverage	適用（範囲）(cover + age)
covering	屋根（「coverするもの」の意から）
coverall	仕事着（上っぱり、つまり全身をおおっている）
coverlet	かけぶとん（全身をおおうから）
covert	内密の（overtは「公然と」）
discover	発見する（coverをとりのぞく）
discovery	発見（-yは名詞語尾）
recover	回復する（健康などを）
recovery	回復（-yは名詞語尾）
uncover	覆いをとる（un-はnot）
cell	細胞、独房（監獄、修道院などの）
conceal	かくす（con-は「すっかり」）
concealment	隠匿（いんとく）（-mentは名詞語尾）
cellular	細胞（状）の（蜂の巣など）
cellulose	繊維素（セルロース）（-oseは「……性の」）
celluloid	セルロイド（-oidは「……質の」）
clandestine	秘密の（clan-は「秘密に」）
occultation	雲がくれ（concealmentの意）
occultism	神秘主義（-ismは「主義、学問」）

convertible ＝幌つき自動車

★ **convertible** は con- + vert + -ible で「すっかり回転できる」の意で、名詞に使えば（たたみ幌つき自動車）。この vert には「回る」（= turn）の意がある。**convertible** collar は（開いても閉じたままでも着られるカラー）。また **advertise**（広告する）は、「…のほうへ向ける」で、大衆のほうへと印象づけて買わせるところからか。

★ **divorce** もこの仲間。「横を向く」だから（離婚）である。

★ **reversible** の revers も「回る」の意、「逆にしうる」で（裏表使えるコート）である。

advert	注意を向ける〔ad- = to、「……のほうへ向く」〕
advertisement	広告〔略 ad. 発音は (米)〈-táiz-〉、(英)〈-vé:tis-〉〕
adverse	逆の、反対の〔ad- = to、「……に反対に向ける」〕
adversity	逆境〔adverse + ity (抽象名詞語尾)〕
convert	変える、改宗する〔con- = fully、「すっかり変える」〕
conversion	転換、改宗〔つづり注意〕
divert	(他方に)そらす〔di- = aside、turn aside〕
diversion	気散じ、娯楽〔つづり注意〕
diverse	種々の〔divers (古) は「二、三の」〕
diversity	多様性、相違〔-ity は名詞語尾〕
invert	逆にする〔turn in の意〕
inversion	転倒、倒置〔invert の名詞形〕
inverse	逆の〔invert の形容詞形〕
pervert	曲解する〔per- (= thoroughly) + vert〕
perversity	ひねくれ、片意地〔-ity は名詞語尾〕
perverse	片意地な(ひどく曲がった)
perversion	ひねくれ、倒錯〔-ion は名詞語尾〕
revert	(もとの所有者に)返る〔re- = back、turn back〕
reversion	逆転〔revert の名詞形〕
versatile	多芸の、変わりやすい〔-ile は形容詞語尾〕
verse	韻文〔「ひねくられたもの」の意〕

create =創造する

★ create(創造する)の cre は「創造する」である。ところで recreation は(休養すること)の意。ふたたび(re-)創造活動を始めるためには、たっぷり「休養」をとらねばならない。

★ 形が似ている cris は、judge(判断する)、separate(区別する)の意味である。他人の言うこと、することに判断を下し、他と区別することが criticize(批評する)である。事態が紛糾してくると、あげ足とりの批評ばかりが多くなる。このような状態を crisis(危機)という。最近、日本の politics(政治)に批評が集中するのは、保守党の天下が political crisis(政治的危機)に瀕している証拠。

creation	創造(物)〔create すること〕
creature	生物〔生きものは、神の create されたもの〕
creative	創造力のある〔-ive は形容詞語尾〕
creator	創造者〔the Creator は「神」のこと〕
re-create	再び創造する〔re- は「ふたたび」〕
recreate	休養する〔発音は〈rékrieit〉〕
re-creation	改造〔ふたたび造る〕
recreative	気ばらしの〔レクリエーションの〕
criticism	批評〔-ism は名詞語尾〕
critic	批評家〔物事を見分けられる人〕
criticize	批評する〔-ize は「……する」〕
criticizable	批評の余地のある〔-able は「……できる」〕
critical	批評の、危機の〔critic と混同しないように〕
critically	せんさく的に〔-ly は副詞語尾〕
criticaster	へぼ批評家〔aster は「する人」〕
critique	(文芸作品などの)批評〔発音は〈kritíːk〉〕
criticable	批評しうる〔-able は「できる」〕
criterion	(批評の)基準〔「判断の手段」の意〕
uncritical	無批判の〔-al は形容詞語尾〕

*cred*it ＝信用貸し

★ cred は believe（信じる）の意。「信じる」から貸す。そこで credit は（信用貸し）。

★「貸す」の反対が debt（借りる）。credit と debt を合わせたのが、balance-sheet（貸借対照表）である。

★「借りる」には owe もある。IOU は、I owe you.（私はあなたに借りがある）で、（略式の）借用証書のこと。IOU £5. などと書く。

★借りたものを返すのは、due（とうぜんの）、duty（義務）である。これで due から duty ができたことがわかる。

creditor	債権者〔債務者は debtor〕
credibility	信じられること〔-ty は名詞語尾〕
incredible	信じがたい〔in- = not〕
credulous	信じやすい〔すぐ真に受ける（人）など〕
credulity	信じやすいこと〔-ty は名詞語尾〕
creditable	信用できる〔-able は「できる」〕
creed	信条〔I believe の意〕
credence	信用〔= belief〕
credent	信じる〔believing の意〕
credential	信用状〔-al は名詞語尾〕
grant	認める〔c が g に変わったもの〕
grantable	許容できる〔-able は「できる」〕
debit	借方（記入）〔貸方は credit〕
debenture	社債〔-ture は名詞語尾〕
indebted	負債のある〔「恩をうけている」の意もある〕
owing	未払いの〔～ to ……のために〕
duly	当然〔due + ly〕
overdue	遅延の〔当然の時をオーバーした〕
dutiful	本分を守る〔= duteous〕
dutiable	有税の〔～ goods 課税品〕
endeavor	努力する〔devoir = duty、義務をつくす〕

cross ＝横切る

★cross の語源は、ラテン語の crux（十字架）。したがって cross には（十字形の勲章）、（交差）、またキリストの受難からきた（試練）などの意味がある。形容詞として（横の、ふきげんな）の意、動詞に使えば（交わる、横切る）となる。crosseye（やぶにらみ）などの使い方もある。

★crucify は（十字架にはりつけにする）。さぞ苦しいだろうとクルシイしゃれを言う人もいる。十字の旗印をなびかせて進軍した crusade（十字軍）の名の起こりもこれではっきりする。

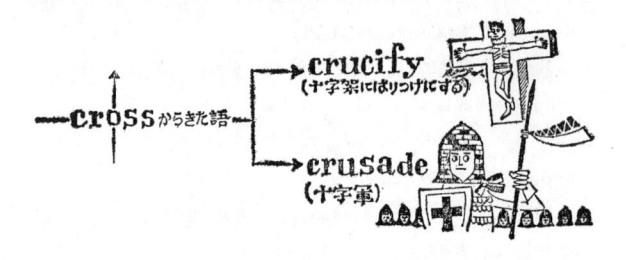

―― cross からきた語 ――
→ crucify（十字架にはりつけにする）
→ crusade（十字軍）

crossbar	かんぬき（cross + bar）
cross-country	田園横断の（～ race 断郊競争）
crosscurrent	逆流（= countercurrent）
cross-examine	根掘り葉掘り質問する（cross は「意地の悪い」）
cross-grained	木目の不規則な（grain は「木目」）
crossing	踏切（No Crossing 禁横断）
cross-fire	十字砲火（二つ以上の地点から一つの対象を狙う）
cross-legged	脚を組んだ（cross-armed 腕組みした）
crosspatch	よくすねる女（子ども）、ひねくれ者（patch = fool）
crossreference	前後参照（辞書などで使われる）
cross-stitch	十字縫い（stitch は「縫う」）
crosswise	横に（wise = way）
crossword	クロスワードパズル
excruciate	苦しめる（ex + crucify）
crucifixion	はりつけ（cross（十字架）に fix すること）
cruciform	十字形（の）（cross の形）
Southern Cross	南十字星（南半球の星座）
crusader	十字軍戦士（十字架の旗をなびかせた人）
crucial	決定的な、むずかしい（～ test など）
cruise	巡航する（海を cross する）

*cult*ure ＝文化

★ culture は、**cultivate**（土地を耕す）から転じたもの。cultivate のような具体的な意味のある単語は抽象的な意味をも表わすことが多い。この場合なら「精神を耕す」から（教養を身につける）となったわけである。人類がその精神を耕してきた結果を culture と呼ぶわけか。**civilization** は（文明）。

★ cultivate の語源はラテン語の colere（耕す）、**colony**（植民地）の語源も同じ。入植して耕す所である colony には（病原菌の巣くう所）の意味もある。

★ところで、耕すことが仕事の（農業）は **agriculture**。この agri は field の意。

★なお（耕す）には、ほかに **till** がある。

cult	礼拝、礼賛〔神、人、美など〕
cultural	文化的 (の)〔～ film 文化映画〕
cultivator	耕作者〔-or は「人」をあらわす〕
cultivation	耕作〔cultivate すること〕
cultured	洗練された〔culture + ed〕
apiculture	養蜂〔apis は「蜂」である〕
floriculture	草花栽培〔flor は「花」である〕
horticulture	園芸〔hortus = garden〕
sericulture	養蚕〔sericus = silk〕
colonial	植民 (地) の〔colony + al〕
colonist	植民者〔-ist は「人」〕
colonize	植民地をつくる〔-ize は「……にする」〕
colonization	植民地をつくること〔-ation は名詞語尾〕
agrimotor	農耕作トラクター〔agri + motor〕
agronomy	農学〔agro + nomy〕
agricultural	農業の〔-al は形容詞語尾〕
agrarian	農地の〔-ian は形容詞語尾〕
tillable	耕作に適した〔able は「できる」〕
tillage	耕作 (地)〔till + age〕

cure ＝治癒(ちゆ)

★ cure（治癒する）と care（注意する）の語源はもとは一つ。「注意する」から「なおる」のである。manicure（マニキュア）は mani（手）を注意する（手入れする）ことである。バレリーナなどは、pedicure（足の爪の美容）もする。curiosity は、一心に注意を傾けるから（好奇心）。この略語である curio は、「好奇心を集めるもの」すなわち（骨董(こっとう)品）のこと。

★ incurable（不治の病人）は、転じて「救いようのない人」、こうなると、もう cure-all（万能薬）もきかない。

★ business（仕事）にも、study（勉強）にも、細心の注意深さ、すなわち accuracy（正確さ）が必要とされる。

★注意深く、たいせつに（愛撫する）ことを caress という。

★ c が ch に変わった charity（慈善）も語源は同じ。

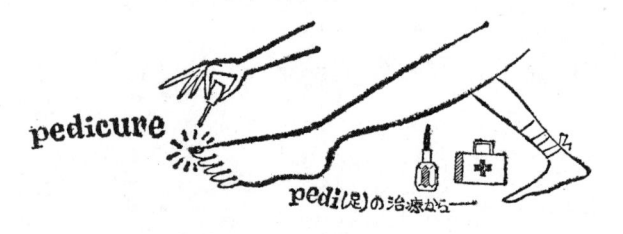

curable	なおすことのできる〔-able は形容詞語尾〕
cureless	不治の〔-less = not〕
curious	好奇心の強い〔よく注意する〕
accurate	正確な〔「よく注意した」の意〕
inaccurate	不正確な〔in- = not〕
procure	得る〔注意して手に入れる〕
procuration	獲得、代理〔pro- は「代わり」〕
procurer	売春周旋業者
curate	（代理）牧師〔人の魂に気をつける人〕
curative	治療の〔cure + ate + ive〕
secure	安全にする〔se- = apart（離れて）、心配のない〕
sure	確かな
security	安全、保証〔-ty は名詞語尾〕
surety	保証（人）〔sure + ty〕
insure	保険をかける〔in- = en-、……にする〕
caressing	愛撫する〔形容詞〕
charitable	慈善の〔-able は形容詞語尾〕
cherish	抱く〔だいじにするから〕

current ＝現今の

★ curr は「走る」(run) の意。current topics (時の話題) の current も、「走る」から (潮流)、(電流)、さらに (時代の流れ) となり、(現今の) と変わってきた。currency (通貨) は流通していなければならないもの。

★ つづりが少し変化しているが、course (進路) もこのグループに属する。intercourse は、二人の進路が交わるところで (交際)。また sexual intercourse という表現もある。

★ コンクールは、フランス語の形のまま concours、ともに (con) 先を争って走るから (競争)。corridor (廊下) は「長く走る線」の意。

curriculum	教科課程(「勉強のコース」の意)
cursive	草書体(続け書き、すなわち走り続ける字)
cursor	(計算尺の)カーソル(するすると走る)
cursory	急ぎの(「走りすぎる」の意)
discursive	散漫とした(running about の意)
excursion	遠足(外を(ex-)回ってくること)
incur	(損害など)招く(中に(in-)来る)
incurrence	(不幸など)招くこと
occur	起こる(oc- = toward こっちにやってくる)
occurrence	出来事(-ence は名詞語尾、起こること)
concur	一点に集まる(con- = with いっしょに)
concurrence	一致(-ence は名詞語尾)
concurrent	一致した(-ent は形容詞語尾)
concurrently	同時に(首相「兼」外相のように使う)
concourse	集合(いっしょに(con)走る(course)から)
courser	猟人、猟犬(走るもの)
discourse	講話(講演で走り回ることから)
recur	再発する(re- は「ふたたび」)
recourse	頼み(頼んでかけもどるから)
precursor	先駆者(pre- は「前、先」の意)

date ＝日付

★ date は day（日）と似ているが、day からきたのではない。本来「与えられた（手紙）」の意味で、遠くラテン語の donare「与える」からきている。

★だから donation（寄付）、dot（持参金）などと同じ仲間。この don があったら、「与える」の意味だと思えばよい。dose（薬一服）も、医者から「与えられたもの」だから。また pardon（許す）なら、「par（すっかり）与える」からと考えればよい。

★ edit（編集する）も、この仲間。e-（out）＋ dit（give）で「外に出す」から publish（発行する）の意味となる。

★形は変わるが render（返す）の語源も donare。

par + don ＝ pardon
(すっかり) (あたえる) (許す)

dative	与格の〔文法用語、(……に) に当たる〕
data	資料〔「与えられたもの」の意、単数は datum〕
undated	日付のない〔un- = not〕
donate	寄付する〔名詞形は donation〕
donor	贈与者〔とくに献血者のこと〕
donee	受贈者〔-ee は「……される人」〕
dowry	持参金〔do = don〕
dowager	財産・爵位を継承している未亡人〔Queen 〜皇太后〕
endow	基金を寄付する〔dow も give の意〕
endowment	寄付〔複数なら、(生まれつきの) 才能〕
anecdote	逸話〔an (not) + ec (out) + dote (give)、一般に知られていない話〕
dotal	持参金の〔dot + al〕
antidote	解毒剤〔「毒に対して与えられるもの」の意〕
editor	編集者〔editor in chief 編集長〕
editorial	論説〔editor が書くから〕
edition	版〔evening 〜夕刊〕
edition deluxe	デラックス版〔luxurious editon の意〕
rendition	交付、引渡し〔render の名詞形〕
surrender	降参する〔「相手にさし上げる」の意〕

*dem*ocracy ＝民主主義

★ democracy の dem は「(複数の) 人間」、すなわち「民衆」を表わす。**demagogue** は、dem + agogue (leader) だから (扇動家) である。

★単に「人」を表わすのは、ギリシャ語の anthropos からきた anthropo。**anthropology** (人類学)、**philanthropy** (博愛) などと用いる。この phil は philo で「愛」の意。「悪い」の意の mis がついて **misanthrope** (人間ぎらい) ということもある。

demagogic	扇動的な（-ic は「……的」の意）
demagogism	悪宣伝
demigod	神として祭られた人（半神半人）
demographer	人口統計学者（-er は「人」）
epidemic	流行病（epi- = among「民衆の間に広がった」の意）
endemic	風土病（en- = in、民衆の病気）
demotic	民衆の（popular の意味にもなる）
democrat	民主主義者（大文字なら民主党員）
demos	人民（古代ギリシャ）
anthropocentric	人間中心的な（centre は「中心」）
anthropogeography	人文地理学（ドイツの地理学者 Ratzel の造語）
anthropoid	類人猿（-oid は「類似の」）
anthropologist	人類学者（-ist は「人」）
anthropomorphism	擬人観（神が、人間と同形、同性であるとする）
anthropomorphous	人間に似た（morphous 形の）
anthropometry	人体測定（metry 測定）
anthropotomy	人体解剖（学）
philanthropic	博愛の（-ic は形容詞語尾）
misanthropy	人間ぎらい
misanthropic	人間ぎらいの

*den*tist ＝歯医者

★ dentist は（歯医者）。この den は「歯」の意味。dan とつづることもある。dandelion（タンポポ）は、dan de lion と因数分解できる。つまり、「ライオンの歯」という意味である。ぎざぎざの葉の形がライオンの歯によく似ているからである。denture は（入れ歯）。

★ language（言語）は、「舌」（ラテン語で lingua）からきている。外国語通の人を linguist という。

★ lip（唇）は、ラテン語の labium からくる。part with dry lips とは「唇がかわいたままで別れる」つまり（キスをしないで別れる）こと。

dandelion ＝ dan ＋ de ＋ lion
（タンポポ）　（歯）（の）（ライオン）

dental	歯の〔dent（歯）＋ al（形容詞語尾）〕
dentifrice	歯みがき粉〔歯＋ fricare = rub〕
indent	のこぎりの歯状にする〔dent は「歯」〕
indentation	きざみ目〔indent + ation〕
indented	ギザギザのある
indention	（行頭を）引っ込めて書くこと〔indent + ion〕
indenture	歯形捺印証書〔ジグザグの切取線で二分する〕
dentate	歯のある〔動物など〕
dentiform	歯形の〔dent + form〕
lingual	舌の〔lingua（舌）＋ al 形容詞語尾〕
Linguaphone	語学レコード《商標名》
linguister	（米）通訳
bilingual	二国語に通じた〔bi- は「二」〕
linguistic(al)	言語（学）の〔-ic (al) は形容詞語尾〕
linguistics	言語学〔-s は名詞を表わす〕
lingo	チンプンカンプン〔専門語など〕〔lingua から〕
lipstick	口紅〔stick は「棒」〕
thin-lipped	唇のうすい〔「おしゃべりな」の意もある〕
lip-read	読唇術で解する〔lip + read〕
labial	唇の〔～ letters 唇音文字〈p, b, m など〉〕
labiate	唇状の〔花冠など〕

destruction ＝破壊

★ destruction は de- + struct + ion、de- は down、struct はラテン語 struere（建てる）からで、（破壊すること）となる。construct なら（構成する）。

★ 似たものに stitut がある。これは「立つ」の意。prostitute なら、pro- = out だから「外に出て立つ」ことから（売春婦）となった。constitution は「国家を立たせるもの」の意から（憲法）となる。体の場合なら（体格）である。

prostitute
（売春婦）は"外に出て立つ"ことであった

construction	構造 (-tion は名詞形)
destroy	破壊する (destruction の動詞形)
destroyer	破壊者、駆逐艦 (-er は「人、もの」)
destructive	破壊的 (constructive の反対)
instruct	教える (in- = upon、「つみ重ねる」)
instruction	教授、指図 (-ion は名詞語尾)
instructor	教師 (アメリカでは専任講師)
instrument	器具、楽器 (instruct + ment)
industry	勤勉、産業 (indu- = within)
industrial	産業の (-al は形容詞語尾)
industrialize	産業化する (-ize は「……化する」)
industrious	勤勉な (-ous は「性質」を示す形容詞語尾)
constitute	構成する (con- = with、「ともに立てる」)
destitute	窮乏の (de- = off、「取りのけられて」)
institute	設立する (in- = on、「上に建てられたもの」)
institution	設立、協会 (-ion は名詞語尾)
institutor	設立者 (= founder)
prostitution	売春行為 (「悪用」という意味もある)
substitute	代用する (sub- = under、「下に立つ人」)
superstition	迷信 (super- = above、「恐れて上に立ちすくむ」)

*dic*tionary ＝辞書

★ dic があったら「言う」(say) の意である。dictionary も diction（言葉づかい、語法）を集めたもの、つまり（辞書）である。「字を引く書なり」ではない。dictation は「言うことを書きとらせる」から（書取り）。dictator（独裁者）は「ああしろ」、「こうしろ」と言う人。

★ contradiction も人の言うこと (diction) に反対する (contra) から（反対、矛盾）である。

★ dic は dit と形を変える。これに with の意の接頭辞 con- をつけた condition は「ともに言いあって決める」、すなわち（条件）となる。

benediction	祝福 (bene- = well (よく言う) こと)
contradict	矛盾する (contra + dict)
contradictory	矛盾した (-ory は形容詞語尾)
dictate	書き取らせる
edict	勅令 (e- = out)
indict	起訴する (in + dict)
interdict	禁止する (inter = between)
interdiction	禁止 (-ion は名詞語尾)
jurisdiction	司法権 (juris は「法」)
verdict	評決 (「ほんとう (verity) を言う」の意)
predict	予言する (まえもって (pre-) 言う)
prediction	予言 (-ion は名詞語尾)
predicate	断言する (preach と姉妹語)
dedicate	献呈する (「ある所に置く」ように言う)
dedication	献呈 (-ion は名詞語尾)
abdicate	棄てる (ab- = away、権利など)
abdication	退位 (-ion 名詞語尾)
conditional	条件付きの (-al は「……付き」の意)
conditioned	調整された (〜 reflex 条件反射)

*doc*tor ＝博士

★ doc は teach（教える）の意。doctor は、学問を教えこまれた人、つまり（学者）、（博士）、（医者）となる。doctrine は「教えこまれたもの」で（教義）。document は「内容を教えてくれる」（文書）である。

★ scholar（学者）は、schola（暇）からきている。暇を利用して勉強するから。勉強する所は school（学校）。

★ sci は「知る」の意味で、これから science（科学、学問）が生まれた。conscious（意識した）もこのグループ。善悪のけじめを知るのは conscience（良心）。

暇(schola)な時に勉強したので Scholar(学者)

doctorate	博士号
doctorship	doctor の地位
doctrinaire	純理論一点ばりの空論家
doctrinal	教義上の
docile	従順な〔なんでも教えやすいから〕
documentary	文書(的性質)の、記録映画
decent	上品な〔dec = doc〕
indecent	下品な〔in- = not〕
decency	上品さ〔decent なこと〕
scholarly	学者らしい〔-ly = like〕
scholarship	学識、奨学資金
scholastic	学校の〔-ic は形容詞語尾〕
schooling	学校教育〔school + ing〕
scientific	科学の〔-fic は形容詞語尾〕
scientifically	科学的に〔-ly は副詞語尾〕
scientist	科学者〔-ist は「人」〕
conscientious	良心的な〔-ious は形容詞語尾〕
unconscious	無意識の〔un- = not〕
omniscience	全知〔omni- = all〕
omniscient	博識の〔omni + scient (= knowing)〕

effort ＝努力

★ **effort** は ef- + fort で、ef- = ex- = out、fort には「力」の意味があるから、「力を出す」で、(努力) となる。**force**（力）も明らかに fort を語根としている。ほかにも **fortress**（大要塞（ようさい））など。

★ ラテン語 valere（強い）からきた **valor** も（勇気、力）の意。**value** の語源も同じで、本来「力の強いこと」の意、「強さ」から（価値）という意味ができたとはおもしろい。そういえば **invalid** には（病弱者）と（無価値な）という二つの意味がある。

forte	長所 (strong point のこと。発音は〈fɔːt〉)
fortitude	不屈 (fort = strong、tude は名詞語尾)
fort	砦 (とりで) (「力」の意から)
fortify	強化する (-fy は「……する」)
fortification	要塞 (化) (fortify すること)
fortress	要塞 (fort より大規模で永久的)
forceful	力ある (force がいっぱい)
enforce	(法など) 実施する (en- = -in、「力の中におく」)
reinforce	補強する (re + inforce)
reinforcement	補強 (-ment は名詞語尾)
comfort	慰め(る) (com- は強めで、「力づける」)
valiant	勇敢な (-iant は形容詞語尾)
valiance、—cy	勇壮 (-ce, -cy は名詞語尾)
valid	有効な (「(根拠の) 確実な」の意から)
validity	正当性 (valid + ity)
valuable	価値のある ((pl.)「食料品」の意もある)
prevail	勝つ、流行する (pre- は強めで、「より強い」)
prevalent	流行の (prevail の形容詞形)
strengthen	強化する (strength 力をつける)
strenuous	奮闘的な (-ous は形容詞語尾)
strongbox	金庫 (「がんじょうな箱」である)

*equ*ator ＝赤道

★ equator は、equal（等しい）から生まれた言葉で、北極と南極から等しい地点にあるから。赤道直下の国は Ecuador（エクアドル）。equinox は、equi + nox（夜）で、昼と夜の長さが等しいことから、（春分、または秋分）となる。equation（方程式）は「二つが等しい」。

★ なお、「同じ」を表わすものに、homo がある。homosexual（同性愛の）のように。par も同等を表わす。parity（均等）は農家の生産物価格と生活必需品価格との比率。simil は「同様な」。assimilate（同化する）。

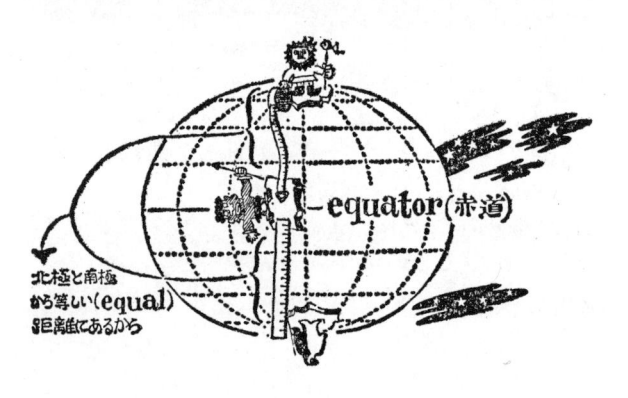

equality	平等〔equality は democracy の大原則〕
equilibrium	平衡〔libr- = balance〕
equivalent	等しい〔等しい value（価値）の〕
equidistant	等距離の〔distance が同じ〕
equivocal	両義にとれる、あいまいな〔「声（voice）が同じ」の意〕
equity	公平〔どちらにも equal〕
unequal	等しくない〔un- = not〕
adequate	適当な〔等しく加える、すなわち、過不足のないこと〕
inadequate	不適当な〔in- = not, ad- = add〕
homonym	同音異義語〔meet と meat、fan（ファン）と fan（扇）など〕
homogeneous	同種の〔gene は「種」〕
homogenize	均質にする〔—d milk 均質（ホモ）牛乳〕
disparity	不均衡、格差〔dis- は「否定」〕
parallel	平行の〔~ bars 平行棒〕
comparison	比較〔without ~ 無比の〕
similar	類似した〔simian は「類人猿」である〕
similarity	類似〔-ty は名詞語尾〕
dissimilation	異化〔「同化」の反対〕
simile	直喩〔as や like を用いた比喩、busy as a bee など〕

essence ＝本質

★ ess、est は「在る」(be) を意味する。だから essence は（実在、本質）となる。ラテン語 esse quam videri (to be rather than to seem 外見より実質) はノースカロライナ州のモットー。absent は ab- が away、se は ess で、「離れてある」つまり（不在の）、（欠席の）となる。

★ exist（存在する）も、x = ss で、このグループである。Jean-Paul Sartre（ジャン・ポール・サルトル）は、現代における existentialism（実存主義）の第一人者。

★ interest（興味、関係）は、存在（est）のまんなか（inter）にいること。物事のまんなかに身を置くからこそ、（関係）をもち（興味）をもつようになる。

essential	本質的な〔複数なら〔欠くべからざる要素〕〕
inessential	本質的でない〔in- = not〕
essentiality	精髄〔-ity は名詞語尾〕
quintessence	本質〔quinta essentia 万物を作っている五大元素〕
absence	不在〔absent の名詞形〕
absentee	欠席者〔-ee は「人」〕
absent-minded	ぼんやりした〔心がここにない〕
absently	うっかり〔-ly は副詞語尾〕
presence	出席〔pre- = forth〕
present	現在の、贈る〔発音:形容詞〈préznt〉、動詞〈prizént〉〕
presently	まもなく〔現われてくる〕
existence	存在〔struggle for ～生存競争〕
existent	存在している〔～ circumstances 目下の事情〕
existential	存在に関する〔< exist〕
pre-exist	先在する〔pre- は「前」、霊魂が先にあるという考え方〕
interesting	興味ある〔-ing は形容詞語尾〕
interested	興味をもっている
disinterested	公平な〔利害の関係がない〕
uninterested	(……に) 関係がない〔= unconcerned〕

event ＝出来事

★ ven のついた語は、たいてい「来る」に関係がある。event は、e(x)- = out（外）へ vent（来る）。だから、「出て来たこと」つまり、(出来事) である。prevent は「前に来る」から (妨げる)。

★ avenue は「近づく道」で (並木道、大通り) となる。revenue は、もとへ (re-) 返ってくるものだから (〈国家の〉歳入)。個人の収入は出たら返らない。出さなくても税務署にとられる。convenient は、都合よくいっしょに (con- = together) 来るから、(便利な) である。

「前に来る」──→(さまたげる)

advent	出現〔ad- = to〕
adventure	冒険、事件〔(まさに来たらんとする) 事件〕
adventurer	冒険家〔adventure をする人〕
adventurous	冒険的な〔-ous は形容詞語尾〕
venture	思いきってやる〔adventure の ad が落ちた形〕
convenience	便利〔-ce は名詞語尾〕
convene	召集する〔con- = together〕
convent	尼僧院〔集まっている所〕
convention	大会、因習〔集まった人びとの約束ごとだから〕
conventional	大会の、因習的〔-al は形容詞語尾〕
eventual	終局の〔「(いつかは) 来たるべき」の意〕
intervene	干渉する〔「間 (inter-) にはいってくる」の意〕
intervention	干渉〔-ion は名詞語尾〕
invent	発明する〔in- = on で、come upon (出くわす) から〕
inventor	発明家〔-or は「人」〕
invention	発明〔-ion は名詞語尾〕
inventive	発明の才ある〔-ive は形容詞語尾〕
prevention	予防〔動詞は prevent〕
preventive	予防的〔-ive は形容詞語尾〕

factory = 工場

★ fact のついた語は、だいたい「作る」(make) ことに関係がある。factory は「作る所」だから、(工場)。俗語で、sleep-factory は (ホテル)、slave-factory とは、slave (奴隷) を作り出す所で (会社のオフィス) の意。manufacture は、「手で (manu) 作る」から (製造する) となった。

★ fact は fect ともなる。affect は「他のものに働きかける」ことで、(影響する、〈疾病が〉冒す、感動させる) などの意。「作る」とは、「他のものに働きかけて、変化させる」ことであるから。

★ つづりが少し変わるが、fashion も「作る」意味から (流行) となった。流行は「作られる」ものである。old-fashioned (古風な)、crab-fashion (横ばい〈に〉)。

fact	事実 (「なされた (作られた) こと」 の意)
factor	要因 〔ある結果を作り出すもの〕
faction	党派、派閥 〔自己利益を中心に考えて作るもの〕
factitious	人為的な (-ous は形容詞語尾)
affection	愛情 (-ion は名詞語尾)
affectionate	愛情のある (affection + ate (形容詞語尾))
affectation	気どり (affection と区別すること)
defect	欠点 (de- は 「ない」)
defective	欠点のある (-ive は形容詞語尾)
effective	効果的な (〃)
effectual	効果のある 〔薬、方法など〕
efficient	能率的な (ef- = thoroughly、fic = fec で 「完全にする」 の意)
efficiency	能率 (-cy は名詞語尾)
infect	感染させる 〔中につくる〕
infection	感染 (-tion は名詞語尾)
perfect	完全な (per- = thoroughly)
perfection	完全 (-tion は名詞語尾)
confectionery	菓子類 (店) 〔菓子は砂糖といっしょに作る〕
fashionable	流行の (-able は形容詞語尾)
fashionmonger	流行を作り出す人 (monger は 「商人」)

*fea*tures＝容貌

★ fact と形は変わるが、feature は、目、鼻、口などであるが、-s がつくと、(容貌) となる。これは「神によって作られたもの」の意だが、映画や雑誌の feature (呼び物、特色) は人が作る。似たものに feat (早業) がある。手品でもスリでも異常な努力によって「作られるもの」だから。

★ **difficult** も同類。di (s) ＝ not で、「作るのが容易でない」、つまり (むずかしい) である。反対に facile は「作りやすい」から (容易な)。

★ **facsimile** (ファクシミリ) は、「同じように (simile) 作ること」で、(写真電送、複写) のこと。

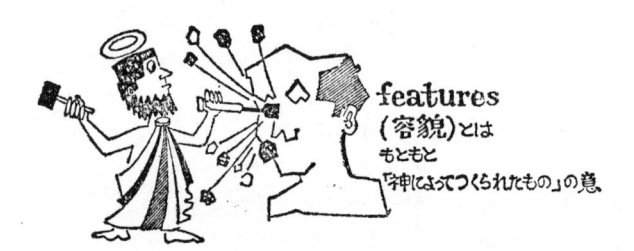

featly	あざやかに (-ly は副詞語尾)
well-featured	いい顔の (sharp-〜 きつい顔)
featureless	特色のない (-less = without)
defeat	敗北させる (de- = dis- = away)
difficulty	困難 (-y は名詞語尾)
facility	容易さ (複数なら便益、-ty は名詞語尾)
facilitate	容易にする (行為や過程を)
fiction	虚構、小説 (こしらえ話)
fictitious	虚構の (〜 name など)
proficient	熟達した (advance の意)
profit	利益 (proficient と同根)
profitable	有益な (-able は形容詞語尾)
profiteer	不当利益者 (-eer は「人」)
prefect	知事 (他の人びとの前におかれた人)
prefecture	県 (-ture は名詞語尾)
prefectural	県の (-al は形容詞語尾)
suffice	十分である (suf- = under)
sufficient	十分な (-ent は形容詞語尾)
sufficiency	十分なこと (-cy は名詞語尾)

*fa*me ＝名声

★ fame（名声）は、ラテン語の fari「話す」（speak）からきている。「話される」ことから「名声」となった。famous（有名な）。fa のついた語には、この fari からきている語が意外に多い。

★ infant の in- ＝ not であるから、「口がきけない」で、（幼児）である。

★ "Aesop's Fables"（イソップ物語）でおなじみの fable（寓話）もこのグループに属する。同じ「話」でも story などとくらべると、①主人公が動物であること。②その話に教訓が含まれていること、の二点で異なる。

famed	名高い〔形容詞〕
infamous	悪名の高い〔〈ínfəməs〉、「有名でない」ではない〕
infamy	悪名〔〈ínfəmi〉、-y は名詞語尾〕
fabulous	寓話の〔～ hero など。-ous は形容詞語尾〕
fabulist	寓話作者〔Aesop、La Fontaine など〕
infancy	幼児期〔-cy は名詞語尾〕
infantile	子どもの〔-ile は形容詞語尾、～ paralysis 小児マヒ〕
infantine	子どもらしい〔-ine は形容詞語尾〕
infantry	(集合的に)歩兵〔青年から成ったため〕
infantryman	歩兵〔一人、一人〕
preface	序文〔〈préfis〉、face は顔でなく fari、「まえもって言うこと」〕
prefatory	前置きの〔～ remark 前口上〕
affable	気のおけない〔af- = ad- = to で speak to (話しかける)の意〕
fate	運命〔「(神が)話されたこと」の意〕
fatal	宿命的、致命的〔～ blow、～ accident など〕
fatalism	宿命論〔fatal + ism〕
prophet	預言者〔pro- は「かわりに」で、神のかわりに言う人〕
prophecy	予言〔-cy は名詞語尾〕
prophesy	予言する〔〈-sai〉、prophecy の動詞用法〕

fare ＝料金

★ fare（料金）は、もともと、go（行く）、travel（旅をする）という意味だった。ここから、(暮らしていく、やっていく) という意味になった。「暮らす」とは「人生」という旅を続けていくことである。(飲み食いする) という意味も、さらに「飲み食いするための金」から (料金) という意味もここから。

★ fear もこのグループで、「旅行中の危険」から (恐れ) となった。farewell は、「じょうぶで (= well) 行けよ」だから、(さようなら)。thoroughfare は (通行、往来)。つまり go through の意で (通行)、その場所が (往来) である。

★ つぎに、fluent (流暢=な) などの、flu や flux は flow (流れる) の意味。flood (洪水) などもこのグループ。reflux (逆流) も同じ。

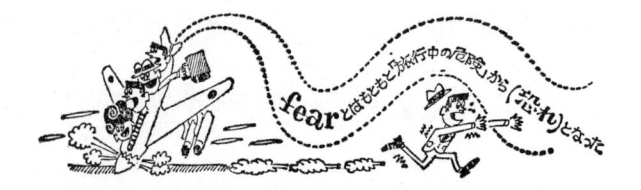

carfare	足代〔car（車）賃から〕
wayfarer	道行く人〔詩語である〕
welfare	幸福〔じょうぶに（= well）暮らすこと〕
warfare	交戦（状態）〔war + fare〕
seafarer	舟乗り〔すなわち「海（= sea）行く人」である〕
far	遠くへ〔旅は「遠くへ行くこと」である〕
faraway	遠くの〔far + away〕
far-fetched	こじつけの〔「遠くからもってきた」の意〕
far-flung	ひろがった〔遠くに投げられた〕
fluence(-cy)	流暢さ〔演説などの〕
fluctuate	動揺する〔（意見、感情など）波のように動く〕
fluctuation	動揺〔-ion は名詞語尾〕
fluid	流動体〔液体、気体の総称。固体は solid〕
fluidity	流動性〔-ity は名詞語尾〕
flux	流れ〔flow の意〕
influence	影響（力）〔人の中へ流れ込むこと〕
influential	有力な〔-al は形容詞語尾〕
influenza	インフルエンザ〔星の影響と考えられた〕
superfluous	よけいな〔上に流れる→あふれる〕
affluence	裕福〔あふれる、と覚える人もある〕

ferry boat ＝連絡船

★ ferry boat は、このごろ観光ブームの波に乗ってさかんに close-up されている。この ferry の中の fer は、ラテン語の「もたらす」(bring)、「運ぶ」(carry) の意。つまり、こちらの岸から向こう岸へ「運ぶ」のである。ferro-nickel などの ferro (鉄で) と誤らぬこと。

★ transfer も trans- が「越えて」だから、「越えて運ぶ」つまり (輸送する) である。このほか conference は「ともに意見を運び合うこと」で (相談、合議)。

★「運ぶ」といえば、「砂漠の舟」camel (らくだ) もアラビア語の「運ぶ」から。

infer	推論する（in は「中へ」で、心に運びこむ）
inference	推論（-ence は名詞語尾）
offer	申し出（る）（of- = to、「もっていく」から）
offering	奉納（物）（= sacrifice、burnt ～豚の丸焼きなど）
prefer	…のほうを選ぶ（pre- = before 前にもち出す意）
preference	選択（物）（-ence は名詞語尾）
preferable	好ましい（-able は形容詞語尾）
preferably	むしろ（-ly は副詞語尾）
refer	……に帰す（「あとへ (re-) 運ぶ」の意）
reference	参考（～ book 参考書）
confer	相談する（con- = together、共に意見を運び合う）
defer	延期する（de- = off、他の日に移す）
deference	謙遜（けんそん）
deferential	謙遜の（different と区別せよ）
deferment	延期（= postponement）
differ	相違する（dif- = apart 別に運ぶ意から）
difference	相違（-ence は名詞語尾）
different	相違した（-ent は形容詞語尾）
indifferent	無関心な（どちらでもかまわない）
referee	レフェリー（-ee は「人」）
transference	移転（-ence は名詞語尾）

*fide*lity＝正確

★fidelity は、(正確、忠実) だが、この fide には「信ずる」の意がある。ラジオや電蓄の hi-fi (ハイファイ) は high fidelity (忠実度が高いこと) の略。confide なら (信頼する)。self-confidence は (自信)。

★faith (信仰) も形は違うがこのグループ。

★権威や社会体制に defy (挑む) のも「信頼から離れる」(de- = dis- = apart) からである。

★ところで「信頼」の反対は「あざむく」。この意味を持った語には、fail (失敗する)、fault (あら、欠点) などがある。

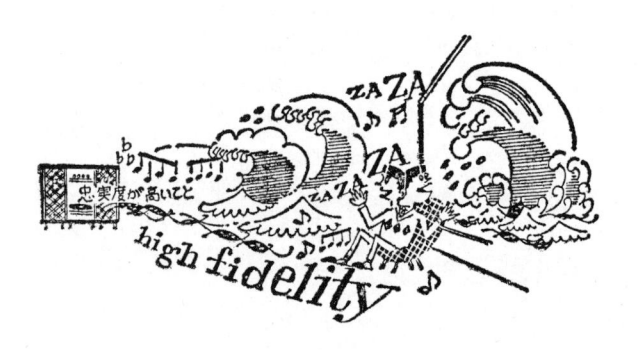

infidel	信仰心のない者 (in- = not)
infidelity	不信心 (-ty は名詞語尾)
confidence	信頼 (-ence は名詞語尾)
confident	確信のある (-ent は形容詞語尾)
confidential	腹心の (〜 agent は「スパイ」のこと)
confidant	腹心の友〔恋愛問題などを打ち明けられる〕
diffident	自信のない (dif- = dis- = not、confident の反対)
diffidence	気おくれ〔自信がないから〕
faithful	忠実な (〜 husband、〜 friend、〜 account など)
faithfully	忠実に (Yours 〜 敬具 (手紙の結び))
defiance	挑戦 (defy の名詞形)
defiant	挑戦的な (< defy)
false	いつわりの、にせの
falsehood	虚偽 (-hood は名詞語尾)
fallacy	誤謬 (ごびゅう) (false と同根)
fallacious	誤った (-ous は形容詞語尾)
failure	失敗〔自分の企意があざむかれる。fail の名詞形〕
fallible	誤りやすい (-ible は形容詞語尾)
infallible	誤らない (in- = not)
faultfinding	あらさがし (の) (faul と+ find)
faulty	欠点のある (fault + y)

*fin*ish ＝終わる

★映画の終わりに "finis" と出ると、-h が消えているのではないかと思う人もあろうが、これはラテン語。英語の finish（終わる）もこれからきている。フランス語では fin。

★ fine（りっぱな、罰金）も、finis からきている。「終わった」、「完成した」から（りっぱな）となり、これから（晴れた、こまかい、微妙な）などができた。（罰金）も、「すっかり借金に終わりをつげる」こと。finance（財政）は、「借金を完済すること」から始まる。

★おなじみの infinitive（不定詞）は、たとえば、to go だけでは、人称も数も「定まらない（in- = not）」から。finger（指）は無関係。これは古い英語で「五」の意。五本あるから。

すっかり借金(罪)を清算することが fine (罰金) である

finished	完成した（～ novel など）
finishing	仕上げの（～ touches 仕上げの一筆）
final	最後の、決勝戦（finis + al）
semifinal	準決勝戦（semi- は「準」、「半」）
finale	（劇の）フィナーレ〔イタリア語〕
finally	ついに（-ly は副詞語尾）
finery	美装（-ry 名詞語尾）
finesse	巧妙な処理（fine から）
finical	（服装などを）いやに気にする（finicking ともいう）
refine	精製する、洗練する〔砂糖などを「精製する」の意〕
refined	洗練された（～ gentleman のように使う）
refinery	精製（練）所（-ry は「場所」）
refinement	洗練（-ment は抽象名詞語尾）
finite	有限の〔発音は〈fáinait〉〕
infinite	無限の〔発音は〈ínfinit〉、in- = not〕
define	定義する（de- + limit）
definite	一定の〔発音は〈définit〉〕
indefinite	不定の（in- = not）
definition	定義（define すること）
confine	限る（con + fine）
confinement	監禁（-ment は名詞語尾）
financial	財政上の〔-al は形容詞語尾〕

firm = しっかりした

★ firm は（かたい、しっかりした）の意。Bible に出てくる（空）の意味の firmament は、「支えるもの」の意である。古代人は、空が、星をちりばめた、がっしりと世界を支えるもの、と考えていた。confirm の con- は強めの接頭辞で、「より一層しっかりしたものにする」、すなわち（確かめる）の意味である。

★ （商社）の意味の firm は、スペイン語 firmar（サインをする）から。サインをして契約が firm になる。

★ fix（定める、定着する）も語源は同じである。prefix は、「前につける」から（接頭辞）。

firmness	堅固 (-ness は名詞語尾)
firmly	きっぱりと (-ly は副詞語尾)
confirmation	確認 (-ation は名詞語尾)
confirmative	確認する (-ative は形容詞語尾)
infirm	病弱な (in- = not、しっかりしていないから)
infirmity	虚弱 (-ity は名詞語尾)
infirmary	病院 (-ary は「場所」を表わす)
affirm	肯定する (af- = ad- = to、確実にする)
affirmation	断言 (-ation は名詞語尾)
affirmative	肯定的 (「否定的」は negative)
fixture	建具 (fix + ture)
fixed	定着した (-ed は形容詞語尾)
fixedly	じっと (「見つめる」など)
fixation	すえつけ (-ation は名詞語尾)
fixity	定着 (-ity は名詞語尾)
affix	結びつける (af- = ad- = to、「しっかりくっつける」)
suffix	接尾辞 (su- = sub、あとにつけるから)
infix	はめこむ (whosoever の so などのように中に)
transfix	さしつらぬく (trans- = across 槍 (やり) などで)

flower =花

★ flower（花）は、ラテン語の flos からきており、flo のついた語は花に関係あるものが多い。flour（小麦粉）は、「小麦の花」という意味である。アメリカの Florida（フロリダ）も「花祭り」の意味のスペイン語である。スペインの探検家が上陸したとき、ちょうど先住民が花祭りをやっていたから。別名 Flower State という。Florence（フローレンス〈イタリア中部の都市〉）も「花」からきている。

★「葉」はラテン語で folia。foliage（葉）はここからきている。

★なお、fruit（果実）はラテン語の fructus「果実」から。

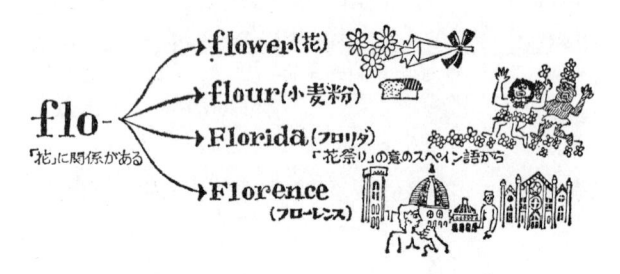

flo-
「花」に関係がある

→ flower（花）
→ flour（小麦粉）
→ Florida（フロリダ）
「花祭り」の意のスペイン語から
→ Florence（フローレンス）

floral	花の〔-al は形容詞語尾〕
florid	花やかな〔「花」のイメージは、日本語でも同じである〕
floriculture	草花栽培〔culture は「栽培」〕
florescence	開花〔-escence は「……になること」〕
flourish	栄える〔咲く花のにおうように〕
flowery	花やかな〔文体など〕
deflower	花を散らす〔de- = apart〕
bloom	花(が咲く)〔f と b が入れかわっているが、語源は同じである〕
blossom	(果実の) 花〔一つ一つの花は flower〕
foliar	葉状の〔folia (= leaf) + ar (形容詞語尾)〕
foliate	葉のある〔folia = leaves〕
portfolio	紙ばさみ〔port は「運ぶ」の意〕
defoliate	落葉する〔de- = apart〕
foil	(金属などの) 薄片〔葉のイメージから〕
fruiterer	果実商〔-er は「人」〕
fruitful	効果的〔実がいっぱい〕
fruitless	むだな〔実のない〕
fruition	結実〔-ion は名詞形〕
fructify	(努力など)実を結ぶ〔-fy は「……になる」〕

form ＝形

★ form の語源は、ラテン語の forma (形)。この語根には、種々の接頭辞がつく。con- ならば「同じ形を作る」から (一致する)、(規則に従う)、de- がつけば (形をゆがめる)、in- なら「心の中に形づくる」から (知らせる)、「すっかり」の意の接頭辞 per- がついて「完全に形づくる」から (完遂する)、re- ならば「作りなおす」で (改める)、trans- (移転の意) なら (形を変える)。

★ uniform は「一つの形」で (制服)。

formal	形式的 (-al は形容詞語尾)
formality	形式 (的儀礼) (-ty は名詞語尾)
formation	構成、形成、編隊 (-tion は名詞語尾)
formula	公式 (複数は formulae ⟨-li:⟩)
formulate	公式化する (-ate は「……にする」)
formalism	形式主義、虚礼 (-ism は「主義」)
formalist	形式主義者、堅苦しい人 (-ist は「人」)
formalize	形式化する (-ize は「……にする」)
informal	非公式の、うちとけた (in- = not)
conformity	一致、規則に従うこと (-ity は名詞語尾)
deformity	不具、奇形 (-ity は名詞語尾)
inform	通知する (心の中に形づくる)
information	通知、知識 (-ation は名詞語尾)
informer	密告者 (-er は「人」)
performance	実行、遂行、演奏 (-ance は名詞語尾)
performer	実行者、演奏者 (-er は「人」)
reformation	改革、改正 (-ation は名詞語尾)
reformer	改革者 (-er は「人」)
transformation	変形 (-ation 名詞語尾)
transformer	変圧器 (-er は「器械」)

fortune = 運

★ fortune（運、幸運、財産）。人間の運を予言するのが fortune-teller（占い師）である。幸運をもたらしてくれる、もっとも手っとり早い手段は金である。ここから（財産）という意味がでてくる。marry a fortune（金持ちの娘と結婚する）。fortune-hunter は、（財産目あてに結婚する人）。

★大文字の Fortune は（運命の女神）。この女神には前髪はあるが、うしろは、つるつるの禿なので、Take the Fortune by the forelock. 運命の前髪を捕えろ、つまり（ぐずぐずしていて好機を逃がすな）という表現もある。

★「運」には、fortune のほかに、hap、luck のグループがある。perhaps は、by haps「偶然（運）によって」と分解できて、（たぶん）となる。

fortunate	運のよい (-nate は形容詞語尾)
fortunately	運よく (-ly は副詞語尾)
fortune-telling	占い (運勢を告げること)
misfortune	不運 (mis + fortune)
unfortunate	不運な (un- = not)
fortuity	偶然性 (-ty は名詞語尾)
fortuitous	偶然の (-ous は形容詞語尾)
happiness	幸福 (-ness は名詞語尾)
happycoat	ハッピ (アメリカ人が「幸福な上着」とこじつけた)
happily	幸福に (-ly は副詞語尾)
unhappy	不幸な (un- = not)
mishap	事故 (mis- (= not) + hap)
unhappiness	不幸 (-ness は名詞語尾)
perhaps	たぶん (per- = by、by chance の意)
haphazard	偶然 (の、に) (hap + hazard、一か八かの勝負)
happen	起こる (hap + en (= make))
happening	(米俗) 思いがけぬ事柄 (happen + circurmstance (事情))
happy-go-lucky	のんきな (= easy-going)
luckily	運よく (lucky + ly)
luckless	不運な (-less = without)

*gen*tleman ＝紳士

★ gentleman は gentle + man で、この gentle には「生まれのよい」の意味があった。これはラテン語 gen（生まれ）からきたもので、genus（種族）なども、この語からできた。genius には「人間を生み、守る神」から（守護神）と、「生まれつきの才能」から出た（天才）の二つの意味がある。したがって generation（世代）も本来は「産出、発生」の意。

★ hydrogen（水素）の gen も、じつは「生まれる」の意。「水（hydro）から生まれたもの」というわけである。

gentleness	やさしさ（-ness は名詞語尾）
gentility	上流気どり（-lity は名詞語尾）
gentry	紳士階級（-ry は名詞語尾）
genteel	お上品ぶった（発音は〈-í:l〉、皮肉った形容詞）
genteelism	お上品ぶった言い方（「ざあます」など）
generous	気まえのいい（「生まれのいい」の意から）
generosity	寛容（-ity は名詞語尾）
generate	生む（-ate は動詞語尾）
generator	発電機（= dynamo）
degenerate	退化する（de- は「反意」）
degeneration	退化（-ion は名詞語尾）
genial	温和な（気候や人が）
geniality	温和（-ity は名詞語尾）
engender	発生させる（en- = make）
genetics	遺伝学（-s は「学問」、単数扱い）
general	一般の（of a whole race の意）
genuine	本物の（「生まれながらの」→「本物の」）
oxygen	酸素（oxy- は「酸」）
congenial	同性質の（con- (同) + genial）

grave = 重い

★ grave は heavy（重い）、serious（重大な）の意。ラテン語の gravis「重い」からくる。gravity は（重力）。（墓）の意味の grave は「掘る」という意味の古い英語からきていて、（重い）の grave とは関係ない。

★ つづりは少し異なるが、grief（悲哀）もこのグループに属する。（悲哀）とは、心が「重い」ことである。（重い）ことからは、「重大さ」→「悪化」→「怒り」→（悲しみ）と発展して、悪い意味になる傾向がある。

★「重い」の「反対」は「軽い」。ラテン語 levis「軽い」からは、さまざまの意味が生まれている。elevator（エレベーター）などその典型。relief（救い、野球のリリーフ）は「心配を除いて心を軽くする」ことである。

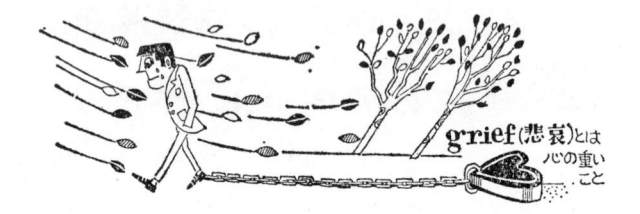

aggravate	悪化させる〔ag- = ad- = to「さらに重くする」の意〕
aggravation	悪化〔-ion は名詞語尾〕
graveness	重大さ〔grave なこと〕
gravid	妊娠した〔すなわち、身重である〕
gravitation	引力〔law of 〜引力の法則〕
gravitate	(引力に)引かれる〔-tate は動詞語尾〕
grieve	悲しむ〔grief の動詞形〕
grievous	悲しい〔死にざまなどが〕
grievance	不平〔〜 committee 苦情処理委員会〕
alleviate	軽減する〔lighten と同じ〕
levity	軽薄〔軽すぎると「軽薄」になるのは日英語共通〕
lever	テコ〔重すぎるものを軽くするもの〕
Levant	レバント(東部地中海、その沿岸)〔太陽が昇りつつある所〕
leaven	パン種〔軽くふくらませる。発音〈lévn〉〕
elevate	高める〔e + levare (= lift)〕
elevation	向上〔-ion は名詞語尾〕
relieve	救う〔(心を)軽くしてやる〕
relevant	適切な〔はっきりと浮き上がらせる〕
relievo	浮き彫り〔浮き上げて彫る〕
irrelevant	見当違いの〔ir- = not〕

habit =くせ

★ habit の語源はラテン語 habere（持つ）。habit はその過去分詞で「持たれている」の意、そこから（くせ、習慣）となった。もとは、ある階級の人やある場合の「服装」の意もあった。inhabitant（住民）もこの仲間。

★ また、形は変わるが exhibit などの hibit も語源は同じ。これは hold out「さし出して示す」だから（展示する）である。

★ adhere（粘着する）の here はラテン語 haerere（くっつく）からきたもので、habit のいわば縁語みたいなもの。

ラテン語 **habere**（持つ）の過去分詞で「持たれている」の意から

habit
（くせ、習慣）

habitual	習慣の（-ual 形容詞語尾）
exhibition	展覧（会）（〜 match 公開模範試合）
prohibit	（たばこなど）禁じる（前（pro-）に置いて妨げる）
prohibition	禁止（米国禁酒法時代の「禁酒」もこの語であった）
behave	ふるまう（be (= by) + have で、「自らをもつ、抑える」
behaviour	ふるまい（-our は名詞語尾）
inhibit	（欲望など）禁じる（in + hibit で、keep back の意）
inhibition	抑制（-ion 名詞語尾）
cohabit	同棲（どうせい）する（co- = together、habit = dwell）
habitable	住める（-able 形容詞語尾）
habitation	住家（-ation は名詞語尾）
adherent	粘着性の（-ent は形容詞語尾）
adherence	執着（-ce は名詞語尾）
adhesive	粘着性の（-ive は形容詞語尾）
cohere	たがいに密着する（co- = together）
coherent	密着する、筋道のとおった（-ent は形容詞語尾）
incoherence	支離滅裂（-ency とも）
incoherent	筋のとおらない（議論など）
hesitate	ちゅうちょする（以前の考えにへばりつく）
hesitation	ためらい（-ion は名詞語尾）

*hum*an ＝人間の

★ zoological garden（動物園）に、たりない動物が一つだけある。それは人間だ、というもっともな意見を実行に移した男が、D. Garnet の小説、"A Man in the Zoo"（動物園にはいった男）に出てくる。さて、その男がはいった檻に掲げられた名札が、なんと、Homo sapiens（人間）。homo は man、sapiens は wise「かしこい」。この homo から、**human**（人間の）、**humanity**（人間性）が出てきた。

★その人間は「土」（ラテン語で humus）から作られた。だから、人間は死ぬと土にかえる。**humid** は（湿っぽい）。土の中は「湿っぽい」から。

human（人間の）は 土（ラテン語で humus）から生まれて土に帰る

homage	尊敬 (man (臣下) としての礼)
humane	人情ある、人間を高尚にする (human の変形)
humankind	人類 (= mankind)
humanities, the	人文科学 (単数形と比較すること)
humanism	人間性、人文主義 (human + ism)
humanist	人間学者 (human + ist)
humanistic	人間性の (-ic は形容詞語尾)
humanitarian	人道主義者 (humanity から)
humanitarianism	博愛 (主義) (-ism は「主義」)
humo(u)rous	こっけい味のある (humor + ous)
humble	謙遜な (「土にひれふした」の意)
humiliate	へこます (地にひれふせること)
humiliating	屈辱的な (on the ground の意)
humiliation	屈辱 (-ation は名詞語尾)
humility	謙遜 (humble なこと)
humidity	湿り気 (humid + ity)
exhume	(死体など) 発掘する (ex- = out,「土の中から」の意)
inhume	埋葬する (土の中へ)
exhumation	(死体) 発掘 (-ation は名詞語尾)
posthumous	死後の (post- = after, 土の中にはいって後)

insert ＝挿入する

★ sert のついた語は「加える」、「結ぶ」、「置く」などに縁があると考えてよい。だから insert も「中に加える」で（挿入する）である。desert なら de- = off で、「結んだものを解きすてる」から（見捨てる）となる。なお desert には（砂漠）の意もある。

★ 形は少し変わるが、seed（種）もこの仲間。種は一列に並べて置いたからだろう。一列といえば、series（シリーズ）がある。

assert	（権利など）主張する（as- = ad- = to で、「…に自分を結びつける」）
assertion	主張（-ion は名詞語尾）
assertive	断言的（-ive は形容詞語尾）
deserter	脱走者（見捨てる人）
deserted	見捨てられた（des- = off）
desertion	脱走（-ion は名詞語尾）
dissertation	論文（dis- = off、考えを解きほぐしたもの）
exert	（努力、特性など）発揮する（ex- = out、「外におく」）
exertion	努力、発揮（-ion は名詞語尾）
insertion	挿入（さし込みビラ、刷込み広告など）
season	季節、味をつける（「種を一列にまくとき」からきている）
seasonal	季節的な（-al は形容詞語尾）
seasonable	季節相応の（unseasonable 季節はずれの）
seedy	種の多い（seed + y）
semen	種、精液（ラテン語 serere = sow）
seminar	ゼミナール（seed-garden の意）
seminary	（神）学校（-ry は「場所」）
disseminate	種をまき散らす（dis- = apart）
seriesparallel	直並列の（parallel 並列の）

inter*rupt* ＝中断する

★ **interrupt** は、inter (＝ between) ＋ rupt (break) で「間を破る」から（中断する）。このように rupt には「破れる」の意がある。**erupt** なら「火山が破れて火を噴く」、つまり（噴火する）だし、**bankrupt** は読んで字のごとし、bank（銀行）が破れるで、（破産者）あるいは（破産する）。

★ fract、frag も「破る」の意。交通事故で **fracture**（骨折）くらいならまだいい、原爆で **fragment**（断片）になったらどうします。

★ **frail** も（破れやすい、弱い）だが、Frailty, thy name is woman. —"Hamlet"（弱き者、汝の名は女なり。）は、体力や闘争力の弱さではなく、誘惑にもろいことである。

interrupt ＝ inter＋rupt (break)
（中断する）　　（間を）

interruption	中断〔-tion は名詞語尾〕
eruptive	噴火性の〔～ rock 火成岩〕
rupture	破裂(する)〔-ure は名詞語尾〕
abrupt	突然の〔ab- = off 破り出た〕
corrupt	腐敗した(する)〔cor- = fully すっかり破れる〕
corruptible	腐敗しやすい、わいろのきく〔-ible は「できる」〕
corruption	腐敗、汚職〔-tion は名詞語尾〕
corruptive	腐敗性の〔人物、恩恵、書物など〕
fractional	断片の〔-al は形容詞語尾〕
fraction	小片〔破れたもの〕
fragile	こわれやすい〔-ile は形容詞語尾〕
fragility	もろさ〔-ity は抽象名詞語尾〕
fragmentary	断片的〔-ary は形容詞語尾〕
frail	もろい、誘惑にかかりやすい〔fragile の姉妹語〕
frailty	心の弱さ〔-ty は抽象名詞語尾〕
breakdown	挫折(ざせつ)〔～ test 耐久力テスト〕
breaking point	持ちこたえられる限界
breakneck	危険きわまる〔～ drive など〕
breakwater	防波堤〔breaker なら「波浪」〕

*is*sue ＝発行する

★ issue の語源はラテン語の ire（行く）。これが ir、is、it などいろいろに変形して issue（現われる、発行する）したり、circuit（回路）を回ったり、exit（出口）から出て行ったりする。

★ invade（侵入する）などに含まれる vade もラテン語 vadere（行く）からきたもの。だから invade は、go into ということになる。evade は、e- = ex- = out で（避ける）という意味になる。

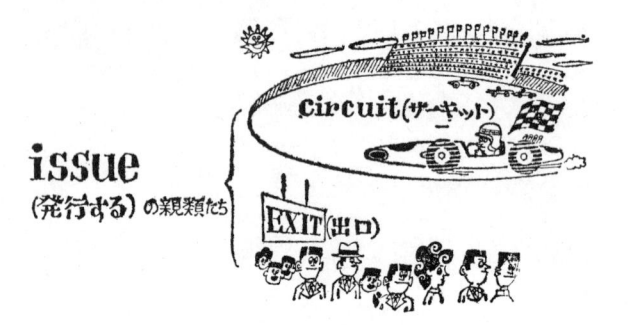

issuance	発行〔-ance は名詞語尾〕
initial	初めの、頭文字〔go into の意〕
initiate	始める〔-ate は動詞語尾〕
initiative	率先〔take 〜 イニシアチブを取る〕
itinerant	旅回りの〔it が go の意〕
transient	束の間の〔go over（過ぎゆく）の意〕
transit	通過する、通行〔go across の意〕
transitory	過ぎ行く〔-ory は形容詞語尾〕
transition	推移〔-ion は名詞語尾〕
transitive	他動詞（の）〔自動詞は intransitive〕
perish	朽ちる〔peri- = completely、「すっかり行ってしまう」〕
perishable	腐りやすい〔複数なら「生鮮魚類」〕
preterite	過去の〔preter (past) + ir (go) + te〕
invasion	侵入〔invader 侵入者〕
evasion	逃げ口上〔-ion は名詞語尾〕
evasive	回避的〔返答など〕
pervade	普及する〔per- = through、「行きわたる」〕
pervasion	普及〔-ion は名詞語尾〕
vademecum	携帯参考書〔go with me の意〕
wade	（川を）歩いて渡る〔vadere (= go)〕

*jet*plane ＝ジェット機

★ jetplane の jet は throw（投げる）の意味。なるほど Haneda ⇄ Itami 45 分、投げるようにあっという間に着いてしまう。あっという間に落ちることもあるが……。

★ interjection（間投詞）は、gee（シェー）だとか、ouch（イタイ！）などのように話の途中に投入されるからである。

★ subject は「下に投げる」から（服従させる）、（臣下）。また、「下に投げられた」から（主題）となる。

adjacent	隣接した〔近くに横たわる〕
conjecture	推測(する)(con- = together、いろいろ投げ合わせ考える)
jetty	防波堤〔海中に投げられたもの〕
ejaculate	とつぜん叫び出す(e- = ex- = out, throw out)
adjective	形容詞〔名詞に付け加えられたもの〕
deject	元気をくじく(de- = down、投げ倒す)
eject	排出する(e- = ex- = out、throw out)
ejection	排斥、放出(eject の名詞形)
inject	注射する〔体の中に入れる〕
injection	注射(inject の名詞形)
project	計画〔前にアクセント〕、計画する〔あとにアクセント〕
projection	投射、計画、投影
projectile	投射物、投射する
reject	拒絶する(re- = back、「投げ返す」の意)
rejection	拒絶(reject の名詞形)
object	⟨ób-⟩ 対象、目的、⟨əbdʒé-⟩ 反対する(ob- = toward)
objection	反対 (-ion は名詞語尾)
objective	目的(の)、客観的(object + ive)
objectionable	気にくわぬ(object 反対したくなる)
subjective	主観の((客観的)は objective)
subjection	征服(subject + ion)
abject	みじめな(ab- = away、投げすてられた)

journey =旅行

★ journ は day と同様、「日」の意味だから、**journey**（旅行）は、もともと a day's travel「一日の旅、日帰りの旅行」の意だった。**daisy**（ひな菊）は、day's eye のつまったもの。日の目とは、すなわち太陽、ひな菊の形が太陽に似ているから。

★ journ が「日」ならば、menses は「月」、annus は「年」である。**menses**（メンス）、**annual**（一年の、毎年の）など。anus（肛門）とは無関係。**annals** は（年代記）。

★ **moon**（月）も **month**（月）も同根。月が満ち欠けて「ひと月」である。

★なお、nox、noct は「夜」。**nocturne**（夜想曲）など。

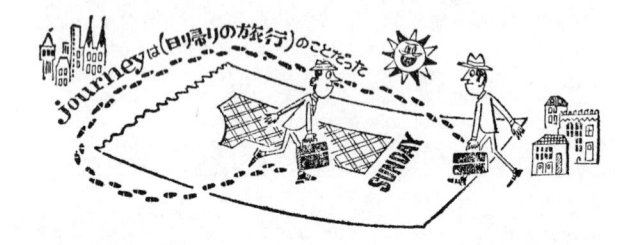

journal	定期刊行物〔元来は日刊〕
journalism	ジャーナリズム〔人は journalist〕
journalese	新聞調〔センセーショナルな書き方なので〕
adjourn	延期する〔「他の日まで」の意〕
sojourn	滞在する〔so- = sub〕
daily	毎日の〔day + ly〕
dial	日時計〔電話のダイヤル、電話をかける、などの意もある〕
daybook	日記帳〔diary の意〕
dismal	陰気な〔dis (day) + mal (evil) で「悪い日」の意〕
diurnal	昼間の〔nocturnal (夜間の) の対〕
meridian	子午線〔「一日のまんなか」の意〕
daydream	白日夢〔大学にはいっても授業中は……〕
menopause	月経閉止〔メンスが pause する (止まる)〕
menstruation	月経〔がつうじること〕〔ギリシャ語で mena は月」〕
nocturnal	夜の〔nox (夜) + -al、al は形容詞語尾〕
anniversary	記念日〔一年に一度まわってくる〕
annalist	年代記の記者〔annals を書く人〕
annuity	年金〔annus (年) ごとにくれる金〕
perennial	長年つづく〔per + ennial、~ plant 多年生植物〕
biennial	二年ごとの〔bi (二の意) + ennial〕
superannuate	老齢者として退職させる〔super- = 超〕

know =知る

★ know と can（できる）とは同語源。ドイツ語でも können（できる）と kennen（知る）とは似ている。知ることはできるということだったのだろうか。禁断の木の実を食べて知恵がついてから Adam knew Eve. と聖書にあるのは、physically（肉体的に）知ったの意味。

★ recognize（認識する）や ignorant（無知な）に含まれる gn も「知る」の意。

★また、conscience の中にも「知る」があることをあなたの（良心）は知っているかどうか。この science もラテン語 scire（知る）からきているからである。

knowable	知られる (こと)〔-able は「できる」〕
know-all	(米) 物知り (顔をする人)〔軽蔑的に〕
know-how	秘訣〔～ of A-bomb 原爆製造法〕
knowing	知ったかぶりの〔-ing は形容詞語尾〕
knowledge	知識〔know の名詞形〕
acknowledge	認める〔ac (= confess) + knowledge〕
recognition	認識〔-ion は名詞語尾〕
recognizable	認識できる〔-able は「できる」〕
cognition	認識作用〔心理学用語〕
cognizance	認知〔事実を〕
incognito	おしのびの〔in- = not、unknown の意〕
ignore	無視する〔i- = not で、「知らない」〕
ignorant	無知な〔-ant 形容詞語尾〕
ignorance	無知〔-ce は名詞語尾〕
noble	高貴な〔「知られた」の意から〕
nobility	高貴さ〔-ity は抽象名詞語尾〕
ignoble	下品な〔i- = not、「noble でない」の意〕

labor ＝労働

★ labor の語源は、ラテン語 laborare（労働する）。なお labour はイギリスつづり。近ごろ流行の「ラボ」は laboratory（実験室）の略、ほうぼうの学校で音声の実験をやっている。

★「働く」の反対は「遊ぶ」だが、これもラテン語 ludere（遊ぶ）からいろいろな語ができた。interlude（芝居の幕間）は「あいだで遊ぶ」からである。

★ illusion（錯覚）などもこの仲間。洗濯物をお化けなどと、ある物をべつの物と思い込むことである。

labo(u)rer	労働者〔-er は「人」〕
laborious	骨の折れる〔-ious は形容詞語尾〕
elaborate	入念な〔e- = out、「骨折って作った」〕
collaborate	共同して働く〔col- (= together) + labor + ate〕
collaboration	共同（製作）〔col + labor + ate + ion〕
labor-saving	労働節減の〔save は「節約する」〕
allude	ほのめかす〔al- = to、「冗談めかしていう」など〕
allusion	ほのめかし〔-ion は名詞語尾〕
allusive	暗示的な〔-ive は形容詞語尾〕
delude	欺く〔de- = from、「からかってまどわす」意〕
delusion	妄想（もうそう）〔-ion は名詞語尾〕
elude	よける〔e- = ex で、「身をかわして避ける」〕
elusion	回避、言い抜け（= evasion）
elusive	たくみに逃げをうつ〔議論など〕
hallucination	幻覚〔ないところにあると思うこと〕
illusionary	錯覚の〔il- = upon, illusional ともいう〕
illusive	錯覚を起こさせる〔-ive は形容詞語尾〕
illusory	人を欺く〔-ory は形容詞語尾〕
ludicrous	ばかばかしい〔「舞台で演じるような」、-ous は形容詞語尾〕

ma*dam* ＝マダム、奥様

★ madam の dam は、「家」のことだから、外を遊び歩いてばかりいては、本義に反する。

★ dominus は master（領主）。西暦紀元の **A. D.** は Anno Domini (= in the year of our lord) の意で、Domini は所有格。形は少し変わるが、**danger**（危険）は、dominus の絶対権力のことだった。なるほど Nero みたいな主人や殿様にあまり力があると **dangerous**（恐ろしい）になる。

★ "Quo Vadis, Domine"（主よ、いずこに行きたもう）は、ポーランドの作家 Sienkiewicz の有名な小説。西インド諸島の **Dominica** 島もここから来た。このように、dam、dom がつくと、「家」と関係ある言葉になる。

dam とは"家"のことである

domain	領地、領域〔領主の支配範囲〕
dome	まる屋根〔はじめは「公共建築物」の意だった〕
domestic	(形) 家庭の、国内の、(名) 女中
domesticate	飼いならす
domicile	住所〔permanent domicile は「本籍」〕
dominance	支配〔-ce は名詞語尾〕
dominant	支配的な〔~ party 第一党〕
dominate	支配する、君臨する〔domin = master〕
domineer	権勢をふるう〔形容詞は domineering〕
dominion	領土、統治権〔Dominion は「イギリス自治領」〕
domino	仮装舞踏会〔< domini〕
predominance	優越〔pre- + dominance〕
predominant	すぐれた〔predominance の形容詞形〕
dame	(詩) 貴婦人〔dominus(lord) の女性 domina(= lady) より〕
damsel	(詩) おとめ〔domina 指小辞〕
mesdames	madam の複数〔発音は〈meidá:m〉〕
mademoiselle	(仏) 令嬢〔my damsels の意〕
Madonna	聖母マリア〔My Lady の意、漱石の『坊ちゃん』でおなじみ〕

Magna Carta ＝大憲章

★暴君 John 王をおいつめて署名をかちとった Magna Carta。magn- は great の意。maj-、max- と形を変えることもある。**major**（大きいほうの）など。

★最近はやりの **mini-car, miniskirt** や **minus**（マイナス）の min-, minu- は small の意。**miniature**（細密画）など。だから minister を（大臣）というのはおかしい。「小臣」である。事実、もとは servant の意味であった。なお、（牧師）の意もある。

★ **minute** は（分）だが、〈mainjúːt〉と発音すると（微細な）の意味になる。**menu**（献立表）もこの仲間。食べるものがこまかく書いてあるから。

magnify	拡大する（-fy は「……にする」）
magnificent	壮大な（-fic は facere (make) から）
magnate	大立て者（coal 〜石炭王）
magnitude	大きさ（-tude は名詞語尾）
magnanimous	度量の大きい（magn- + animous (= soul)）
maximum	最大量（反対は minimum）
maxim	格言（maxima = greatest、「もっとも重要な意見」の意）
majesty	尊厳（M—だと陛下）
majestic	荘厳な（-ic は形容詞語尾）
majority	大多数（absolute 〜絶対多数）
mayor	市長（major と姉妹語）
master	主人（magnus から）
minus	マイナス（minor の比較級）
minimum	最小限（〜 wage 最低賃金）
minimize	最小限にする（-ize は「……にする」）
ministry	内閣（-ry は「場所」、「集まり」の意）
minor	より小さい（major の反対）
minority	少数（大多数は majority）

manager ＝支配人

★ manager はラテン語 manus（手）からきた語で、「手で扱う」ことから（支配人、経営者）。もっとも、いまでは手はおろか舌も出さない manager が多い。manual を（手引き）というのもこれでわかる。

★また manner（マナー）にしても本来「手の扱い方」であった。manure（肥料）もやはり「手」に関係がある。おそらく肥料は、手でやるからだろう。

manage	どうにか……する〔「手で扱う」から〕
manageable	扱いやすい〔able は「できる」〕
management	経営、処理〔-ment は名詞語尾〕
managing	首脳の〔～ director 専務取締役〕
well[ill]-mannered	マナーのよい(悪い)〔-ed は形容詞語尾〕
mannerism	マンネリズム〔表現法が型にはまったこと〕
manneristic	癖のある〔manner から〕
manoeuver、—re	演習(する)〔「手で動かす」から。〈mənúːvə〉〕
manipulate	操作する〔問題、世論、帳簿など〕
manipulation	操縦〔手で動かすこと〕
manipulator	手で扱う人〔「証券市場の操作をする人」など〕
manifest	明示する〔手でさわってはっきりさせる〕
manifestation	明示、政見発表〔明らかにすること〕
manifesto	宣言〔マルクス共産党宣言など〕
manacle	(pl.) 手かせ、手錠〔= handcuff〕
amanuensis	書記〔a- (= by) + manu + ensis〕
emancipate	解放する〔「財産を譲る」の意〕
emancipation	奴隷(どれい)解放〔-ion は名詞語尾〕

memory =記憶

★ラテン語 memorare（思い出す）から、いろいろ「記憶」に関する語ができた。memory が（記憶）なのはすぐわかる。memo（控え）はメモするなどと使われるが、もとは memorandum という記憶しにくいほど長い言葉。また、「memorial（記念碑）をゆかりの日だけ思い出し」という川柳もある。

★ immemorial は im- = not で「記憶できないほど（遠い）」から（遠いむかしの）という訳語ができた。

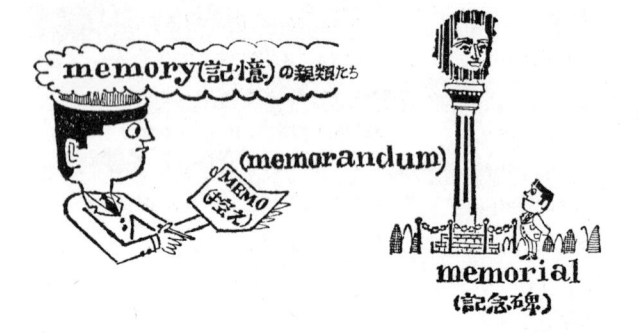

memorize	記憶する〔-ize は「……する」〕
memorization	暗記〔-ion は名詞語尾〕
memorable	記憶すべき〔できごと、曜日など〕
memoirs	思い出、回顧録〔発音は〈mémwɑːz〉〕
commemorate	記念する〔com- = together、「ともに記憶する」〕
commemoration	記念(式)〔-ion は名詞語尾〕
memorandum	備忘録〔「記憶されるべきもの」の意〕
reminiscence	思い出、(pl.) 回顧録〔re- = again、「ふたたび思い出す」〕
reminiscent	思い出の〔〜 of it は「それを思い出させる」〕
mnemonic	記憶に役だつ〔〜 rhymes は「おぼえ歌」〕
mnemonics	記憶術〔-ics は「術」〕
mnemotechnics	記憶術〔「記憶の技術」である〕
Mnemosyne	記憶の女神〔Zeus とのあいだに Muse を産んだ〕
remember	おぼえている、思い出す〔re- = back〕
remind	思い出させる〔remember は「思い出す」〕
remembrance	記憶〔つづりに注意〕
remembrancer	思い出させるもの、忘れがたみ〔-er は「人、物」〕
memento	思い出の種〔remember thou（なんじ記憶せよ）の意〕

*micro*scope ＝顕微鏡

★ micro は、「小」、「短い」、「微視な」の意味。したがって microscope は、微細なものを見る scope（鏡）の意で（顕微鏡）となる。大平洋上は、赤道近くの、かつて日本が委任統治をしていた Mariana, Caroline, Marshall などは、小さい島ばかりだから Micronesia（ミクロネシア）という。「小」とはいえ、microbus（小型バス）、microwave（極超短波）など、われわれの生活革命に大きな役割を果たすものが多い。

★ところで「大」は macro, macrocosm（大宇宙）など。また「長い」、「巨視的な」などの意もある。

microscopic	顕微鏡的 (-ic 形容詞語尾)
microfilm	マイクロフィルム (新聞などの縮小複写用)
microcopy	縮小複写 (copy は「写す」)
microphone	拡声器 (phone は「音」)
micron	ミクロン (0.000001m —小さいね)
micrograph	顕微鏡写真 (micro + graph)
micrology	微物研究 (logy は「学」)
micrometer	(顕微鏡などの) 測微計 (meter 計器)
microanalysis	(化) 微量分析 (analysis 分析)
microbe	微生物 (〜 warfare 細菌戦)
microbiology	細菌学 (biology 生物学)
microcard	縮小写真カード (一枚のカードに 200 〜 300 ページ分を焼き込む)
micrococcus	微球菌、球状細菌 (coccus = berry)
macrograph	肉眼図 (cf. micrograph)
macron	長音記号 (ō のように長母音を示す)
macrophysics	巨視的物理学 (物質の原子構造を考える学問)
macroscopic	肉眼で見える (cf. microscopic)
macruran	長尾類 (oura = tail)
maculate	斑点をつける (macula 黒点、斑点)

*mid*dle ＝まんなかの

★ mid-、medi- は「中間」を表わす。**middle**（まんなかの）。Shakespeare の戯曲 "**Midsummer** Night's Dream"（真夏の夜の夢）など。

★ **midwife** とは、第一号夫人と第三号夫人の中間の第二号夫人のことではなく、mid (= with 助ける) + wife (woman の意) で、(産婆) のことである。

★ **medium**（中間、霊媒）のように、mid- は med- とつづりが変わる。the **Mediterranean** Sea（地中海）。

★ **mean**（中間の）もこの仲間である。**meanwhile**（その間に）は、mean (= middle) + while (= time) と分解できる。

★ **immediate** は、im- = in- = not で、「中間でない」すなわち（直接の）。

midday	日中 (の) (mid + day)
midding	中等の、二流の (-ing は指小辞)
middle-class	中産階級の (high-class と low-class の中間)
middlebrow	(知識の) ふつうの人 (「額の広さが中位」から)
middleman	仲買人 (生産者と小売りまたは消費者の間の)
middleweight	ミドルウェイト (66.7kg 〜 72.6kg)
midland	中部地方 (the Midlands イギリス中部地方)
midriff	横隔膜 (riff = belly、胴 (どう))
midshipman	海軍兵学校生徒 (俗称 middy)
midway	中途の (に) (mid + way)
medi(a)eval	中世の (aev- = age)
medievalism	中世趣味 (-ism は「主義」)
mediate	調停する (「まんなかで分ける」の意)
mediator	調停者 (-or は「人」)
mediocre	なみの (ocris = peak、丘の途中まで上がった)
mediocrity	凡庸 (-ity は抽象名詞語尾)
immediately	直接に、すぐに (im- = in- = not、仲介をおかずに)
amidst	〜のまんなかに (a- = on)
intermediate	中間にある (inter- = between)
meantime	その間に (mean = middle)

mind ＝心

★ラテン語の Mens sana in corpore sano. は、(健全なる精神は、健全なる身体に宿る) と一般には訳されているが、ほんとうは「宿る」ではなく「宿れかし」だ。それはともかく、この mens から **mind**（心）、corpore から **corpus**（身体）が生まれた。

★ man（人間）は mind の親類だから「考えるもの」なのである。Flying Dutchman（幽霊船）のような ship の意味は十五世紀から。mania（……狂）もこの親類。

★ **mental**（精神的）が mind から転じたことは、だれにもわかるだろうが、**comment**（批評する）もじつはこの仲間。

★つぎに corpus の仲間は **corps**（軍団）、**corpse**（死体）、**corporation**（法人）など。corps は単複同形、発音は単数 〈kɔː〉複数〈kɔːz〉。

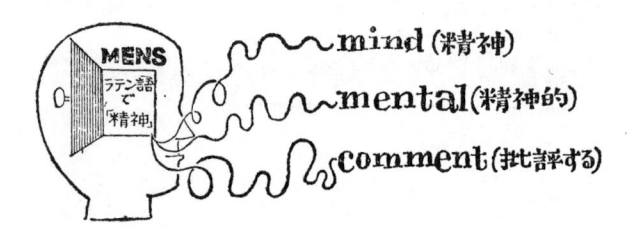

- **mind**（精神）
- **mental**（精神的）
- **comment**（批評する）

vehement	激烈な〔ラテン語 vehere = carry、心を持ち去られるぐらい激しいこと〕
mentality	知性〔-ty は名詞語尾〕
dementia	精神錯乱〔de- = away〕
mention	言及する〔「心に呼びかける」の意〕
commentary	解説〔-ary は名詞語尾〕
commentator	解説者〔時局などの〕
commenter	批評家〔commentator とちがう〕
remind	思い出させる〔re- = back〕
reminder	思い出させるもの〔指に巻くより、むかしの写真〕
mindful	心にとめる〔-ful は形容詞語尾〕
mind's eye	想像〔in my 〜などと用いる〕
-minded	……する気がある〔war 〜戦争をする気のある〕
corporal	肉体の〔caput (head) から、「伍長」の意もある〕
corporeal	物質的な〔corporal とちがう〕
corporate	法人組織の、共同の〔肉体化した〕
incorporate	合体する〔body にする〕
incorporation	会社〔incorporate すること〕
corpulent	ふとった〔-lent は「……に満ちている」〕

*mis*sile ＝ミサイル

★ missile の語源がラテン語 mittere（送る、行かせる、放つ）だといえば、うなずく人も多いだろう。missile はぶっ放されたらたいへんである。

★ permit も同じ語源から。per- は through の意で、スルッと通すことから、（許可する）。安宅の関の富樫を思い出す。いや、もっともあれは弁慶と富樫の compromise（妥協）というべきかもしれない。

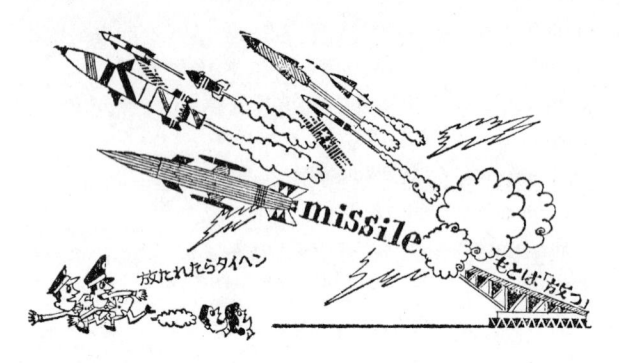

mission	使節、伝道 (団)〔「送られたもの」の意〕
missionary	伝道の、大使 (mission + ary)
message	メッセージ、教書〔「送られたもの」である〕
messenger	使者 (message + er に、n がついたもの)
mess	食べ物、混乱〔「テーブルに置かれた」の意〕
admit	入れる、許可する (ad- = to で、let go)
admission	入場 (許可)〔(はいることを) 認める〕
commit	委託する、(罪を) 犯す〔com- = with、「いっしょにつけてやる」〕
commission	委任 (する)、委員会 (com + mission)
commissioner	委員 (-er は「人」)
committee	委員 (会) (-ee は「……された人」)
emit	(光、熱、音などを) 出す〔e- = ex- = out で、send out〕
intermit	とぎれさせる〔inter- = between、「間に行かせる」〕
intermission	(雨などの) とぎれ、中休み (-ion は名詞語尾)
intermittent	とぎれる〔-ent は形容詞語尾〕
omit	省略する〔o- = ob- = away で、「あちらへやる」〕
dismiss	解雇する (dis- = away、すなわち send away)
premise	前提 (とする)〔文字どおり、「前に置く」である〕
promise	約束 (する)〔あらかじめ言っておく〕
surmise	推量 (する)〔sur- = above で、「上におく」〕

*mod*el ＝モデル

★ model は、ラテン語 modus（型、様式）からきたもの。mod のついた語は、みなこの仲間と思ってよい。mode（モード）はフランス語の à la mode（最新流行の）の mode と同じ。modern（現代の）も同じ。

★ おてんばな女の子も修道院に入れられると moderate（型にはめる）されて modest（謙虚な）女性になる。Stevenson は驢馬紀行に使った驢馬に Modestine と名づけた。ところが、あまりおとなしくなかったという。あまりよい名まえをつけるものではない。

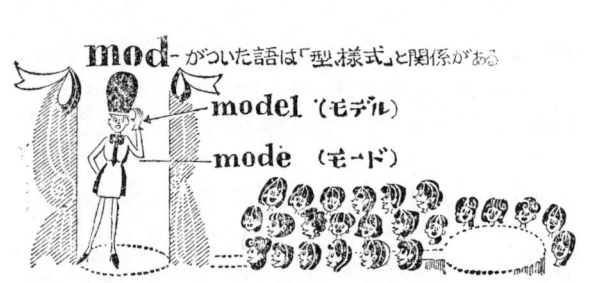

mod- がついた語は「型、様式」と関係がある
- **model**（モデル）
- **mode**（モード）

immoderate	過度の〔im- = not〕
moderation	節度、温和〔-ion は名詞語尾〕
moderator	調停(者)〔= mediator 間に立つ者〕
modernism	現代ふう(語法、思想、様式など)
modernist	現代主義者(の)〔-ist は「人」〕
modernity	現代性(反対は antiquity)
modish	流行の(= fashionable、stylish)
modiste	(婦人服の)洋裁師〔(仏)、発音は〈moudíːst〉〕
modesty	謙遜(けんそん)、適度〔-y は名詞語尾〕
immodest	無作法な〔im- = not〕
modify	限定する、(文)修飾する〔-fy は「……する」〕
modifier	(文)修飾語句〔-er は名詞語尾〕
modification	限定、(文)修飾〔-ion は名詞語尾〕
accommodate	収容する、適応させる(「一つの型に入れる」意)
accommodation	収容、(pl.) 施設〔-ion は名詞語尾〕
commodity	日用品(型にはまってできている)
modulate	調整する〔-late は動詞語尾〕
modulation	調整、抑揚〔-ion は名詞語尾〕
mould	鋳型(にはめる)(mold ともつづる)

mortal ＝死すべき(もの)

★ mortal はラテン語 mors（死）から。immortal なら〈不滅〈の〉〉。Men are for an immortal life.（人は不滅の生命のために作られた——肉体は滅びても、不滅の名を残せ）。しかし、人間はやはり mortal だから mortician（葬儀屋）がもうかる。

★雰囲気作りの名人 Poe の書いた『モルグ街の殺人』の morgue は（死体公示場）の意。タイトルからして死を思わせ、ひじょうに効果的である。

★本来の英語では、（死ぬ）は die、（死）は death、（死せる）は dead である。

mortality	死ぬべき運命、死亡率〔-ity は抽象名詞語尾〕
immortality	不滅性〔人の名、業績など〕
immortalize	不滅にする〔-ize は動詞語尾〕
mortgage	抵当(に入れる)〔gage の質、「死んだ質物」の意〕
mortify	屈辱を与える〔「死の苦しみを与える」こと〕
mortification	屈辱、禁欲〔-ation は名詞語尾〕
mortuary	死体仮置場〔-ary は「場所」〕
moribund	死にかけている〔= dying〕
post-mortem	死後の〔post = after、~ examination、検死〕
deathbed	死の床〔death + bed〕
deathless	不滅の〔death + less で、「死のない」〕
dead-end	どん底生活〔New York の難民街を扱った Sidney Kingsley の戯曲 "Dead End" から〕
deadline	(原稿の) 締切り、死線〔越えられない「線」のこと〕
deadlock	(交渉などの) 行詰まり〔dead は「どうしようもない」、「まったくの」〕
deadly	致命的な〔dead + ly〕
dead-pan	(米俗) 無表情な顔(をした人)〔「笑わない道化師」など〕
dead-weight	自重〔車両などの、それ自体の重さ〕
deadwood	枯木〔「無用の物、人」など〕

move ＝動く

★ラテン語 movere が「動く」の意だといえば、すぐ move、motion（動作）、automobile（自動車）などを連想できるだろう。このように mob、mot、mut と形は変わっても、語源は同じである。

★こうなると La donna e mobile（いつも変わる女心）というベルディのリゴレットの歌まで想像できる。ベッドの中でも、mob（暴徒）があばれる movie（映画）をみることができる。

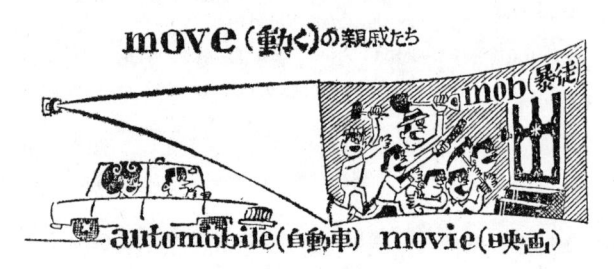

movement	運動、動き〔-ment は名詞語尾〕
movable	動きうる、(pl.)動産〔反対は immovable〕
remove	移転 (する)、とりのぞく〔re- = again〕
removal	移転、除去〔-al は名詞語尾〕
motive	動機〔「動くに役だつ」の意〕
motivate	動機を与える〔名詞は motivation〕
motor	モーター、動力〔(英) 〜 car 自動車〕
motorist	マイカー族〔-ist は「人」〕
motorization	自動車を使うこと〔動詞は motorize〕
promote	昇進させる〔「前方に動かす」こと〕
commotion	動乱〔com- は強め〕
demote	左遷させる〔de- = off、「(遠くへ) とばす」〕
emotion	感動、情緒〔e- = out で、「外へかき立てる」〕
emotional	感情の〔-al は形容詞語尾〕
mobilize	動員する〔mob は「大衆」、-ize は「……する」〕
mobile	動きやすい〔-ile は形容詞語尾〕
mobilization	動員〔demobilization 動員解除〕
mobility	移動性、民衆〔-ity は名詞語尾〕
locomotive	機関車〔loco とも略す〕
mutinous	反抗的の〔-ous は形容詞語尾〕
mutiny	反乱〔動かされるもの〕

name = 名まえ

★ **name** はラテン語の nomen（名まえ）から生まれた。フランス語では nom（ノム）、ドイツ語でも Namen（ナーメン）、ついでに日本語でも namae。

★ なお、onym はギリシャ語の（名まえ）。homonym といえば homo（同じ）＋ onym だから「音とつづりが同じで意味が違う語」、たとえば、butter（バター）と butter（頭でつく獣）のような（同音同綴異義語）の意味になる。

homo ＋ onym ＝ homonym（同音同綴異義語）
（同じ）　（名まえ）

namecalling	悪口をいうこと (call one names 悪口をいう)
nameless	無名の (-less は「ない」)
nominal	有名無実な (「名まえの」の意。反語は、virtual 事実上の)
nominate	指名する (-ate は動詞語尾)
nomination	指名 (-ion は名詞語尾)
nominative	(文) 主格の (-ive は形容詞語尾)
nominator	指名者 (-or は「人」)
nominee	指名された人 (-ee は「……される人」)
nomenclature	命名法 (-ure は名詞語尾)
denominate	命名する (de- = down)
denomination	命名、名称 (-ion は名詞語尾)
ignominious	不名誉な (ig- = not)
ignominy	不名誉 (ig- = not)
renown	名声 (re + name、発音は ⟨rináun⟩)
anonymous	匿名 (とくめい) の (a- = without, -ous は形容詞語尾)
antonym	反意語 (ant- = anti で「反」)
heteronym	同綴異音異義語 (minute ⟨mínit⟩ (分) と minute ⟨mainjú:t⟩ (微細な))
pseudonym	ペンネーム (pseud- は「仮の」)
onomancy	姓名判断 (ono はギリシャ語で、name の意)

*num*ber ＝数

★ナンバー・ワンは number one なのに Nr. 1としないで No. 1とするのはなぜか。これは英語の number ではなくラテン語の *numero*（数）を用いたからである。ここから number、**numerous**（多数の）などが生まれた。

★似た語に order がある。これはラテン語 ordo（直列）からきた。列だから（整頓）しなければいけないし（順序）も必要、（命令、注文）も出るし、また（等級）も、それによって（勲章）もというわけで、order には、じつに多くの意味がある。

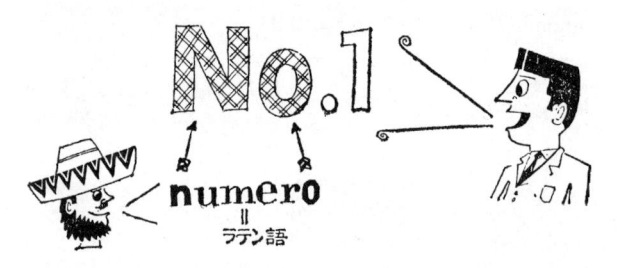

numeral	数の、(文) 数詞
numerable	数えうる (-able は「できる」)
numeration	数え方 (「計算法」の意味)
innumerable	数えることのできない (in- = not)
numerical	数の (Roman numericals ローマ数字)
enumerate	数える (e- = ex- = out)
enumeration	枚挙 (-ion は名詞語尾)
disorder	混乱 (dis- = off)
orderly	順序正しい、伝令 (規則正しいから)
ordain	(聖職に) 任命する (order から)
ordinal	順序の、序数 (1st、2nd、3rd……など)
ordinary	ふつうの (-ary は形容詞語尾)
ordinance	条例 (ordain + ance)
extraordinary	異常な (extra- (= beyond) + ordinary)
co-ordinate	同等の (co- = together で、「順序が同じ」)
co-ordination	等位 (-ion は名詞語尾)
inordinate	過度の (in- = not)
subordinate	従属する (sub- = under)
subordination	従属 (-ion は名詞語尾)

Occident、the ＝西洋

★ Occident の ci は、to fall（落ちること）の意で、全体としては「太陽の落ちる地域」の意味で、そこから（西洋）となった。形は少し変わるが、decadence（デカダンス、堕落）の cad、cascade（小滝）の cas は、いずれも「落ちる」の ci からきている。

★ なお、「降りる」、「下る」は descend である。この descend は、scend「上がる」からきた。ascend（上がる）。scend は、もともと、「獲物をとるための罠のバネ」のことで、バネはとうぜんはね上がるから。どこかの国でよく起こる scandal（疑獄、汚職、中傷）も、ascend からきた。

cadence	韻律、抑揚〔声の調子が下がったり、上がったり〕
decadent	退廃的な〔-ent は形容詞語尾〕
casual	偶然の〔ラテン語 casus「落ちる」から〕
casualty	災難、(pl.) 死傷者数〔-ty は名詞語尾〕
case	事件〔落ちかかってきたもの。(箱) は別語源〕
occasion	機会、原因〔oc (at) + casion (fall)〕
chance	機会、偶然〔c が ch となっているが cadence からきている〕
accident	偶然、事故〔ac (to) + cader (fall)〕
coincide	偶然一致する〔……の上にともに落ちる〕
coincidence	偶然の一致〔coincide の名詞形〕
incidence	落下〔物の上にともにおりる〕
ascent	上昇、のぼり坂〔ascend の名詞形〕
ascendancy	優越〔-ancy は抽象名詞語尾〕
descend	おりる〔de- = down〕
descent	下降、くだり坂、血統〔descend の名詞形〕
descendant	子孫〔先祖から順次下がってくるから〕
condescend	へりくだる〔con- = together〕
transcend	超越する〔trans = across〕
scandalous	外聞の悪い〔罠にかかって〕

offend =怒らせる

★ fend、fess は strike（打つ）の意味である。offend は「……を打つ」で（怒らせる）である。(of- = against)。反対に、defend は、de- = away で、「打つ」ことをよけるから、（守る）となる。defence（防御）。

★ 同じ fess でも、confess（自白する）、profess（自認する）などの fess は、acknowledge（認める）という意味である。theology（神学）、jurisprudence（法学）、medicine（医学）などは、もっとも知的であると「認められた」profession（職業）であった。He is a doctor by profession.（彼は、職業は医者だ。）などと使う。

fence	垣根〔defence の de- が落ちた。家を「守る」もの〕
fenceless	囲いのない〔-less = without（……のない）〕
fencing	フェンシング〔fence + ing〕
fender	（車の）フェンダー〔「defend するもの」の意。前にあるのは bumper〕
defensive	守備の〔-ive は形容詞語尾〕
defendant	被告〔-ant は「人」、原告は plaintiff〕
offence	侮辱、違反〔offense はアメリカつづり〕
offender	違反者〔old〜 常習犯〕
offending	気にさわる〔-ing は形容詞語尾〕
offensive	不快な、攻撃（的の）〔defensive の反対〕
offenceless	罪のない〔-less は「ない」〕
confession	白状〔-ion は名詞語尾〕
confessedly	明白に〔発音は〈kənfésidli〉〕
profess	公言する〔pro- は前。公衆の面前で言う。→はっきり言う〕
professional	職業の、プロの〔反対語は amateur〕
professor	教授〔-or は「人」、Prof. Iwata のように略す〕
professorial	学者ぶった〔-al は形容詞語尾〕
professorship	教授の地位〔-ship は名詞語尾〕

pacific ＝平和な

★ pacific の pac は、**peace**（平和）を意味する。peace ももちろん、この pac から変化したもの。the **Pacific** Ocean は（太平洋）。pac の原形は pax。Pax Romana（ローマの平和）は古代史でおなじみ。

★ **pay**（払う）も、pac から来ている。**payday**（給料日）のように安心させるからか。

★ なお、bel は、「戦争」の意味。**bellicose**（好戦的な）、**belligerent**（交戦中の）などと使われる。**duel**（決闘）も bel から来た。du- は「二」で、「二人で戦い合う」こと。bel の b が落ちている。

★ ラテン語の pugnus（げんこつ）から、**pugnacious**（けんか早い）などもできた。

pacificate	和らげる〔= pacify〕
pacify	しずめる〔-fy は「……にする」の意〕
pacifist	平和主義者〔-ist は「人、主義者」の意〕
peace-maker	調停者〔peace をつくる人〕
peaceful	平和な〔peace + ful〕
appease	なだめる〔peace にする〕
appeasement	緩和〔外国の圧迫などに対して〕
pact	約束〔(和解の)「約束」から、peace 〜　平和条約〕
payee	受取人〔-ee は「……される人」〕
payment	支払い〔-ment は名詞語尾〕
payroll	給料支払表〔(英) pay sheet〕
belligerence	好戦性〔-ce は「性質」を表わす〕
rebel	謀反人(むほんにん)〔発音〈ribél〉は「そむく」〕
rebellion	謀反〔-ion は名詞語尾〕
duelist	決闘者〔-ist は「人」〕
pugilist	ボクサー〔「げんこつの人」から〕
pug-nosed	しし鼻の〔pug は pugnus〕
pugnacity	けんか好き〔-ty は名詞語尾〕

Pantheon ＝パンテオン

★歴史でおなじみの **Pantheon** は Pan（すべて）＋ theo（神）＋ n で「すべての神々を祭る宮」の意味である。この theo はギリシャ語 theos（神）からきたもの。**theology** は theo ＋ logy（学問）で（神学）。

★ダンテの "Divina Commedia"（Divine Comedy ―『神曲』）の **divine** は（神の、神聖な）で、これはラテン語 deus（神）からきたもの。

★キリスト教は一神教だから God と大文字で書く。**gossip**（うわさ話）は god ＋ sibb（related）で「神の親戚」の意である。それが「名づけ親」→「親しい者」→「飲み仲間」→「飲みながらの話題」→「うわさ話」と変わった。

パンテオンは
pan＋theo＋n＝Pantheon
（すべての）（神） （すべての神を祭る所）

monotheism	一神論 (mono- = one、キリスト教はその典型)
polytheism	多神論 (poly- = many)
deity	神性 (ラテン語 deu = God)
deify	神に祭る (deu + fy (動詞語尾))
divine	神聖な (godlike の意)
divinity	神性 (divine + ty (名詞語尾))
godchild	名づけ子 (godfather に名をもらった子)
godfather	名づけ親 (洗礼に立ち会い、自分の名をあたえる)
God-fearing	信心深い (「神を恐れる」の意)
God-forsaken	神に見捨てられた (forsake 見捨てる)
godhood	神格 (= divinity)
godless	神を信じない (god + less (ない))
godliness	信心深いこと (godly 信心深い)
godsend	天の贈物 (もとは、god's send)
godspeed	祝福のあいさつ (God speed you の略)
gospel	福音(ふくいん) (good story の意である)
gossiper	うわさをふれ回る人 (-er は「人」)
providence	(神の) 摂理 (God の代用)
providential	神の助けのある (providence の形容詞形)
providentially	幸運にも (fortunately)

part = 分ける

★ part は「分ける」という意味のラテン語 partire からできた。動詞では（分ける、分かれる）、名詞は（部分、割合）などがあり、芝居の（役）も全体の中の一部分である。変わったところでは、participate（参加する）も、part を cip (= take) することである。また、apartment は、アパートの中の一つの部屋で、アパート全体のことではない。アパート全体は apartment house、または apartments と複数にする。

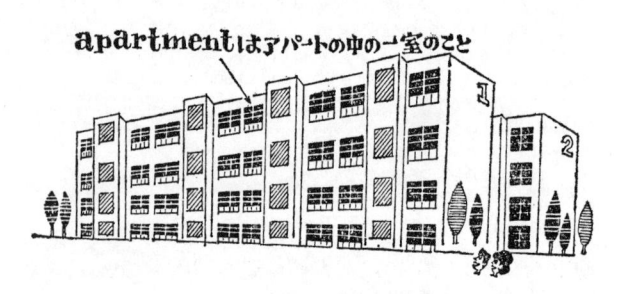

apartment はアパートの中の一室のこと

partial	部分的な〔反対語は impartial 公平な〕
partiality	不公平 (-ity は名詞語尾)
particle	微粒子 (-cle は指小辞)
particular	特別の (particle の形容詞形)
particularity	特殊性 (-ity は名詞語尾)
partake	関与する (part + take で、「分けまえをとる」)
participant	参加者 (-ant は「人」)
participation	参加 (-ion は名詞語尾)
participle	分詞 (「動詞の性質を一部もつ」の意)
partisan	党派 (「ある一つの部分」の意)
partition	区画 (-ion は名詞語尾)
partner	(ダンス、人生の) 相手 (-er は「人」)
apart	分かれて (a- = ad- = to)
compartment	(列車の) 仕切り (com- = together)
depart	去る (de- = off で、「分かれる」)
department	部門 (-ment は名詞語尾)
departure	出発 (-ure は名詞語尾)
proportion	比例 (port = part)
impart	分与する (im- = in-、「分け与える」)
portion	分けまえ (port = part)

passport =旅券

★ **passport** は pass + port で、「港をパスするもの」つまり（旅券）となった。その港もむかしは船のつく港であったが、現在ではむしろ空港である。この pass はラテン語 passus（一歩）からきたもの。pass 自体にも意味が多い。おなじみ（試験をパスする）や（無料乗車券のパス）、また（峠）、（通路）など、じつにいろいろな意味ができた。

★なお、ペースが速い、などというときの **pace** も（歩調）、（〈ゆっくりと〉歩く）の意味で、語源は同じ。

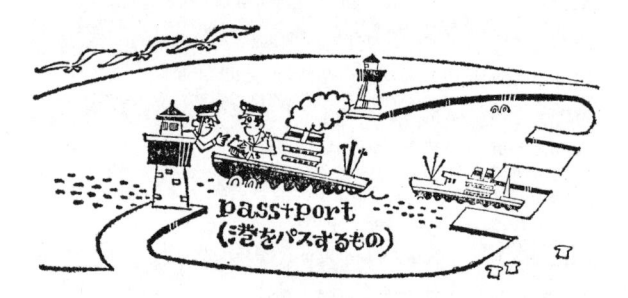

passage	通行〔age は抽象名詞語尾〕
passenger	乗客〔-er は「人」、-n- は音便上の挿入〕
passageway	廊下〔passage + way〕
passable	通行できる〔「成績などがまあまあよい」の意味〕
impassable	通過できない〔沼地、山など〕
impasse	袋小路〔(仏)「通り抜けられない」の意〕
passer-by	通りがかりの人〔複数は passers-by〕
passing	通過する〔in 〜ついでに〕
pastime	娯楽〔pass + time、「時間つぶし」の意〕
password	合い言葉〔Open sesame!　開けゴマ〕
past	過去(の)〔passed の古い形〕
bypass	バイパス〔by + pass〕
compass	範囲、羅針盤〔com- = together、「二つの脚で歩くもの」〕
surpass	しのぐ〔sur- = above、「上に行く」〕
trespass	違反する〔tres- = tran- = beyond、「規則を通り越す」〕
trespasser	違反者〔-er は「人」〕
pacer	歩む人〔pace + er〕
pacemaker	ペースメーカー〔競争、競馬などで先頭を走るもの〕
pacemaking	調整〔-ing は名詞形〕
apace	速やかに〔a- = on の意〕

*pat*ron =パトロン

★ patron は、本来、「父の役をする人」の意味である。つまり patron の pat はラテン語 pater（父）からきたものだからである。patriot（愛国者）も同じで、ラテン語の（父なる国）patris を愛する人の意味である。

★ これに対して mother に当たる語はラテン語 mater で、ここからでた語は多い。たとえば maternity（母であること）などその典型。また maternity dress はママになる女性が着ている。

★ なお、marry（結婚する）はラテン語 maritus（= husband）からきた。

paternal	父の、世襲の〔~ love 父性愛〕
paternoster	主の祈り〔noster = our、our Father の意〕
patriarch	家長〔arch = head、patriarchy 家長制度〕
patricide	父親殺し〔cide は「殺し」の意〕
patrimony	世襲財産〔-mony は「状態」を表わす〕
patriotism	愛国主義〔-ism は「主義」〕
patronage	後援〔-age は名詞語尾〕
pattern	型〔子は父の型だから〕
compatriot	同国人〔com- = same、「祖国を同じくするもの」〕
expatriate	国外に出す〔ex- = out〕
expatriation	国外追放〔-ion は名詞語尾〕
repatriate	本国に送還する〔re- = back〕
repatriation	本国送還〔repatriate の名詞形〕
fatherland	祖国〔mother country ともいう〕
maternal	母の〔-al は形容詞語尾〕
matron	既婚婦人〔married woman の意〕
alma mater	母校〔alma（養い育てること）+ mater = mother〕
metropolis	首都〔metro = mother、polis = city〕
mother tongue	母国語〔tongue = language〕

people =人びと

★ people の語源は Vox populi（民の声）でおなじみのラテン語 populi。population（人口）、また人びとがこぞって歌わなければ popular song（ポピュラーソング）にはなりえない。ポポロ事件の popolo もイタリア語で「人民」。

★ つづりは少し変わるが、public（公共の）もこの仲間。

★ ついでに、この反対の private（私の）は、ラテン語 private（分離する）からきている。三島由紀夫の『宴のあと』をめぐる紛争で有名になった privacy（プライバシー）もこの仲間。

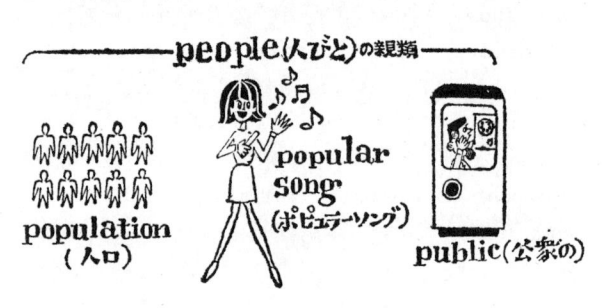

popularity	人気 (popular なこと)
popularize	通俗化する (-ize は「……にする」)
popularization	通俗化 (-tion は名詞語尾)
populous	人口の多い (-ous は形容詞語尾)
populate	居住する (= inhabit)
depopulate	人口を減らす (de- = down)
public house	居酒屋 (亭主は publican)
public school	パブリックスクール (上流階級の子弟のため Eton など)
publish	出版する (make public の意)
publisher	出版社 (者) (publish + er)
publication	出版 (-tion 名詞語尾)
publicity	宣伝 (-ity は名詞語尾)
publicize	宣伝する (publish とは違う)
republic	共和国 (re- = res = thing,「人民のもの」の意)
republican	共和国の (Republican 共和党員)
republicanism	共和制度 (-ism は「主義」)
privation	窮乏 (奪い去られた状態)
privy	秘密の、便所 (〜 parts 陰部)
deprive	奪う (de- は強め、privare 分離する)

*philo*sophy ＝哲学

★ philosophy は、ギリシャ語 philo (love) ＋ sophy (wisdom＝知) となり、知を愛する学問、すなわち (哲学) となる。

★ ラテン語 ami、ama も「愛」の意。かつてヒットした Amore, amore や、Maupassant (モーパッサン) の "Bell Amie"(ベラミ〈美しい友〉) でおなじみ。

★ amiable (愛嬌ある) を、むかしは、「えみあふるる」などと覚えた。

★ なお、enemy (敵) は、en (not) ＋ amicus (friend) で、「友でないもの」から (敵) となった。

philo(love)＋Sophy(wisdom)＝philosophy
「知を愛する学問」＝(哲学)

philharmonic	音楽好きの〔ハーモニーを愛する〕
philology	言語学〔logy（言語）を愛する学問〕
philosopher	哲学者〔-er は「人」〕
philosophic、-al	哲学の〔-al は形容詞語尾〕
philosophist	えせ哲学者〔= sophist 詭弁（きべん）家〕
bibliophile	愛書家〔biblio は「書物」〕
philately	切手収集〔ately は ateleia（切手）から〕
philanthropy	博愛〔anthropy は「人間」〕
Anglophile	親英派の〔Anglo Saxon 人を愛する人〕
toxophilite	弓術を好む人〔toxo は「弓術」〕
amateur	アマチュア、しろうと〔愛好家〕
amateurish	しろうとくさい〔amateur らしい〕
amative	恋愛の〔-ive は形容詞語尾〕
amorous	好色の〔~ glances 色目〕
amicable	友好的な〔~ settlement 友好的解決〕
amatory	性愛の〔「恋人の」の意。~ poem 恋歌〕
amenity	心地よさ〔= delightfulness〕
amity	友好〔= friendship〕
amour	情事〔（仏）amour propre 自尊心〕
enamour	恍惚（こうこつ）とさせる〔en- = make〕
amorist	好色家〔amor-（= love）+ ist〕

phone ＝電話

★英語の phone は、ギリシャ語 phone（音）をそのまま使ったもの。phonograph といえば、ラッパの口のついた古風な蓄音機、いまでは gramophone という。ほかにも megaphone（拡声器）、microphone（マイクロホン）、たとえば、interphone（屋内電話）など。

★ phone に似た語で photo がある。これは、light（光）の意味で、photograph（写真）、略して photo とか、telephoto（望遠写真）のように使う。

earphone	イヤホーン〔耳に当てて聞く〕
euphony	快美な音〔eu- = good〕
gramophone	蓄音機〔phonogram が逆になっている〕
microphone	マイクロホン〔micro- は「小」、微声を拡大して聞かせる〕
phonetic	音声の〔phone + ic〕
phonetics	音声学〔-ics は「学問」〕
phonetician	音声学者〔-ian は「人」〕
phonology	音声学〔とくに「音韻論」〕
phonogram	音標文字〔phone + gram〕
polyphony	多音〔poly = many,「山びこのような」〕
saxophone	サキソホーン〔製作者ベルギー人、A. T. Sax から〕
saxophonist	サキソホーン吹き〔-ist は「人」〕
symphony	シンフォニー〔sym- = with〕
symphonic	シンフォニーの〔~ jazz orchestra〕
telephone	電話〔tele- = far〕
xylophone	木琴〔俗称シロホン、xylo- = tree〕
xylophonist	木琴ひき〔-ist は「人」〕
photogenic	写真うつりのいい〔-genic = born〕
photographic	写真の〔-ic は形容詞語尾〕
photosensitive	感光性の〔光に感じやすい〕

please ＝喜ぶ

★ please、pleasure（楽しみ）でわかるように、ple、pla のついた語は「喜ぶ」ことに関係があると思ってよい。なお、(どうぞ) は、if you please（あなたが満足なら）の if you が落ちたもの。

★ grat も「喜ぶ」の意。gratify（満足させる）、congratulate（祝う、con- = together でともに喜ぶの意）など。

★「喜ぶ」には、もう一つ joy（喜び）がある。jocund（快活な）などもこの仲間。

★「悲しみ」は dol である。その典型は doleful（悲しそうな）など。

★「怒り」は anger、これは本来「首をしめる」の意味だった。

pleasant	愉快な〔please + ant〔形容詞語尾〕
displeasure	不愉快〔dis- = not〕
placable	おだやかな〔なだめることができる〕
placid	静かな〔満足からくる落着き〕
grateful	感謝する〔喜びがいっぱい〕
gratitude	感謝の気持ち〔-tude は名詞語尾〕
gratis	無料で〔free〕
gratuitous	ただで与えられた〔～ service 無料奉仕〕
congratulation	祝い〔複数なら「祝いの手紙」〕
grace	めぐみ〔grat の形が変わったもの〕
gracious	上品な、めぐみ深い〔-ous は形容詞語尾〕
joyful	喜ばしい〔joy + full〕
rejoice	喜ばせる〔re- = again〕
enjoy	楽しむ〔en- = make〕
dolorous	悲しい〔-ous は形容詞語尾〕
condole	くやみを言う〔con- = together、「ともに悲しむ」〕
condolence	くやみ〔-ence は名詞語尾〕
angry	怒った〔anger の形容詞形〕
anguish	苦悶〔anger は「首をしめる」の意だから〕
anxious	切望する〔つづりは変わるが、anger と同根〕
anxiety	切望、心配〔-ty は名詞語尾〕

point =点

★ point は (点) だが、これは (刺す) という意味のラテン語 pungere からきている。針などで刺してできた穴が点というわけである。その名残りでドイツ語では (点) を Punkt という。英語でも (句読点) は punctuation である。
★点が出れば、つぎはとうぜん線。line (線) は、ラテン語 linea (麻) からきたもの。つまり麻糸である。英語にはいって linen (リンネル)。針の穴も、麻糸も、まことに適切な語源といえる。

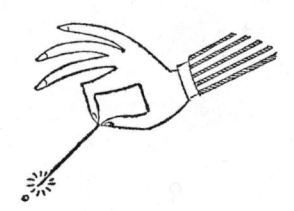

point (点) 針などで刺してできた穴のこと

point-blank	直射の(して)〔point + blank、真中の白い標的〕
pointer	ポインター〔獲物に狙いをつける(point)猟犬〕
pointsman	(交通整理の)巡査、転轍手〔point + man〕
appoint	指名する〔ap- = ad- = to、「一点をさす」〕
appointment	指名、約束〔-ment は名詞語尾〕
disappoint	失望させる〔dis- + appoint〕
disappointment	失望〔disappointing 案外つまらない〕
punctuate	句読点をつける〔punct(点)を打っていく〕
punctual	時間厳守の〔長さがない点のように、きちんと時間を守る〕
punctuality	時間をよく守ること〔-ity は抽象名詞語尾〕
puncture	パンクする(こと)〔punct は「穴をあけること」〕
pungent	ピリッとする〔ソース、わさび、皮肉など〕
compunction	良心のとがめ、後悔〔com-(強め) + pungere(ちくりと刺すこと)〕
poignant	しんらつな〔pungere(刺す)から〕
linear	線の〔linea = line、-r は形容詞語尾〕
lineal	直線の〔linea(= line) + al(形容詞語尾)〕
lineament	目鼻立ち〔every、each につづく以外は複数扱い〕
liner	定期船〔line + er〕
line-up	陣容〔line up 整列させる〕
lining	裏(地)〔-ing は名詞語尾〕
delineate	輪郭を描く〔de-(強め) + line + ate(動詞語尾)〕

*police*man ＝警察官

★ policeman の police は city の意のギリシャ語 polis からきた。ギリシャの都市は、いわば国家のこと。policeman は国家を守る人、また国家を治めることは policy (政治)、治める人は politician (政治家) というわけ。なお politician は statesman より軽蔑的に用いられることが多い。派閥争いや汚職をやる政治屋は politician。

★ city はラテン語の civis (市民) から。urb も「都会」の意味を表わす。suburb なら都会の外だから (郊外)。

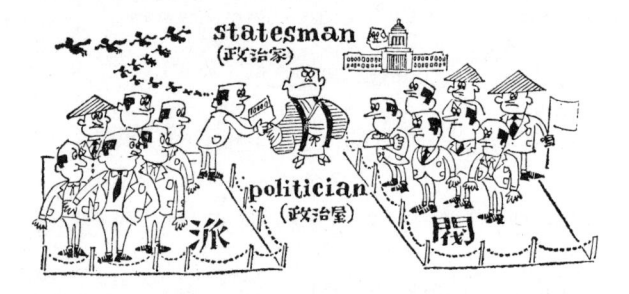

acropolis	城塞〔acro = higher、「高い所にある」〕
metropolis	主要都市〔metro = mother、mother state の意〕
metropolitan	主要都市の〔-an は形容詞語尾〕
megalopolis	巨大都市〔megalo は「巨大な」〕
policeforce	警察力〔force 力〕
politics	政治、政略〔しばしば悪い意味に用いられる〕
political	政治的〔-al は形容詞語尾〕
polity	政治形態〔policy とは違う〕
the City	ロンドン市部〔金融、経済の中心〕
citizen	市民〔the 〜 of the world 世界人〕
citizenize	公民権を与える〔アメリカ英語〕
citizenship	市民権〔ship は「資格、地位」を表わす〕
civic	市民の〔〜 center 市の官庁地区〕
civics	市政学〔学校でなら「公民科」〕
civil	市民の〔〜 servant 公務員〕
civility	ていねい〔-ity は抽象名詞語尾〕
civilian	文官、一般人〔civil + an〕
urban	都会の〔urbs 都会〕
urbane	都会ふうの〔urban とは違う〕
urbanity	都会ふう〔複数なら「礼儀」〕
suburban	郊外の〔-an は形容詞語尾〕

porter =赤帽

★ porter は「荷物運搬人」のこと。この port には「運ぶ」の意味がある。portable なら (運ぶことができる) で、たとえば portable radio (携帯ラジオ) などと用いる。export、import は運び出す、運び入れることから (輸出)、(輸入) となる。

★ sport (スポーツ) もこの仲間。これは元来 disport だった。dis- は apart だから「自分の仕事から自分を離して遊ぶ」で (仕事をやめて楽しむ) の意味となった。

★ なお port を名詞で使えば、(門、入口) の意味となる。語源は同じ。

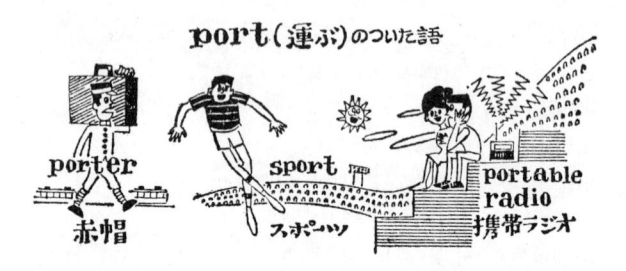

port (運ぶ) のついた語

porter 赤帽 / sport スポーツ / portable radio 携帯ラジオ

deport	ふるまう〔「身を運ぶ」の意〕
portly	押出しのりっぱな〔deportment(身のこなし)のよい〕
exporter	輸出業者〔-er は「人」〕
exportation	輸出〔-ation は名詞語尾〕
important	重要な〔中に運びこむ〕
importance	重要性〔-ce は抽象名詞語尾〕
opportune	つごうのよい〔船が port(港)の近くにあること〕
opportunity	好機会〔golden ～絶好のチャンス〕
opportunist	日より見主義者〔-ist は「人」〕
portmanteau	旅行かばん〔「マントを運ぶもの」の意から〕
purport	(書類、演説などが)意味する〔pur- = pro- 前へ〕
report	報告する〔re- = back、「もち帰る」の意〕
reportage	ルポルタージュ(仏)〔「報告文学」ということ〕
support	支持する〔sup- は「下」、「下から支える」〕
supporter	サポーター、支持者〔「支えるもの」の意〕
insupportable	たえられない〔support できないこと〕
transport	輸送する〔「向こうへ運ぶ」の意〕
portico	玄関〔port 門、入口〕
porch	ポーチ〔portico と姉妹語〕

press =圧する

★ press は(圧する)だが、圧するにもいろいろあり、ズボンの(プレス)を考えるおしゃれな人もいれば、(新聞、雑誌)を見る人もいる。うまい expression(表現)に頭を悩ます作家、よい impression(印象)を与えようと努力するタレントの卵、それを見て笑いを suppress(おさえる)しかねる人もいる。かと思うと、法案通過に梃子入れをする pressure group(圧力団体)もあれば、デモを repress(鎮圧する)しようとする警官もある。depression(不景気)で depress(気をめいらせる)している人もいる。

☆pressのついた語

expression（表現）

pressure group（圧力団体）

compress	圧縮する〔com = together〕
compressor	コンプレッサー〔-or は「器械」〕
depressing	元気をなくさせる〔= gloomy〕
depressor	抑圧者〔-or は「人」〕
express	表現する、急行列車〔ex = out,「おし出す」〕
expressive	表情豊かな〔〜 of…、「……を表わす」〕
impress	感銘を与える〔im- = on,「上におす」〕
impressive	印象的な〔-ive は形容詞語尾〕
impressionable	感動しやすい〔-able は「……しやすい」〕
impressionism	印象主義〔十九世紀フランスの絵画運動〕
impressionist	印象派の画家〔セザンヌなど〕
oppress	圧迫する〔op- = against〕
oppression	圧迫〔-ion は名詞語尾〕
oppressive	圧迫的な〔規則、暑さなど〕
repress	抑圧する〔暴動、欲情などを、re- = back〕
repression	抑圧〔-ion は名詞語尾〕
pressinterview	記者会見〔press は「新聞報道人」〕
pressing	さし迫った〔〜 need さし迫った必要〕
pressure	圧力〔-ure は名詞語尾〕
suppressed	抑圧された〔sup- = sub = under〕
suppressor	抑圧者〔-or は「人」〕

price ＝価格

★ prie はもともと「二つの間を等しくするもの」の意味であった。それから売り手と買い手の間に平均して置かれた（価格）という意味ができた。prize（賞品）、praise（賞賛）もこの仲間。

★ 形の似たもので pris のついた語がある。prison（刑務所）など。この pris はラテン語 prehendere（取る）からきたもの。「つかまえた犯人を入れるところ」。同じ語源からきたもので、apprehend には（逮捕する）と「意味をつかまえる」ことから（理解する）の意味がある。

priceless	金で買えないほど〔貴重な〕(price + less)
precious	貴重な (price + ous、「価値のある」)
appreciate	鑑賞する (ap- = ad-、preci = price、「値をつける」)
appreciation	鑑賞 (-tion は名詞語尾)
appreciative	鑑賞的 (-ive は形容詞語尾)
depreciate	見くびる (de- = down、「価値を下げる」)
depreciation	価値の低落 (appreciation の反対)
depreciatory	軽視的な (-ory は形容詞語尾)
interpret	通訳する〔売り手と買い手の間であっせんする〕
interpretation	通訳 (-ation は名詞語尾)
interpreter	通訳者 (-er は「人」)
appraise	値ぶみする (praise の派生語)
comprise	包含する (com- = together、「……とともに取る」)
enterprise	事業 (enter (= inter) + take、「手をつっこむ」)
imprison	投獄する (im- = in)
prisoner	囚人 (prison + er)
apprehension	理解 (ap + prehend + sion)
comprehend	理解する (com- = with、「一緒につかまえる」)
comprehensible	理解できる (~ explanation よくわかる説明)

*prob*ably ＝たぶん

★ prob、prov のついた語は、「試みる」、「証明する」の意と考えてよい。probably は「証明できる」だから（見込み、たぶん）ということになる。probe は（調べる）、prove は（証明する）、語源はともにラテン語 probare（証明する）である。

★ prove の名詞形は、proof（証拠）だが、rainproof（防水）、bulletproof（防弾の）のように、「防」の意味を表わすこともある。womanproof（女よけ）など、ふざけていうこともある。

probability	ありそうなこと、見込み〔七つの選択語中、四番めに「……がある」など〕
improbable	ありそうもない〔im- = not〕
reprobate	堕落した(人)〔re- = dis- = not〕
reprobation	非難〔-ion は名詞語尾〕
approve	賛成する〔ap- (= ab- = to) + prove〕
approval	認可〔-al は名詞語尾〕
disapprove	認めない〔dis- (= not) + approve〕
proofing	(防水などの)補強〔-ing は名詞語尾〕
proofread	(米)(……の)校正をする〔proofreader から逆成〕
proofreader	校正係(校正刷りを読む人)
disproof	反証〔disprove の名詞形〕
disprove	反証する(〜でないと証明する)
improve	改良する〔im- = in で、make better〕
improvement	改良〔-ment は名詞語尾〕
improvable	改良できる〔-able は「できる」〕
reprove	非難する〔re- = back、「……でないという」〕
bombproof	防弾の(〜 room 防弾室)
bulletproof	防弾の(〜 jacket 防弾チョッキ、〜 glass 防弾ガラス)
fireproof	耐火の(〜 building 防火建築)
waterproof	防水の(water-tight ともいう)

producer ＝プロデューサー

★ producer は pro + duce + er で、pro「前方へ」、duce は「導く」だから、「前方へ引き出す人」つまり (製作者) である。

★ duce と同じ意味のものに duct がある。conductor は「ともに導く人」で (指揮者)、educate (教育する) は「(可能性を) 導き出す」ことであって、むやみに知識を詰めこむだけの cramming (詰めこみ勉強) は「教育」ではない。このほかにも introduction は「内に導き入れること」で (導入、紹介) となる。aqueduct は「水を導く」で (水道) となる。

introduce	紹介する〔intro- = within「導き入れる」〕
introductory	紹介の〔-ory は形容詞語尾〕
conduct	案内する〔con + duct「いっしょに導く」〕
conduce	(ある結果に) 導く〔「……のためになる」〕
conducive	(……の) 助けになる〔-ive は形容詞語尾〕
deduce	推論する〔de- = from、だから「結論を導き出す」〕
deducible	推論できる〔deduce できる〕
deduction	推論〔deduce の名詞形〕
education	教育〔educate の名詞形〕
induce	帰納する〔導き入れる〕
induction	誘導、帰納法〔deduction 演繹(えんえき)法〕
productivity	生産力〔-ty は名詞語尾〕
production	生産〔-tion は名詞語尾〕
product	生産物〔agricultural ～農産物〕
productive	生産的な〔土地、作家、母親など〕
reproduce	再生する〔re- = again〕
reduce	減らす〔re- = back、「あとにひき下げる」〕
reduction	減少、割引き〔-tion は名詞語尾〕
subdue	征服する〔「ひきおろす」の意〕

program＝プログラム

★ gram は、「書いたもの」の意。program の pro- は「人前で」、「公に」だから、「みなに公表するもの」で、(プログラム)である。have a full program (予定がつまっている)。重さの単位の gram (グラム) は、「重量を書き表わしたもの」の意。

★毎朝、通勤者を悩ます過密ダイヤのダイヤは、diagram (線図)である。

★なお、graph も「書く」の意味である。autograph は、auto (= self) + graph だから、「自分で書いたもの」つまり(署名)である。

cablegram	海底電信 (cable (綱) + gram)
epigram	警句 (ep- = on、「(なにかの) 上に書いたもの」から)
epigrammatic	警句的 (-ic は形容詞語尾)
grammar	文法 (「書く方法」のことである)
grammatical	文法上の (つづりに注意)
grammarian	文法学者 (-ian は「人」)
gramophone	蓄音機 (phone は音で「音を記録する」)
telegram	電報 (tele = far、「遠くから書き送る文字」のこと)
graph	グラフで示す、図表
graphic	グラフの (-ic は形容詞語尾)
autobiography	自伝 (auto = self で、「自らの伝記」)
biography	伝記 (bio- (= life) + graphy)
lithography	石版印刷 (litho- = stone)
mimeograph	謄写版 (mimeo- は「まねする」)
paragraph	段落 (para = beside、意味の切れめを表わす、行のそばの線)
phonograph	(米) 蓄音機 (gramophone と比較)
photograph	写真 (photo- は「光」、「光を記録する」)
photographer	写真家 (-er は「人」)
photography	写真術 (-y は「術」)
stenograph	速記 (steno- は「小さい」)
stenographer	速記者 (-er は「人」)

progress = 進歩する

★ progress はラテン語 gradus（歩み）からきた語で「前に歩む」ことから（進歩する）となった。digress なら「わきへ歩む」で（話がわき道へそれる）。

★ grade（等級、階段）の語源も gradus。学校でこの段階をみな終えると graduate（卒業する）ということになる。もっともアメリカでは一般に卒業式を commencement（開始）という。いいね。

★ イソップ物語に出てくる greedy dog（欲ばり犬）の greedy も gradus からきており、満足しないで歩き回ってばかりいる、の意味。

progressive	前進的な〔名詞形は progression〕
aggress	侵略する〔a (g) - = ad- = to、「…のほうへ進む」〕
aggression	侵略〔-ion は名詞語尾〕
aggressive	侵略的〔-ive は形容詞語尾〕
congress	会議、(C—) 国会〔go together の意〕
congressman	下院(国会)議員〔congress + man〕
digression	(話の)脱線〔di- = aside、-ion は名詞語尾〕
egress	出て行く(こと)、出口〔e- = out, 発音は、名詞は〈íːgres〉、動詞は〈igrés〉〕
ingress	はいること〔in- = in〕
ingredient	成分〔含まれるもの〕
retrogression	退歩〔retro- = back〕
transgress	犯す(法律を)〔trans- = across〕
transgression	違反〔-ion は名詞語尾〕
retrograde	後退する〔retro- = back〕
gradual	だんだんの〔-ly は「だんだんに」〕
gradation	段階〔-tion は名詞語尾〕
degrade	堕落する、地位を下げる〔de- = down〕
degree	段階〔by ~ -s〔だんだんと〕〕
Leningrad	レニングラード〔grade は「歩く、道」〕

propeller ＝プロペラ

★飛行機などの **propeller** を文字どおり訳せば、「前に(pro-)推し進める(pell)器械」である。この pell はラテン語の pellere からきた語で、「推す」(push)、「追う」(drive) の意味である。

★形が少し変わるが、**pulse** も pell の仲間。つまり、「血液を押し出す」ことから(脈搏)となった。「世界平和アピール」などでよく使う **appeal** は push toward(……のほうに推す)の意味で、(心に訴えかける)の意味となった。

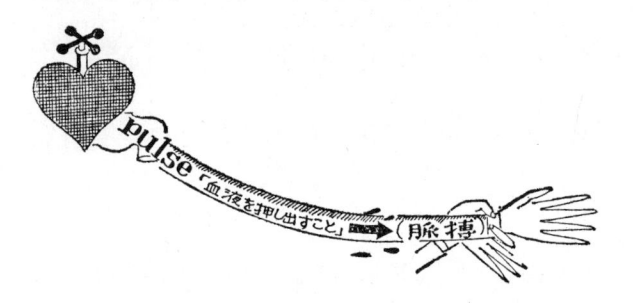

propel	推進する〔pro-（前）、おし進める〕
propellant	鉄砲の放射薬〔推進させるもの〕
propellent	推進する〔propelling の意〕
compel	強制する〔com-（強め）、しいて追いたてる〕
compulsion	強制〔-ion は名詞語尾〕
compulsory	強制の〔～ education 義務教育〕
dispel	（心配、恐怖を）消散させる〔dis- = away、drive away〕
expel	追放する〔ex- = out、「追い出す」〕
expulsion	追放、放逐、除名〔-ion は名詞語尾〕
impel	おし進める、促す〔im- = in, on、「おしやる」〕
impulse	衝動〔～ of passion 激情にかられること〕
impulsive	衝動的〔-ive は形容詞語尾〕
repel	はねつける〔re- = back、「おしかえす」〕
repellent	（水を）はじく、いやな〔名詞は防水布、散らし薬、虫よけ〕
pulsate	脈動する〔-ate は「……する」意の動詞語尾〕
pulsation	動悸（どうき）、脈動、波動〔-ion は名詞語尾〕
repulse	反発する、反撃する〔repel と姉妹語〕
repulsion	反感〔-ion は名詞語尾〕
repulsive	反感を起こさせる、いやな〔-ive は形容詞語尾〕
appealing	訴えるような〔-ing は形容詞語尾〕
repeal	（決議などを）廃止する、撤回する〔re- = back、「おし返す」〕
repealer	廃止論者〔-er は「人」〕

pro*pose* ＝求婚する

★ propose を分解すれば、pro- + pose、pro- は「前」、pose は「置く」、つまり彼女の前に自分の心を置いてみせることから（求婚する）となった。Say cheese!（はい。撮ります。笑って）といわれてとるポーズも、この pose。ラテン語の ponere「置く」からきている。preposition も「(名詞の) 前に置く言葉」で（前置詞）。com-、de-、dis-、ex-、im-、op-、sup- などがつくと、おなじみの語ができる。

★ post（地位、ポスト）の語源も ponere。posture（姿勢）という語もある。

proposition	問題〔提出されたもの〕
purpose	目的〔—ly 故意に〕
compose	作る〔put together 組み合わせる〕
composition	構成、作文〔作文＝文を組み立てること〕
composite	混成の〔put together された〕
composure	落書き〔-ure は抽象名詞語尾〕
depose	追放する〔de- = away〕
dispose	処理する〔dis- = apart、名詞は disposal〕
disposition	気質〔-tion は名詞語尾〕
expose	さらす〔ex- = out、「外におく」〕
exposition	博覧会〔人の目にさらすこと〕
impose	課する〔im- = on〕
imposing	堂々とした〔-ing は形容詞語尾〕
oppose	反対する〔op- = before、向かい合っておいてあった〕
opposite	反対物〔-ite は名詞語尾〕
opposition	対立〔in ～向かい合って〕
suppose	想像する〔sup- = super- = under〕
positive	積極的な〔位置の確定した〕
postal	郵便の〔-al は形容詞語尾〕

quiz = クイズ

★ quiz というのは、小試問のことで、一見新しい言葉のようだが、じつは十八世紀に流行した俗語。もっともテレビのクイズ番組は最近のもの。その司会者を quiz master という。quiz は、ラテン語 quaerere（求める）から、**inquire**（調べる）、**question**（質問）も同じ語源。なお **question mark**（疑問符「?」）は、また interrogation mark と言うこともある。

★ Q and A として question と対照される **answer** は、本来「法廷で誓って述べる」の意であったが、いまではどんないい加減な答えでも、議会の答弁のように answer で通用する。

quizzical	悪ふざけする〔アメリカでは critical（批判的）の意も〕
quest	探索する〔in ~ of ……を求めて〕
questionable	疑わしい、いかがわしい〔-able は形容詞語尾〕
query	聞きただす〔不審な気持ちを含んだ質問〕
enquête	アンケート
acquire	（知識、学問を）得る〔ac- = ad- = to〕
acquirement	修得、才芸〔生まれつきの才芸は endowments〕
acquisition	もうけ物〔-tion は名詞語尾〕
conquer	征服する〔con-（強め）、求めているものを手に入れること〕
conquest	征服〔反対は defeat〕
conquerable	征服しうる〔-able は「できる」〕
inquiry	調査〔inquiry office 受付〕
inquisitive	せんさく好きの〔-ive は形容詞語尾〕
request	要望（する）〔require よりていねい〕
require	要求する〔-ment 必要条件〕
requisition	要求、徴発〔当然の権利としての〕
exquisite	絶好な〔ex- = out、「選び出された」〕
answerable	責任のある〔-able は「できる」〕
unanswerable	責任のない〔un- = not〕
unanswered	報いられない〔~ love 片思い〕

radio =ラジオ

★ radio をはじめとして radi のつく語は多いが、いずれも「光線」に縁がある。それも道理、みなラテン語 radius（光線）からきている。光線は放たれるものだから radiation（放射線）の語ができた。

★ X-ray（レントゲン線）ももちろんこの仲間。最初性質がはっきりしなかったから X と名づけた。

★ radical（根本の、過激な）は、形は同じでも語源がまったく違うので「光線」に関係はない。ラテン語 radix（根）が語源である。そういえば（大根）を radish というのもおもしろい。

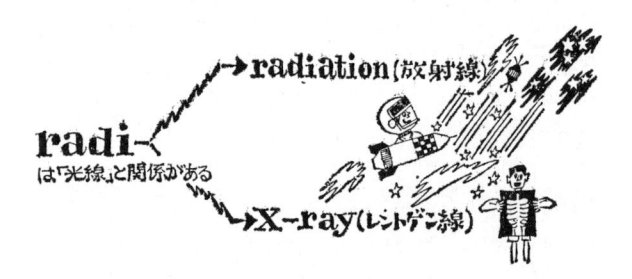

radi- は「光線」と関係がある
→ radiation（放射線）
→ X-ray（レントゲン線）

radiant	光を放つ〔宝石、笑顔（えがお）などに使う〕
radiant heater	輻射暖房器
radiance	光、輝き〔目、顔色の輝き〕
radiate	放射する〔-tion なら「放射」〕
radiative	発散する〔-ive は形容詞語尾〕
radiation sickness	放射能障害
radiator	ラジエーター〔自動車の冷却器でおなじみ〕
radioactive	放射性の〔～ fallout 放射性降下物〕
radiocast	ラジオ放送〔radio + (broad) cast〕
Radio City	New York の Rockefeller Center にある世界最大の歓楽街
radio photo	無線電送写真
radio station	ラジオ放送局〔電信、電話局にも使う〕
radius	半径〔複数は radii〕
radar	レーダー〔radio detecting and ranging の略〕
X-radiation	エックス線放射
rayon	人絹〔その光沢にちなんで〕
rayless	まっくらな〔光線のない状態〕
radicalism	急進主義〔-ism は「主義」〕
radicalize	根本的に改革する〔-ize は「……にする」〕
radicle	小根〔-le は「小さい」の意を表わす〕
eradicate	根絶させる〔e- = ex- = out,「根ごとひっこ抜く」〕

receive =受けとる

★ receive の ceive は、take（とる）、catch（とらえる）の意である。re- = back、したがって take back「とりもどす」の意味から、(受けとる) となった。conceive の con は with の意の接頭辞。with（いっしょに）+ take、すなわち、「とり入れて一つにする」ことで、(妊娠する) である。なお、腹の中ではなく、頭の中に考えをはらんだ場合も、この語を使って (想像する) となる。

★ ceive が cept に変化して、except (…をのぞいて) などの語ができる。この場合、ex- は out の意だから、take out ということである。

receivable	信ずべき〔「そのまま受けとってもよい」の意〕
received	(一般に) 承認された (the ~ view 通念)
reception	受領〔-tion は名詞語尾〕
receptive	感受性豊かな〔-ive は形容詞語尾〕
receipt	受取(証)〔発音は〈risí:t〉〕
conceivable	想像しうる〔-able は「できる」〕
conception	妊娠、概念〔conceive の名詞形〕
conceit	うぬぼれ〔「自分がとり入れたもの」を信じきっている〕
deceive	あざむく〔de- = out、「信用から離れる」〕
deceit	詐欺〔de- は away の意〕
deceitful	ずるい〔-ful は形容詞語尾〕
exceptionable	異議をとなえる〔「例外の」という訳は誤り〕
inception	発端〔in- は「とりかかる」の意〕
intercept	さえぎる〔inter- = between〕
interception	横どり〔-tion は名詞語尾〕
perceive	認める〔「完全につかむ」の意〕
perception	知覚〔-tion は名詞語尾〕
imperceptible	知覚できない〔im- は「否定」〕
precept	教訓〔まえもって (pre-) 規定されたもの〕
susceptible	感じやすい〔sus- = sub、「下になって受けとる」〕

recital ＝リサイタル

★ recital の cit には、「呼び起こす」、「刺激する」の意味がある。re- は back だから、お得意の歌や曲を call back (呼び戻す) することである。

★ excite (興奮させる) も同じ。ex- = out で、内に眠っているエネルギーを刺激して外に出すことである。

★ cit と似たものに claim がある。cry (叫ぶ) の意。exclaim なら ex- = out で cry out (絶叫する) の意。proclaim も公衆の前で (pro-) 叫ぶので (宣言する) となる。

recite	暗唱する〔recital の動詞形〕
recitation	暗唱〔-tion は名詞語尾〕
excitable	興奮しやすい〔-able は形容詞語尾〕
exciting	興奮させる〔-ing は形容詞語尾〕
excitement	興奮〔-ment は名詞語尾〕
cite	引用する〔どこかから（呼んで）もってくる〕
citation	引用〔-tion は名詞語尾〕
incite	刺激する（in + cite）
incitement	刺激〔-ment は名詞語尾〕
solicit	懇願する〔せがんで人の心を刺激する〕
solicitous	熱心な〔-ous は形容詞語尾〕
solicitude	心配〔-tude は名詞語尾〕
solicitor	懇願者〔-or は「人」〕
clamo(u)r	叫び声（claim から）
clamo(u)rous	騒々しい（副詞は clamorously）
acclamation	大喝采（かっさい）
exclamation	叫び（i がないことに注意）
exclamatory	感嘆の（～ sentence 感嘆文）
proclamation	宣言〔-tion は名詞語尾〕
claimable	主張できる〔-able は「できる」〕
claimant	権利の主張者〔-ant は「人」〕
reclaim	とりもどす（re- = back、claim = call）

record ＝記録

★ record の中心にある cor は heart（心）の意。つまり「心にとめる」で（記録）。cordial（心からの）もちゃんと cor を含んでいる。心はまた core（中心、芯）でもある。
★ cor は cour とつづることもある。courage（勇気）など。
★ heart は、ギリシャ語の herz からきており、その応用範囲は広い。

accord	一致する〔心が一つになる　ac- = to〕
accordance	一致〔-ance は名詞語尾〕
accordingly	それゆえ〔= therefore〕
accordion	アコーディオン〔accord + ion〕
concord	一致〔con- = with、「心を合わせて」〕
concordance	調和〔-ance は名詞語尾〕
concordant	一致した〔-ant 形容詞語尾〕
discord	不一致〔dis- は off の意〕
discordant	不和の〔-ant は形容詞語尾〕
cordiality	誠心誠意〔-ity は名詞語尾〕
coreless	空虚な〔「しんのない」の意〕
courageous	勇気ある〔-ous は形容詞語尾〕
encourage	元気づける〔en- (make) + courage〕
encouragement	奨励〔-ment は名詞語尾〕
discourage	落胆させる〔dis- (not) + courage〕
discouraging	がっかりさせる〔-ing は形容詞語尾〕
heartache	心痛〔ache 痛み〕
heartbeat	鼓動〔emotion の意もある〕
heartbreak	断腸の思い〔失恋は brokenheart〕
hearten	元気づける〔-en = make〕
hearteasing	ほっとさせる〔giving relief の意〕
dishearten	落胆させる〔dis- = not〕
heartless	無情な〔-less は「ない」の意の形容詞語尾〕
heartfelt	心からの〔祝意などに使う〕
heartwhole	心をこめた〔「心全部で」の意〕

resistance ＝抵抗

★ resistance を分解すれば、re + sist + ance で、re- は「…に向かって」、sist はラテン語 sistere から「立つ」、ance は名詞語尾だから「向かって立つこと」、つまり（抵抗）である。この sist を語根とする語は多い。assist なら「そばに立つ」で（援助する）、assistant（助手）ももちろんここから。persist がなぜ（頑強に固執する）の意味かといえば、per- は、through（すっかり）で、「立ちどおす」の意味だからである。また、inconsistency（矛盾）もこの仲間。これを分解すると、in-（not）＋ con-（together）＋ sist（stand）＋ -ency（名詞語尾）となり、「ともに立たない」つまり「あちらを立てればこちらが立たず」で（矛盾）となった。

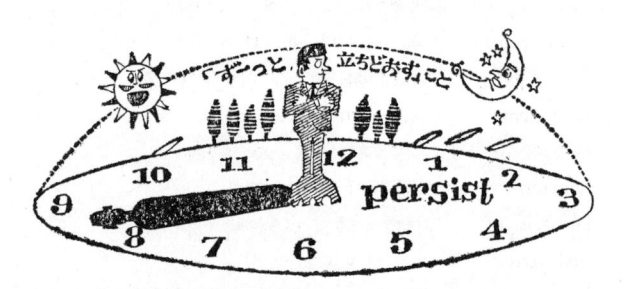

resist	抵抗する〔re- = against、「立ち向かう」〕
resistant	抵抗の〔-ant は形容詞語尾〕
resistible	抵抗できる〔-ible は -able（できる）の変形〕
irresistible	抵抗できない〔ir- = not〕
resistless	無抵抗の〔-less は「ない」〕
assistance	援助〔「列席の人びと」の意もある〕
consist	……からなる〔con- = together、「ともに立つ」〕
consistent	一致する（ともに立っていること）
consistency	一致〔-ce の形もあり〕
inconsistent	矛盾した〔in- = not〕
desist	やめる〔de- = away、「立ち去る」の意〕
insist	主張する〔in- は upon の意、「立ち止まって譲らない」〕
insistence	主張〔-ence は名詞語尾〕
insistent	しつこい〔-ent は形容詞語尾〕
persistence	固執〔-cy の形もある〕
persistent	ねばり強い〔形容詞、—ly なら「しつこく」〕
subsist	生存する〔sub- = under〕
subsistence	生存、生計（means of ～生計の資）

right =右の、正しい

★ right は、むかし、「右手のほうが正しく、正式な手」と考えられていたから、(正しい) の意味になった。だから、lefthanded (左ききの) には、(誠意のない)、(身分ちがいの) などの悪い意味がある。ただし野球の (左きき) は southpaw。

★ right の語源は、ラテン語 regere (支配する)。この regere からきた語には、right のほかに **regal** (王の)、**regulation** (規則) などがある。regal は「支配する人」の意で当然だし、regulation も、規則に支配されなかったらたいへんなことになる。

★ この reg が rec に変わることもある。**rectify** (正す)、**correct** (正しい) など。

regent	摂政〔王に代わって治めるから〕
regime	政体、政権〔支配するから。ancien 〜旧制度〕
regiment	部隊〔battalion より大、brigade より小〕
regimentation	(部隊) 編制、団隊訓練〔これも「支配する」〕
region	地域〔統治している所〕
reign	治める〔regere = rule〕
sovereign	統治する人、君主、ソバレン金貨〔王の顔がかいてある〕
regular	規則的な、正規の、常雇い〔〜 member 正会員〕
regulate	規定する〔規則を定める〕
rector	牧師〔心を正す人〕
rectitude	公正〔まっすぐなこと〕
direct	まっすぐな (に)、直接の (に)、指示する
indirect	間接の〔in- = not、「まっすぐでない」〕
direction	方向、指示〔-ion は名詞語尾〕
directive	指令の、指示の〔direct + ive〕
director	指揮者、校長、重役〔-or は「人」〕
directory	住民住所録〔teiephone 〜電話帳〕
erect	直立の、直立させる〔e- = ex、「真直に出る」〕
erection	直立、勃起 (ぼっき)〔-ion 名詞語尾〕

*sad*dle ＝サドル

★ saddle といえば、自転車であろうが馬の鞍であろうが腰かけるものときまっている。これはラテン語の sedere（すわる）からきた。形はさまざまだが sit（すわる）、set（据える）、seat（座席）など、みな sedere から。

★ 議会などの開会を session というが、これは議員がみな「腰かける」からである。立ち上がってなぐり合ったりしては session にならない。settle も立ったり動きまわったりせず、すわっているから（落ち着く）。president は、pre-（前に）+ sid（すわる）+ ent（人）、つまり「公衆の前にすわる人」だから（大統領）。

sitter	モデル〔モデルになるためすわるから〕
baby-sit	子守りをする〔baby-sister 子守り娘〕
seat-mate	座席を隣り合わせた人〔mate は「友」の意〕
sedan	箱型自動車〔十七、十八世紀の「いすかご」から〕
sedate	落ち着いた〔settle の過去分詞形〕
sedentary	すわりきりの〔〜 occupation 座業〕
settlement	定住、身を落ち着けること〔-ment は名詞語尾〕
setter	セッター〔獲物を set (指示する) から〕
settee	長椅子 (いす)〔settle + ee〕
setting	舞台装置〔set + ing〕
siege	包囲攻撃〔この語源はラテン語 sedes = seat〕
assiduity	勤勉〔with 〜せっせと〕
assiduous	勤勉な〔as- = ad- = to、「すわって動かぬ」〕
obsess	とりつく〔魔物や妙な考えがそばにすわるから〕
obsession	強迫観念〔ob- = by、sedere = sit で sit by〕
possess	所有する〔pos- = towards、「……のほうへすわる」〕
possession	所有〔複数は「財産」〕
preside	司会をする〔前にすわるから〕
reside	居住する〔re- = back、「もどってすわる」〕
subside	静まる〔sub- = down、settle down 落ち着く〕
subsidiary	補助 (金) の〔もらって落ち着く〕

salary ＝給料

★ salary も salt（塩）も、ラテン語の sal（塩）からきている。むかしは、塩が貴重品であったので、ローマの兵隊に「塩を買う金」として俸給を与えたことから salary となったのだ。sauce（ソース）も、sausage（ソーセージ）も、salt で味をつけるところからでた。

★形は同じ sal だが、塩と関係のない「跳び出す」という意味のグループがある。salmon（鮭〈しゃけ〉）は、産卵のために川をさかのぼるとき、「とびはねる」からである。

★「塩からい」の反対は「甘い」。sugar（砂糖）は、ギリシャ語の sarkharon からきたらしい。saccharin（サッカリン）。（甘ったるい）は、saccharine。

salty	しんらつな(「塩気のある」から)
saltcellar	塩入れ(食卓用の小さいもの)
salad	サラダ(塩を加えるから)
salariat(e)	サラリーマン階級(-ate は「集団」)
saucer	受け皿(ざら)(flying 〜 空飛ぶ円盤)
saucy	なまいきな(sauce + y)
soldier	兵隊(「salary をもらった人」の意)
sally	出撃(する)(勇んで「とびはねる」から)
saltant	はねる(-ant は形容詞語尾)
salient	突出する(sal = leap (はねる))
desultory	散漫な(de- = off、「あれこれ飛び移る」)
exult	(跳びはねて)喜ぶ(e- = ex- = out、leap out)
exultation	大喜び(exult の名詞形)
insult	侮辱(する)(in- = on、「上にのって、踏みつけにする」)
result	結果(re- = back、「はねかえる」)
resultant	結果として生じる(result + ant)
resultful	有効な(result + ful)
suger-coat	うまくごまかす((錠剤に)糖衣をかぶせることから)
sugary	甘ったるい(言葉など)
saccharify	糖化する(-fy は動詞語尾)

satisfy =満足させる

★ satisfy は、ラテン語の satis（十分な）＋ fy（…にする）で、（満足させる）である。sat、satur のついた語は、ほとんどが enough（十分な）の意味をもっている。**saturation point**（飽和点）。

★ **satire**（風刺、しんらつさ）もこのグループで、もとは「ふんだんのご馳走」という意味だった。昔のローマ人は、この「ふんだんのご馳走」を、できるだけ多く食べようと何かピリリと辛いものをまぜて食欲をそそった。そして満腹すると吐き、またあらたに詰めこんだのである。ここから、ごく少量でも、ピリリと効くもの、（風刺）の意味がでてきた。

sate	飽き飽きさせる〔= satiate〕
satisfying	納得のいく〔「満足できる」の意〕
satisfaction	満足〔satisfy すること〕
satisfactory	申し分ない〔-ory は形容詞語尾〕
satisfactorily	十分に〔-ly は副詞語尾〕
unsatisfactory	不満足な〔un- = not、〜 answer など〕
unsatisfied	満足していない〔un + satisfied〕
satisfiable	満足しうる〔-able は「できる」〕
dissatisfy	不満をあたえる〔dis- = not〕
dissatisfaction	不満〔dissatisfy の名詞形〕
satiate	飽き飽きさせる〔食べものなどが〕
satiation	飽食〔-ion は名詞語尾〕
insatiable	飽くことを知らない〔野心、念願など〕
satiety	飽満〔-ty は名詞語尾〕
satiric(al)	皮肉な〔〜 cartoon 風刺漫画〕
satirist	皮肉屋〔-ist は「人」〕
satirize	風刺する〔-ize は「……にする」〕
saturant	(化) 飽和させる
saturate	(深く) しみ込ませる、飽和させる〔-ate は動詞語尾〕
saturation	飽和 (状態)〔saturate の名詞形〕
assets	(pl.) 資産〔as- (= ad- = to) + set (satis)、「十分にの意」〕

scissors ＝鋏(はさみ)

★ scissors の cis は cut（切る）、これに -or（……するもの）がついて「切るもの」である。cis、cid、caed、caes があったら「切る」と思えばいい。「切る」から、「殺す」あるいは「きっぱりときめる」という意味がでてくる。**suicide** は、自ら（sui—ラテン語）を「切る」から、（自殺）。聖書によくでてくる **circumcise**（割礼する）は、penis の包皮すなわち、輪（circum）を「切る」ことである。

★ところで cut（切る）からもいろいろな語ができた。**cutter**（快走船）、**cutting**（裁断）など。なお cutlet（カツレツ）は本来「肋骨(ろっこつ)」の意だが、cut の連想も加わっている。

homicide	殺人 (homo は「人」)
patricide	父殺し (patri 父)
matricide	母殺し (matri 母)
fratricide	兄弟殺し (fratri 兄弟)
infanticide	幼児殺し (infant 幼児)
parricide	親殺し (parri は parents)
chisel	のみ (で削る) (-el は「小」)
decide	決定する (「雑念を cut off する」意)
decision	決心 (decide の名詞形)
decisive	決定的な (decide の形容詞形)
indecisive	不決断の (in- = not)
concise	簡潔な (con- (強め)、よけいなものは切り落とす)
incise	切りこむ (cut in, 名詞は incision)
precise	精密な (「短く切る」の意)
precision	精密 (precise の名詞形)
precisely	正確に (preciseness は名詞)
precisian	きちょうめんな人 (-ian は「人」)
cutlery	刃物類 (cutler は「刃物商人」)
cutlass	短剣 (娘を切るわけではない)

script =台本

★放送や演劇、映画などの（台本）script は、「書かれたもの」の意である。**scripter** は script writer すなわち（脚本家）。「書く」を表わす scrib は、前につく接頭辞（a、de、in、pre、sub など）しだいで、いろいろな意味になる。親類の多い語根である。

★ **manuscript** は、manu が「手」だから、「手で書いたもの」、つまり（原稿）である。

★ **circumscribe** を分解すると、circum（= around 周囲）+ scribe（= write）で、「周囲に線をかく」で、（限界を定める、定義する）となる。

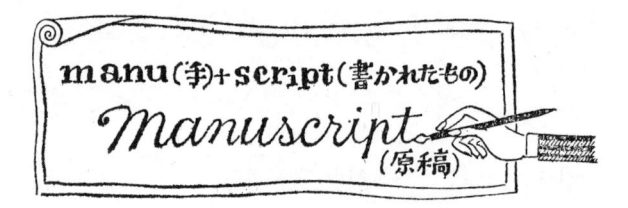

manu（手）+ script（書かれたもの）
Manuscript
（原稿）

scribe	筆記者〔ラテン語の scribere (= write) から〕
scribble	走り書き(する)〔「落書きする」の意もある〕
scribbler	へぼ作家〔三文文士の書いたものは「いたずら書き」と同じ〕
scripture	聖書 (Holy Scripture ともいう)
ascribe	……のせいにする〔a- = to〕
ascribable	……に帰せられる〔~ to ……のせいだといえる〕
circumscription	限界を定めること〔-ion は名詞語尾〕
conscript	兵隊にとる〔兵籍の台帳に記入することから〕
conscription	徴兵〔conscript の名詞形〕
describe	描写する〔de- = down、「くわしく書きおろす」〕
description	描写〔-ion は名詞語尾〕
descriptive	描写的〔-ive は形容詞語尾〕
nondescript	えたいの知れない〔描写できない〕
inscribe	銘記する〔in + scribe で、文字を碑に彫りこむ〕
inscription	碑文〔碑に刻んだもの〕
prescribe	(薬を) 処方する、規定する〔まえもって (pre- 書く)〕
prescription	処方箋〔prescribe したもの〕
subscribe	寄付する〔sub- = under、「申込みのため署名を下にかく」から〕
transcribe	録音 (画) する〔trans- は「写す」の意、すなわち「転写する」〕
transcription	録音 (画)〔transcribe したもの〕

secret ＝秘密(の)

★ secret（秘密〈の〉）の cret は、separate（分ける）、observe（見分ける）の意。「他人 (se-) に見せまいと、別に分離するもの」が（秘密）である。secretary は（〈社長などの〉秘書）、Secretary は（大臣）。Secretary の secretary などには、預かっている secret の重さに耐えかねて自殺する人もいる。

★ なお、cern も、cret と同じ意味である。concern とは二つ以上に分かれている (cern = separate) ものを、一つ (con = to-gether) に結ぶもののことで、(関係) である。

secrecy	秘密のこと〔in 〜内証で〕
secretariate	秘書課〔-ate は「職」を表わす〕
secrete	秘密にする〔secreet にすること〕
concerned	関係ある
concerning	……に関して〔about の意〕
concernment	関係〔-ment は名詞語尾〕
unconcern	無関心〔un + concern〕
unconcerned	心配しない
discern	識別する〔dis- = apart〕
discernible	識別できる〔-ible は「できる」〕
discerning	識別力のある〔-ing は形容詞語尾〕
discernment	洞察（どうさつ）力〔discern + ment〕
discreet	思慮深い〔discern できる〕
discreetly	慎重に〔-ly は副詞語尾〕
discrete	離れた〔dis + secrete〕
discretion	分別〔age of 〜分別年齢〕
indiscreet	軽率な〔in- = not〕
discriminate	区別する〔「分けへだてる」の意〕
discrimination	区別〔-ion は名詞語尾〕
excrete	排泄（はいせつ）する〔ex- は「外へ」〕
excrescence	こぶ〔外に出ているもの〕

sense ＝感覚

★ sense（感覚）をはじめ、sens、sent のつく語は、feel（感じる）ことに関係がある。「あなたは sensitive（感覚の鋭い）ですね」とほめたつもりが、sensual（肉感的）だと誤り、そのために sensible（分別のある）でない、common sense（常識）に欠けている、と resent（うらむ）された人がいる。a sensual beauty とは、肉感的美人、すなわち、（グラマー）のこと。

★ sentence（文、裁決）もこのグループである。「感じたこと」→「意見」→「これを述べたもの」と発展した。

sensual beauty
「性的美」とは（グラマー）のこと

senseless	無意識の (-less は「……のない」)
sensitivity	感受性 (-ity は名詞語尾)
insensible	無感覚の (in- = not)
sensibility	感覚力 (-ity は名詞語尾)
sensuality	肉欲にふけること (sensual の名詞形)
sensualist	好色家 (-ist は「人」)
sensualism	肉欲主義 (-ism は「主義、性癖」)
sensation	感覚 (stir up ～ センセーションをまき起こす)
sensational	扇情的な (週刊誌の記事など)
sensuous	感覚に訴える (「肉慾の」という意味はない)
sensory	知覚器官の (-ory は形容詞語尾)
nonsense	ナンセンス (non- = not)
nonsensical	無意味な (まともな sense に理解できぬ)
assent	同意(する) (as- = ad- = to、「……に対して感じるから」)
consent	(議案などに)同意する (con = with、「同じに感じる」)
dissent	異議を唱える (dis- = not)
presentiment	予感 (pre- = before で、「まえに感じること」)
resentful	怒っている (resent + ful (形容詞語尾))
sentiment	感情 (-ment は名詞語尾)
sentimental	感傷的な (-al は形容詞語尾)
sententious	金言めいた (すなわち、判決文のような)

*serv*ice ＝サービス

★ serv のついた語は、「仕える」か「保つ」のどちらかの意味を含んでいる。service（サービス）は前者、preserve（保存する）は後者である。両方の意味を含んでいる語も多い。

★たとえば、observe も、「仕える」の意から、「仕えるためには注意深くしていなければならない」となり、(観察する) の意が生まれた。また、「保つ」の意から（〈規則などを〉守る）の意味が出てきた。observation（観察）や observatory（観測所）は前者、observance（遵守）は後者の名詞形である。

★食後の dessert（デザート）は des- = off で「給仕をやめる」こと、食事の最後のコースの意味である。

(デザート)は dessert で「給仕をやめること」である

servant	召使い
server	(テニス) サーブする人 (-er は「人」)
serviceman	軍人 (「売り子」ではない)
servile	奴隷の (-ile は形容詞語尾)
servility	奴隷根性 (servile の状態)
servitude	苦役 (-tude は抽象名詞語尾)
serf	農奴 (serve から)
sergeant	軍曹 (sergeant の転じたもの)
preservation	保存 (preserve すること)
conserve	保存する (con- = together、「いっしょに保つ」)
conservative	保守的な (con + serve + ive)
conservatism	保守主義 (-ism は名詞語尾)
conservatory	温室、音楽学校 ((仏) conservatoire の変形)
reserve	予約する (re- = back、「あとにとっておく」から)
reserved	保留した (a ~ seat 予約席)
reservation	予約、保留 (reserve の名詞形)
reservoir	貯水池 (-oir = ory は「場所」を表わす)
deserve	受ける価値がある (de- は強めで「完全につくす」)
desert	功績 (deserve の名詞形)

sex ＝性

★ sex と insect（昆虫）とは親類である。どちらもラテン語の secare（切る＝cut）からきている。sex は男女を分けるの意味だし、insect が頭、胸、腹の三部に分かれることは小学校で習ったはず。vivisection と一見難解な言葉がある。しかし vivi（生体）＋ sect（分ける）＋ ion（名詞語尾）と分解して考えると、たちどころに（生体解剖）とわかる。

★反対に「続く」の意味を表わす語根には、sequ、secut-、su- などがある。suitor（求婚者）は彼女のうしろをしつこくついてまわる人。

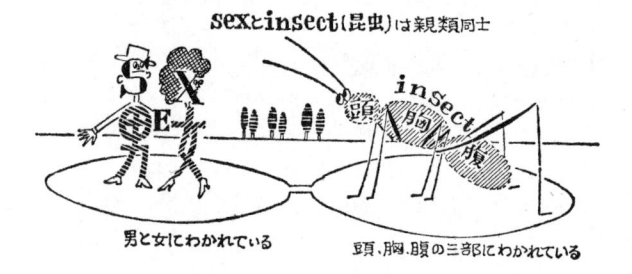

sexとinsect（昆虫）は親類同士

男と女にわかれている　　　頭、胸、腹の三部にわかれている

sect	派閥 (section に同じ)
bisect	二等分する (bi = two, 「二つに切る」)
sectional	部分の、組立式の (〜 bookcase 組立式書棚)
sectionalism	地方的偏見 (-ism は「主義」)
sector	扇形 (地区) (ラテン語 secare から)
segment	(自然にできている) 区切り (昆虫などの)
intersect	横断する (inter + sect)
consecutive	連続的な (con (together) + secut (follow) + ive)
consequence	結果 (あとにつづいて起こること)
consequently	したがって (-ly は副詞語尾)
sequel	続き (= follow)
sequence	連続 (-ce は名詞語尾)
execute	死刑執行する (ex- = out, follow out)
execution	死刑執行 (-tion は名詞語尾)
executioner	死刑執行人 (hangman)
executive	執行上の (名詞で使えば、「行政機関」)
persecute	迫害する (per- = through)
prosecute	追求する (pro- = before、follow onwards)
suite	随員、続きの室 (ホテルのスイート)
suitable	適当な (suit + able)

*sign*al ＝信号

★ signal の語源はラテン語 signum（しるし）、sign のついている語はみな「しるし」（mark）に関係がある。resign（辞職する）は「ふたたび署名する」の意。なぜかといえば二度めに署名するのは辞職するときだからである。また、サイン入りボールなどのサインを、sign と書くのはまちがいで、signature または autograph とすべし。

★なお、sign と似たものに not- がある。これもラテン語の nota（しるし）からきたもので、（ノートする）の note や notice（掲示）などはおなじみ。

resign
「ふたたび署名する」
↓
（辞職する）

sign	しるし (をする)、合図 (する)、署名する (mark の意)
signboard	看板 (sign + board (板))
signify	意味する、表示する (-fy は「……にする」、「しるしで示す」)
significant	有意義な、重要な (-ant は形容詞語尾)
significance	意味、意義、重要性 (-ce は名詞語尾)
insignificant	無意味な、とるにたりない (in- は「否定」)
assign	割り当てる (as- = ad- = to、地所などに印をつけてきめる)
assignment	割当て、宿題 (宿題は homework ともいう)
consign	渡す、委託する (印をつけてそれを他人に任せる)
design	計画 (する)、設計 (する) (de- = down、mark out 立案する)
designer	(服装の) デザイナー、設計者、計画者
designate	指示する (形容詞なら「指名された」)
designation	指示、指名、名称 (-ion は名詞語尾)
resignedly	〈rizáinidli〉あきらめて
notable	注目に値する、めだつ 〈nótəbl〉家事のうまい (note + able)
notify	通告する (note + fy)
notorious	悪名高い (よい意味の「有名な」は famous)
notoriety	悪名 (notorious の名詞形)
annotate	注釈する (an = to、notare = make、「書き記す」)
denote	(記号で) 表わす、外延を示す (connote 内包を示す)

sound =音

★ sound（音）は、ラテン語の son「音」からきている。sonata（ソナタ）、sonnet（ソネット〈十四行詩〉）に含まれている son も同じである。この son は、トランジスタラジオでいちはやく世界に名を馳せた Sony（ソニー）の中にもある。

★ person（人）も「音」からきている。ラテン語 persona は、per + sona で「俳優の面」という意味であった。仮面の下から声〈sona〉を出すからである。「仮面」→「役」→「人」となった。アメリカ大統領 Johnson の son は音とは関係なく、（息子の son）である。すなわち John 家の息子という意味である。

son- のつく語は「音」に関係がある
- sonata（ソナタ）
- sonnet（ソネット 十四行詩）

soundless	しんとした〔sound のない〕
sonic	音の〔son- = sound、-ic は形容詞語尾〕
sonifer	聴音器〔商標名である〕
soniferous	音を伝える〔-ous は形容詞語尾〕
sonar	水中電波探知機〔潜水艦や機雷などを見つける〕
sonatina	小奏鳴曲〔sonata の小さいもの〕
sonneteer	ソネット詩人〔-eer は「人」〕
sonorama	ソノラマ〔son + rama〕
sonority	響きわたること〔-ty は名詞語尾〕
sonorous	鳴り響く〔声、楽器、演説など〕
consonant	子音〔母音といっしょに〔con- = with〕響く音〕
consonance	協和音〔con- = together、「いっしょに響く」〕
dissonance	不協和音〔dis- = not〕
resonance	反響〔re- = bark で、「響きわたること」〕
resound	鳴り響く〔re- = back、「場所」が主語になることもある〕
parson	〔教区の〕牧師〔〔英〕person の姉妹語〕
parsonage	牧師館〔personage と誤らぬこと〕
personal	個人的〔-al は形容詞語尾〕
personality	人柄〔複数形には「人身攻撃」の意もある〕
unison	〔音の〕調和〔uni- は「一つ」、「一つの音」の意〕

*spir*it ＝精神

★ spirit（神）の spir は「息（をする）」である。息をすることは、生きている証拠だから「生命」の意となり、さらに「生命のあるもの」→（精神）→（元気）、また、「元気をつけるもの」から（アルコール）と発展した。in high spirits は（上きげんで）、in low spirits は（意気消沈して）。

★ inspiration は「息を吹き込まれること」から（鼓舞）。conspire は「いっしょに（con）息をする」から（共謀する）となる。「共謀」して、あまり大きな悪事をすると、perspire（汗をかく）かもしれない。しかも失敗でもしたら expire（息絶える）おそれもある。

★ desperate（望みのない）などのように、sper のつく語も、このグループである。

spiritual	精神的な（-al は形容詞語尾）
spiritualism	唯心論（-ism は「主義」）
aspire	熱望する（a- = to、「……に向かって熱い息をはきつける」）
aspiration	抱負（aspire すること）
aspirant	野心家（-ant は「人」）
conspiracy	謀反（-cy は名詞語尾）
expiration	期限満了（expire（満期になる）の名詞形）
expiratory	呼気の（-ory は形容詞語尾）
inspire	鼓吹する（in- は「中に」で、息を吹き込むこと）
respire	呼吸する（re- = regularly「規則的に」）
respiration	呼吸（respire の名詞形）
respirator	（人工）呼吸装置（re + spire + or（器具））
respiratory	呼吸の（〜 organs 呼吸器）
perspiration	汗（馬のかく汗は sweat といわれた）
perspiratory	発汗させる（perspire の形容詞形）
despair	絶望、やけ（de- = off）
desperado	凶悪漢（「自暴自棄になった者」の意）
desperately	やけに（-ly は副詞語尾）
desperation	絶望（状態）（-ion 名詞語尾）
Esperanto	エスペラント語（「希望あるもの」の意）

sponsor =スポンサー

★ sponsor（スポンサー）の spons は「約束する」の意。自分の利益になるだろうと見込んで、後援する約束をするのが、sponsor である。

★ spond も同じである。correspond は「手紙をあげよう」、「ください」とたがいに（cor- = co = together）約束するから（通信）である。

★なお、test（証言する）は「約束する」より表現として強い。protest は「人の前で証言する」で、（断言する、抗議する）となった。また contest（競争）は con- = together で「ともに証言し合う」から。a speech 〜なら（弁論大会）。

（自分の利益になるだろうと見込んで後援の約束をする人）
sponsor

sponsorship	スポンサーであること〔-ship は名詞語尾〕
spouse	配偶者〔「約束ずみの人」である〕
correspondence	通信〔correspondent 通信員〕
despond	落胆する〔de- = away、約束を裏切られ〕
despondence、-cy	落胆〔-ence, -cy は抽象名詞語尾〕
respond	応じる〔re- = back、「約束し返す」の意〕
responsible	責任ある〔-ible は形容詞語尾〕
irresponsible	無責任な〔in- = not〕
responsibility	責任〔ir〜なら「無責任」〕
responsive	反応する〔responsible と混同しないこと〕
attest	証明する〔at- = ad- = to、「……に証言する」〕
attestation	証明〔-tion は名詞語尾〕
contestant	競争相手〔-ant は「人」〕
detest	いみきらう〔de- = off〈不利な証言で〉遠ざける〕
detestation	いみきらうこと〔-tion は名詞語尾〕
detestable	にくむべき〔-able は形容詞語尾〕
protestant	抗議者、（P—）新教徒〔旧教に抗議した〕
testify	証明する〔-fy は「……にする」〕
testimony	証言〔-mony は名詞語尾〕

spy =スパイ

★ spy は「こっそり見る」から（スパイ）という。spec、spect などのついた語は、「見る」と関係があると思ってよろしい。ラテン語の specere (look)、spectare (watch) からきている。spectacle は「見せもの」の意から、（光景、スペクタクル映画）、複数で（眼鏡）となる。

★ specimen も「見せるもの」で（見本）だし、カモがネギしょって来ないかなと「外を見る」ことから expect (期待する) ができた。あなたは若いから rosy prospect (バラ色の未来) がひらける。

species	種〔見てわかるもの、単複同形、The Origin of S- ～『種の起源』〕
special	特別の〔espécial はフランス式〕
specialist	専門家〔-ist は「人」〕
specialty	専門〔イギリスでは speciality〕
spectacular	壮観の〔spectacle + ar〕
spectator	見物人、傍観者〔「見る人」の意〕
specter	幽霊〔現われ出たもの〕
speculate	思索する、投機する〔投資なら investment〕
aspect	客観、外観〔a- = ad- = to、「見てくれ」〕
espionage	スパイすること〔e-(= ex- = out) + spy + age〕
circumspect	用心深い〔circum = around〕
inspect	視察する〔中を見る、inspection 視察〕
inspector	警部〔よく中を見る人〕
introspect	内省する〔intro- = into、「心の中をよく見る」〕
perspective	見とおし〔per- = through、see through〕
respect	尊敬する〔re- = bark、ふり返ってみるほど尊敬している〕
despise	軽蔑する〔de- = down、「見くだす」〕
spite	悪意〔despite の de が落ちたもの〕
spiteful	意地の悪い〔-ful は形容詞語尾〕

stand =立つ

★ stand、stant のつく語は「立つ」に関係がある。**stand** は、（立つ）という意味から、（観覧席）、（売店のスタンド）、（本立て）、（屋台店）などの意味がでてきた。

★ **distant** は、dis- が off（離れた）だから、「離れて立っている」すなわち（遠い）である。

★ゴルフや野球の立つ姿勢、打つときの足の開き、位置などの **stance**（足構え）もこのグループである。

★ **constant**（不変の、操正しい）も、con- = completely で、「まったく立ちどおしの」の意からきている。

★インスタントラーメンの **instant** は、「その場に立っている状況」から（即席の）ということになる。

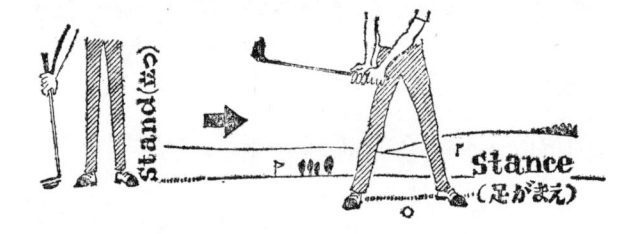

standard	標準(の)〔「(目印になりやすく)立っている場所」から〕
standardize	標準に合わせる〔-ize は動詞語尾〕
standpoint	見地〔stand + point、「よって立つ点」の意〕
standstill	停止〔stand + still、「動かずに立っている」〕
standby	とっておきの人、物、話〔いざというときに用意した番組など〕
stand-off	隔離、引分け〔stand + off〕
standing	永続的な〔~ army 常備軍〕
standoffish	冷淡な〔離れて立っているような〕
bystander	傍観者〔かたわらに立っている人〕
substance	物資、実質〔下に立つもの〕
substantial	実質的な〔-al は形容詞語尾〕
substantially	実質的に〔-ly は副詞語尾〕
distance	遠方〔distant の名詞形〕
extant	現存する〔ex- = out、「今なお立っている」こと〕
constancy	不変性〔constant の名詞形〕
inconstant	気の移りやすい〔in- = not、~ lover など〕
inconstancy	浮気〔-cy は名詞語尾〕
instantly	ただちに〔-ly は副詞語尾〕
instance	実例〔for ~ たとえば〕
instantaneous	即時の〔~ death 即死〕

*stat*ue ＝像

★ stat のつく語も「立つ」と関係がある。statue は「立っているもの」で(像)。station も「立っているもの、場所」の意から、(駅、地位) などの意味になった。

★ 形は少し変わるが stall (屋台店) も station の姉妹語である。still は「立ったまま動かない」から、(静かな)、(まだ〈立っている〉) などとなる。もっとも変化した stool (腰かけ、踏台、便器) もこの類である。腰かけも踏台も便器もじっとしていて動かない。

「こしかけでじっと動かないもの」→(こしかけ)

stable	安定した、馬小屋〔立っていられる〕
constable	警官〔「stable の番人」の意から〕
unstable	不安定な〔un- = not〕
stability	安定性〔-ty は名詞語尾〕
state	状態、国家〔いずれも「立って見る」からである〕
status	身分〔= standing〕
stately	堂々たる〔-ly は形容詞語尾〕
statement	陳述〔-ment は名詞語尾〕
statesman	政治家〔国家の人〕
stateroom	(汽船の) 特等室〔state + room〕
static	静的な〔= standing、dynamic の反対〕
stationary	動かない〔-ary は形容詞語尾〕
stationer	文房具商〔市場に station (持ち場) をもつ人〕
stationery	文房具〔-ery は品物 (集合)〕
statistics	統計(学)〔-ics は「学」で、この意味のときは単数扱い〕
statuette	小像〔-ette は指小辞〕
statuesque	像のような〔-esque は「……のような」〕
stature	身長〔-ure は「状態」、「立っていること」から〕
statute	法令〔確立したもの〕
install	備えつける〔in + stall〕

stick = ステッキ

★ stinct、sting の形を含んだ語には、「刺す」、「刺激する」の意味がある。**stick**（ステッキ）もこのグループで、もともと「刺すための棒」という意味であった。なお stick には、「刺す」から（くっつく）の意もできた。**sting**（蜂の針）、**stitch**（縫う）もともに「刺す」ことに関係がある。

★ 形は少し変わるが、**etiquette** もこの仲間で、もとは杭に打ちつけた札のことだったが、この札には、たいてい作法が書いてあったので、（礼儀作法）の意味となった。

★ etiquette の e が落ち、形が少し変わったのが、**ticket**（はり札、券、切符）である。

sticker	のりつきはり紙〔自動車の防風ガラスや電柱などにつける〕
sticky	ねばねばする〔-y は形容詞語尾〕
tick	つけ〔ticket の省略された形〕
distinct	明確な〔dis- = apart、刺した印で、はっきりと分ける〕
distinction	区別〔-ion は名詞語尾〕
distinctive	はっきりした〔-ive は形容詞語尾〕
distinguish	区別する〔distinct は、この過去分詞形である〕
extinct	消滅した
extinguish	消す〔ex- = out、「刺して消す」〕
extinguisher	消火器〔-er は「器具」〕
instinct	本能〔刺激して行動を促す〕
instinctive	本能的な〔-ive は形容詞語尾〕
stingy	刺すような〔けちな (stingy) とは無関係〕
stimulus	刺激(剤)〔文字どおり、「刺すような」だから〕
stimulate	刺激する〔= prick〕
stimulation	刺激〔-ion は名詞語尾〕
stimulant	刺激飲料〔-ant は「……するもの」〕
instigate	そそのかす〔刺激して、stig = sting〕
instigation	そそのかし〔instigator 扇動者〕

succeed =成功する

★ succeed は、suc (= sub〈……の下に〉) + ceed で「ついて行く」の意。どこまでもついて行けば (成功する) こともあるだろう。この ceed は「行く」の意味で、cede と形を変えることもある。(前に行く) のが proceed、(退く) のが recede、(先んじる) のが precede というぐあいである。

★ success (成功)、process (過程) などは、succeed, proceed の名詞形。なお procession は (行列)。

★ 形は変わるが cease も ceed の仲間。これは go away の意で (やむ、やめる) となる。decease が (死ぬ) であることも見当がつく。

accede	仲間にはいる〔a- は接近で「近寄る」の意から〕
access	接近〔accede の名詞形〕
accession	即位〔-ion は名詞語尾〕
accessible	近づける〔-ible は「できる」の意〕
accessory	付属の〔(pl.) 附属品、アクセサリー〕
antecedent	先行の〔ante- は「前、先」の意〕
ceaseless	不断の〔-less は「……のない」の意〕
exceed	越える〔ex (他) を抜いて進む〕
excess	過度〔限界を超える〕
excessive	過度の〔-ive は形容詞語尾〕
precedent	先例〔「先んじてあるもの」の意〕
unprecedented	先例のない〔un- は「……のない」〕
predecessor	先輩〔「先を行く」人の意〕
proceeding	進行、処置〔(pl.) 議事録〕
processionize	行列をつくって進む〔-ize は動詞語尾〕
reciprocal	相互の〔cip = cede で、「行ったりもどったり」の意〕
reciprocate	交換する〔cf. reciprocal〕
succession	継続〔cf. success〕

*sum*mit ＝頂上

★ summit の sum はラテン語 summus (＝ highest) からきたもので「いちばん高い」の意。したがって「いちばん高い所」から（頂上）となった。

★つづりは同じでも、まったく意味の違う sum がある。それは、consumption に代表される sum で「取る」の意味がある。これを分解すると、con- ＝ fully だから「残らずとってしまうこと」から（消費）となり、「肺を使いつくすこと」から（肺病）の意味ができた。一見無関係な（消費）と（肺病）がこれでつながる。

consumption

たばこ　（消費）　（肺病）

sum	合計〔合計すれば最高額となる〕
resumption	再開、取り戻し、回収〔resume の名詞形〕
sumptuary	節倹の〔～ law ぜいたく禁止令〕
sumptuous	金のかかる、ぜいたくな〔cf. sumptuary〕
summary	摘要(の)、概要〔sum + ary〕
summarize	要約する〔-ize は「……化する」〕
summing-up	要約、摘要〔sum up 合計する〕
assume	(態度を) 取る、引き受ける、仮定する〔as- = ad = to〕
assumed	かりの〔-ed は形容詞語尾〕
assumption	引受け、仮定、ごうまん〔assume の名詞形〕
assumptive	仮定の、ごうまんな〔assume + ive〕
consume	消費する〔con- = fully、「すっかり取る」〕
consumptive	消費の、肺病の〔consume + ive〕
consumer	消費者〔生産者は producer〕
presume	推定する〔pre- = before、「あらかじめ取る」〕
presumption	仮定、僭越(せんえつ)〔presume の名詞形〕
presumable	推定できる、ありそうな〔-able は「できる」〕
presuming	出しゃばりの〔-ing は形容詞語尾〕
resume	再び始める、要約する〔フランス語では résumé〕

sup*ply* ＝供給する

★ supply を分解すると、sup- = sub- = up と ply = fill、だから fill up の意で（不足などを補う）、（供給する）となる。この ply は、ラテン語の plicare（満たす、重ねる）からきたもの。だから -ply、-pli を含む語には fill（満たす）と fold（折り重ねる）の意味がある。

★ **reply** も re- = back だから fold back で「折り返す」で（返答する）となる。**appliqué**（アップリケ）も糸を「重ねて」縫い合わせるからである。

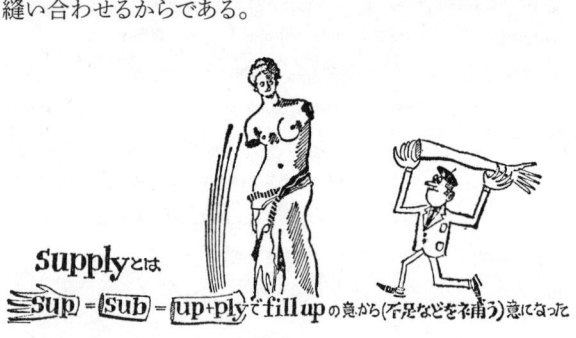

supplyとは
sup = sub = up + ply で fill up の意から(不足などを補う)意になった

apply	適用する、申し込む（ap- = ad- = to、「あるものに重ね合わせる」）
applicable	適用できる（-able は形容詞語尾）
inapplicable	適用できない（in- = not）
applicability	適用性（-ity は名詞語尾）
application	適用、申込み（~ blank 申込用紙〈あいている所に書き込むから〉）
appliance	器具（medical ~ 医療器具）
applicant	志願者（「apply する人」）
comply	応諾する（com- = together、fill up の意）
compliance	応諾（-ance は名詞語尾）
complicate	複雑にする、(—d) 複雑な（ともに折れる）
explicable	解明できる（ex- = out、fold out たたんだのを開く）
exploit	（素材などを）切り開く（unfold する意）
imply	包含する、意味する（im- = in、「内にたたむ」）
implied	暗黙の（~ consent 黙諾）
implicate	連座させる（-ate 動詞語尾）
implication	包含、裏の意味（-ion 名詞語尾）
implicit	暗黙の、含みのある（「明白な」は explicit）
implement	道具、(pl.) 用具一式（成就させるための道具）
ply	（船などが）往復する、勉強する（apply の短縮形）
replicate	繰り返す（reply から）

tempo ＝テンポ

★ tempo（テンポ）の temp は「時」を表す。contemporary は、「時を同じく(con-)している(人)」で、(同時代の〈人〉) である。tempest（嵐）も同じ語根である。「時間」→「季節」→「天気」→「悪い天気」→（嵐）と発展した。

★ temp には、もう一つ「加減する」の意味もある。temper の形で「調節」、「季節の温度の変化」などを表わす。temperature（温度）。temper は、いろいろな感情、性質が mix され、加減されたもので（気質、機嫌）である。

★ なお time（時）は、tide（潮）からきている。Time and tide wait for no man.（歳月人を待たず）。

temporal	一時的な〔-al は形容詞語尾〕
temporary	臨時の〔temporal と同じではない〕
temporize	一時しのぎをする〔-ize は動詞語尾〕
temporizer	日より見主義の人〔-er は「人」〕
extemporaneous	即席の〔～ speech 即席スピーチ〕
extempore	即席に（の）〔演奏など〕
tempestuous	激しい〔国会デモの乱闘など〕
temperament	気質〔-ment は名詞語尾〕
temperance	節制〔「禁酒」の意味もある〕
temperate	温和な〔-ate は形容詞語尾〕
distemper	ジステンパー（犬の病気）〔dis + temper「ふきげん」から〕
intemperance	不節制〔-ance は名詞語尾〕
intemperate	過度の〔-ate は形容詞語尾〕
tempered	調節された〔-ed 形容詞語尾〕
time-honored	由緒（ゆいしょ）ある〔～ club など〕
timely	時を得た〔～ hit 適時安打〕
teme-out	タイム〔試合中の審判の号令〕
timer	時間記録係〔-er は「人」〕
timetable	時間表〔学校、列車などの〕
tideway	潮路〔tide の通りみちである〕

tender =やさしい

★ tender（やさしい）の tend は「伸びる」の意味である。若芽の先のように、伸び切った先は「細く、弱い」ところからきている。Love me tender.（やさしく愛して）。（やさしい）から、（気づかう、心配する）、さらに（看護人）とか（申し出る）などの意味がでてきた。

★ extend は、ex- が、out で「外へ伸ばす」、すなわち、（拡張する）である。extension ladder（消防用の伸縮はしご）。

★ ostentation も、os- = ob = before だから、「人の前に広げて見せること」で、（みえをはること、虚飾）となる。

★ attend（注意する）も、at- = to で、「……の方向へ意識を向ける（伸ばす）」ことである。

「伸びる」の意。伸びると「細く、弱く」なることから―

tenderhearted	心のやさしい〔tenderheart 恋人〕
tenderloin	牛豚肉の腰の柔らかい肉〔(米) 口語〕
tenderness	柔軟さ〔-ness は名詞語尾〕
extension	拡張〔つづりに注意、tion でない〕
extent	広がり〔to some 〜　ある程度までは〕
extensive	範囲の広い〔〜 reading 多読〕
ostensible	見せかけの〔one's 〜 purpose 表面の目的〕
ostentatious	これ見よがしの〔-ous は形容詞語尾〕
attendance	出席、世話〔-ance は名詞語尾〕
attendant	参会者、付随した〔attend + ant〕
attention	注意、世話〔-ion は名詞語尾〕
attentive	注意深い〔-ive は形容詞語尾〕
contend	争う〔con- = together、「張り合う」〕
contention	争い〔-ion は名詞語尾〕
contentious	争いの〔-ious は形容詞語尾〕
distend	ふくらませる〔dis- = apart、「遠くまでのばす」〕
intend	意図する〔in- = on、「あることに心を向ける」〕
intention	意図〔intend の名詞形〕
pretend	ふりをする〔pre- は「前」、「人前に見せる」こと〕
superintend	監督する〔super- = above、「上から注意する」〕

*tenn*is ＝テニス

★ tennis（テニス）はフランス語 tenir からで、hold（保つ）の意味。tennis は tenir の命令形で、Hold!（受けとめよ）ということ。サーブする人が最初に、「受けとめよ」といったことから、それが競技の名まえになった。tenacious もこの仲間で、「保つ」から（粘り強い、執拗な）となった。

★ なお、tain, tin もこのグループである。contain は「いっしょに保つ」ので（含む）。detain は「遠くに保つ」から（留置する）である。もっとも、一億円払って出た男もいるが……。

★ entertain は、「〈自分たちの〉あいだに（enter-）入れる（保つ）」ことから、（もてなす）となった。

tenant	借地人〔ten + ant（人）〕
abstain	ひかえる、禁酒する〔ab- = away、「好きなものから離れる」〕
abstinence	節制、禁酒〔つづりに注意〕
content	いれる、(pl.)中身〔十分に (con) 保つ〕
container	容器〔「contain するもの」〕
detainment	拘留〔容疑者などの〕
entertaining	おもしろい〔entertainment 娯楽〕
entertainer	芸人〔-er は「人」〕
maintain	維持する〔main = hand で、「手に保つ」から〕
maintenance	維持〔つづりに注意〕
obtain	手に入れる〔ob- は強め、「しっかり手に持つ」こと〕
obtainable	入手できる〔-able は「できる」〕
pertain	……に属する〔per- = thoroughly、「十分に保つ」〕
pertinence	適切さ〔-ce は名詞語尾〕
impertinent	不適切な、無礼な〔im- = not〕
retain	保留する〔re- = back だから、hold back とめおく〕
retention	保留〔retain の名詞形〕
retainer	保存者〔-er は「人」〕
sustain	支える〔sus- = under、「下から支える」〕
sustenance	生計〔(生命を) 支えること〕

*thum*b ＝親指

★ thumb は元来「ふくれた指」の意、語源はラテン語 tumere（ふくれる）。tumult なども「大きいふくれ」から（大騒ぎ）。また thousand は thous（ラテン語 tumere から）＋ and（＝ hundred）で「百がたくさん」で（千）。

★ tum とつづりの似たものに turb がある。これは「混乱させる」の意味。disturb は（かき乱す）だし、perturb は（おおいに混乱させる）。turbine（タービン）も「ぐるぐる回る」からだし、回教徒が頭にまく turban は turb ＋ band で「ぐるぐるまくバンド」なのだろう。

★ trouble もこの仲間、なるほど心乱れて（心配）や（苦労）になる。

thimble	指ぬき〔thimb = thumb, le は「道具」〕
thigh	もも〔太いもも〕
tumid	大げさな〔-id は「状態」を表わす〕
tumidity	大げさなこと、誇張〔-ity は名詞語尾〕
tumour	はれ物〔はれた状態〕
turmoil	騒ぎ〔moil = trouble〕
tumultuous	乱れ騒ぐ〔-ous は形容詞語尾〕
trifle	ささいな事〔元来の意味は「きのこ」、地下でだんだんふくれる〕
contumacy	不従順〔con + tumere + cy がんこなこと〕
tuber	（じゃがいもの）塊茎〔ふくれたかたまり〕
tuberculin	ツベルクリン注射液〔Dr. Koch の発明〕
tuberculosis	結核〔T. B.、-osis は「病気」〕
disturbance	乱すこと〔-ance は名詞語尾〕
turbulent	荒れ狂う〔群衆の混乱したさま〕
turbulence	大騒ぎ〔-ce は名詞語尾〕
turbid	にごった〔空気、頭など〕
turbidity	にごりぐあい〔水などの〕
troubled	荒れた〔～ water にごり水〕
troublesome	めんどうな〔-some = same〕

*tor*ture ＝拷問

★ torture（拷問）の tor は「ねじる」、「ひねる」の意。ねじったり、ひねったりして苦しめるから（拷問）である。また tortoise（亀）も、脚がねじれているからである。torch（たいまつ）もねじられているから。retort（言い返す）も、「ねじ返す」わけだから、これはふつうの答えとはちがう。retort されれば、顔も contort（ゆがめる）になる。

★ tor と形の似ている tour（観光旅行）は、turn（回る）の意味からきた。「あちらこちら回り歩く」から（観光旅行）である。

torment	苦痛〔名詞は〈tɔ́:ment〉、動詞は〈tɔ:rmént〉〕
torturous	拷問の〔-ous は形容詞語尾〕
tortuous	ねじ曲がった〔torturous と区別すること〕
torchlight	たいまつの明かり〔torch + light〕
contortion	ねじれ〔-ion は名詞語尾〕
distort	(形を) ゆがめる〔distorted vision 乱視〕
distortion	わい曲〔dis- = off、「外へねじ曲げる」〕
extort	(金銭を) ゆする〔ex- = out、外へ〕
extortion	ゆすり〔-ion は名詞語尾〕
retortion	ねじり〔retort の名詞形ではない〕
turning	回転〔〜 point 転換点〕
turnover	転覆〔一回転してひっくり返す〕
tornado	大旋風〔turn と thunderstorm の合成語〕
attorney	代理人〔at- = ad = to、「他人に代わる人」〕
contour	輪郭〔con- は強め〕
detour	回り道〔de- = aside で、turn aside の意〕
return	返す〔re- = back、turn back で「回って戻る」〕
turnip	かぶら〔根が丸いから〕
tourist class	二等〔飛行機、汽船など〕

tractor ＝トラクター

★ tractor を分解すれば、tract + -or で「引っ張るもの」。この tract には「引く」、「寄る」の意がある。train も同じく「引っ張る」の意で（列車）、（訓練する）となる。portrait も線を引いて描き出されたものだから（肖像画）というわけ。

★ 同じ「引く」の意味をもったものに draw がある。withdraw なら（引き下がる）。drawing room（客間）は withdrawing room の with が落ちたもの。つまり客間とは dinner（食事）のあと「引き下がって」休憩する部屋のことである。drawers（ズロース）も引っ張ってぬいだりはいたりするものといえばわかりが早いだろう。

abstract	抽象的な〔abs- (= away) + tract (= draw)〕
abstraction	除去、抽象観念、放心〔-ion は名詞語尾〕
attract	引きつける〔at- = ad- = to、「引きつける」attraction 魅力〕
attractive	魅力ある〔-ive は形容詞語尾〕
contract	縮める、契約する〔con- = together〕
detract	(価値、名誉などを) 下落させる〔de- = away〕
detraction	減損、(名誉毀損となる) 悪口〔detract すること〕
detractive	悪口を言う〔detractory ともいう〕
distract	気を散らす〔dis- = apart、「注意を他に向けさせる」〕
distracted	心をとり乱した、狂気の(ような)〔= mad, frantic〕
distraction	気の散ること、気晴らし、狂気〔distract の名詞形〕
extract	(歯など) 抜く(こと)、抜粋(する)〔ex- = out、「抜き出す」〕
extraction	引抜き、抜粋、エキス〔~ of a tooth 抜歯〕
protract	(時間を) 長びかせる〔pro- = forth、draw forth〕
protraction	長びかすこと〔~ of a debate 議事引延し〕
subtract	減じる〔sub- は「下」、「下から引き去る」〕
subtraction	引き算〔たし算は addition〕
drawback	ひけめ、障害、払戻し金〔あとへひっぱるもの〕
drawbridge	はね橋、つり上げ橋〔むかしは城門の前にあった〕
withdrawal	引っこめる(引っこむ)こと、撤退〔-al は名詞語尾〕

tribe ＝種族

★古代ローマの政治区分では、人民を三つ (tri) の族に分けていたので tribe の語が生まれた。この tribe の長を tribune (護民官) という。だから、Chicago Tribune (シカゴ・トリビューン紙) は「人民の保護者」なのである。attribute (……に帰せしめる)、distribute (分配する) などの tribut もこの仲間、「与える」、「割り当てる」の意味がある。なお tribute だけで使えば、(貢ぎ物)。ここから contribute (貢献する) ができた。

★つづりの似たものに tuit がある。「保護する」、「見てやる」の意。tuition (教授すること) など。生徒のめんどうを見ることだからだろう。

tribal	種族の (〜 legend 種族の伝説)
tribunal	裁判所、法官席 (「護民官の席」の意)
tributary	貢を納める、属国 (の)、支流 (tribute + ary)
attribute	……に帰せしめる (at- = ad- = to、「割り当てる」)
attribution	……に帰せしめること (-ion は名詞語尾)
contribute	寄付する、寄与する、寄稿する (con- = together)
contribution	寄付、貢献、寄稿 (-ion は名詞語尾)
contributory	寄付の、貢献する (contribute + ory)
distributor	配電器 (dis- = apart)
distribution	分配、分布 (-ion は名詞語尾)
distributive	分配の (-ive は形容詞語尾)
retributive	報酬の (〃)
retributory	報酬の (= retributive)
retribution	報酬 (-ion は名詞語尾)
tutor	家庭教師、個人指導助教師、後見人 (look after する人)
tutelage	後見、監督 (保護すること)
intuit	直観する (= learn intuitively)
intuition	直観 (in + tuition (= watching))
intuitive	直観の (-ive は形容詞語尾)

*uni*on ＝団結

★ union の uni は、「一」を表わす。団結とは一つになること。だから、(結合、結婚、一致、組合、連邦) などの意味にもなる。ちょっと形は変わるが onion (玉ネギ) も union と兄弟分。根が大きくひとかたまりになっている。いろいろあったら unique (ユニーク、無比の) とはいわない。

★ unicorn (一角獣) は、馬に似た伝説上の動物で、処女でなければ捕えられないとされた。

★ なお、mono も「一」。monotony は、mono (one) ＋ tone (音) で、「一つの音」だから (単調) である。

onion ←（玉ネギ）　union →（団結）

unicycle	一輪自転車〔サーカスでおなじみ〕
uniform	制服〔一つの form（形）に統一されているから〕
uniformity	画一（性）〔-ity は名詞語尾〕
unify	一つにする〔-fy は動詞語尾〕
UNION JACK	英国国旗〔jack ＝ 船首の国籍を示す旗〕
UNITED KINGDOM、the	英国〔大ブリテンと北部アイルランドを合わせていう〕
unison	（音の）一致〔son ＝ sound 音〕
unit	単位〔a kitchen ～　台所セット〕
unite	結合する〔the UNITED NATIONS 国連〕
unionist	労働組合員〔labor union 労働組合〕
universe	宇宙〔verse ＝ turned、「一つにされたもの」〕
university	大学〔多くの学部が一つにまとまった総合大学〕
monocle	片眼鏡〔＝ one-eyed〕
monologue	独白〔logue は「言う」〕
monopoly	独占〔他人には poly（売る）しない〕
monk	修道僧〔ただ一人で修行する男（僧）〕
monogamy	一夫一婦制〔gamy は「結婚」〕
monomania	偏執狂〔一つことに熱中すること〕
monorail	モノレール〔rail（軌道）が一つ〕

untouchable ＝連邦警察局員

★ **untouchable** はもちろん un + touch + able、TV でおなじみのアンタッチャブルは、ギャングの買収などには応じない F. B. I.。

★ tact も「触れる」の意。contact は con = with で「ともに触れ合う」、つまり (接触)、最近の contact lens などもこれ。

★「触れる」には、このほか tag がある。**contagion** を因子に分解すると con + tag + ion で、接触による (伝染病) となる。tag は tang にもなるので、**intangible** なら (触れることのできない) という意味である。tag は、このほか、ting、tig、teg などと形を変える。

touchdown	(ラグビーの) タッチダウン〔touch + down〕
touchstone	試金石〔これで筋をつけて金銀の純度をためす〕
touching	感動的な〔心に触れてくる〕
touchy	怒りっぽい〔鋭い神経の持ち主の場合〕
tact	拍子、触覚〔sense of touch〕
tactile	触覚の〔-ile は形容詞語尾〕
intact	触れない〔leave intact 触れずにおく〕
tangible	触知しうる〔tangere + ible〕
contagious	伝染性の〔~ disease 伝染病〕
contingent	偶然的な〔接触しておこる〕
contingency	偶発性〔-cy は抽象名詞語尾〕
contiguity	接触、隣接〔-ity は抽象名詞語尾〕
integral	完全な〔in- = not、「さわったことのない」〕
integrate	完全にする〔-ate は「……にする」の動詞語尾〕
integration	統合、人種差別撤廃〔segregation 分離〕
integrity	完全無欠〔-ity は抽象名詞語尾〕
attain	達成する〔tain = tag で、touch reach の意〕
attainable	達しうる〔-able は「できる」〕
attainment	到達〔複数なら学識〕
tangent	接触する〔三角法で使うタンジェントもこれ〕

*va*cuum ＝電気掃除器

★ vacuum の va- は「真空の」の意味、つまり真空掃除器だが、空虚という抽象的な意味もある。

★空虚といえば、vanity of vanities, and al is vanity.（空の空なるかな、すべて空なり）という聖書の言葉にある vanity は（虚無、虚栄）である。Bunyan（バンヤン）は、"Pilgrim's Progress"（天路歴程）の中で人間の生活を Vanity Fair（虚栄の市）と名づけた。

★形は変わるが、**avoid**（避ける）もこの仲間。a- = ex- = out, void = empty である。

★ **wane**（欠ける）の語源も vanity と同じくラテン語の vanus（= empty）。wane から **want**（欲する、欠けている）ができた。

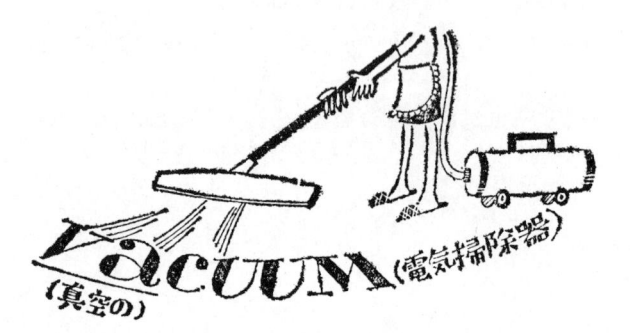

vain	むなしい〔in vain むだに〕
vainglory	非常なうぬぼれ〔vain (むなしい) ＋ glory (栄光)〕
vainglorious	うぬぼれの強い〔-ous は形容詞語尾〕
vanish	消える〔evanesce の e が落ちたもの〕
evanesce	しだいに消えていく〔発音は〈evənés〉〕
evanescence	消失、消えやすさ〔-ence 名詞語尾〕
evanescent	消えやすい、はかない〔evanesce の形容詞形〕
vaunt	自慢する〔vain からきた〕
vacant	からの、あいた、うつろな〔vacate からにする〕
vacancy	あき、空間、心のうつろ〔vacant な状態〕
vacate	からにする、立ちのく〔vacant にする〕
vacation	休暇 (をとる)、立ちのき〔vacate ＋ ion〕
vacationist	休暇をとって旅行する人〔vacationer ともいう〕
evacuate	疎開させる (する)〔e- ＝ ex- ＝ out、「からにする」〕
evacuee	疎開者〔-ee は「人」の意、evacuation 疎開〕
wantless	不足のない〔-less は「……のない」〕
wanting	不足で、欠けて、……のない〔want ＋ ing〕
wanton	浮気な (女)、抑制されない、はね回る〔教養のない〕
wantonness	浮気、放埒 (ほうらつ)〔wanton の名詞形〕

verb ＝動詞

★ verb は、元来「単語」(word) という意味。単語の中では動詞が花形だから（動詞）となった。（言葉）といっても word ばかりではない。adverb（副詞）は、動詞にくっつく言葉という意味。

★単語に関係のあるもので literature（文学）ももとは、ラテン語の littera（文字）からきたもの。フランス語では（文字）を littérature とつづる。t が二つなのは、フランス語がラテン語により忠実であることのあらわれだろう。この仲間には letter（文字、手紙）がある。

★（手紙）には、ほかにギリシャ語からきた epistle がある。Epistle to the Romans（ローマ人への書）などの使徒書簡でおなじみ。

verbal	語の、準動詞（形）〔verb + -al、不定詞、分詞、動名詞のトリオ〕
verbalism	語句にとらわれすぎること、冗長
verbatim	一語一語、逐語的な〔～ translation 逐語訳〕
verbiage	言葉の多いこと、冗漫〔軽蔑的に「言葉使い」〕
verbose	言葉数が多い、くどくどしい〔full of words〕
verbosity	言葉数が多いこと〔-ity は名詞語尾〕
adverbial	副詞的（修飾語）〔adverb + al〕
proverb	ことわざ、通り言葉〔世間で言われている言葉〕
proverbial	ことわざの、有名な〔世間で言われている〕
wordy	言葉の多い〔word + y〕
wording	言葉使い、言い回し〔-ing は名詞語尾〕
literal	文字どおりの〔littera から、～ translation 逐語訳〕
literary	文学（的）の〔literal と区別せよ〕
literate	読み（書き）のできる人〔-ate は「人」〕
illiterate	読み書きのできない人の〔il- = not〕
obliterate	抹殺する〔ob- = off で、「文字を消す」から〕
obliteration	抹殺、忘却〔-ion は名詞語尾〕
lettering	レタリング〔グラフィック・デザインのいろいろな書体の文字をかくこと〕
man of letters	文学者、文人〔郵便配達ではない〕
epistolary	書簡の〔epistle + olary〕

vest =チョッキ

★ vest は、アメリカでは（チョッキ）、イギリスでは（肌着）。もとは「長い上着」とか「僧服」のことだった。ほかに（着物を与える）の意味があり、そこから（与える）の意味もできた。

★ 洋服の何々テックスというのは、textile（織物）のこと。textbook（教科書）も、「いろいろな内容が織り込まれたもの」である。pretext（口実）を考える苦労は、織物を織りあげる苦心とよく似ている。

★ weave（織る）は古い英語で、「（機織り機を）左右に動かす」意味だった。

★ fil は「糸」、filament（フィラメント）、filaria（糸状虫）、filte（レース）など。

vestment	着物〔-ment は名詞語尾〕
vest-pocket	懐中用の〔ポケットにはいるくらいの〕
divest	着物をぬがせる〔di- = dis〕
invest	着せる、投資する〔in-（動詞化の接頭辞）+ vest〕
investiture	授与〔-ture は名詞語尾〕
investment	投資〔investor 投資者〕
filigree	細線細工〔細針金で作った装飾品〕
file	（書類の）綴（と）じ込み〔fil（糸）でとじる〕
texture	織物〔「織ったもの」である〕
tissue	薄絹〔ラテン語 textere（織る）から〕
tissue-paper	薄葉紙〔美術品の包装などにも使う〕
web	クモの巣〔weave（織る）と同根〕
webbed	クモの巣の張った〔web (b) + ed〕
cobweb	クモの巣〔cob (= spider クモ) + web〕
weaver	織工〔-er は「人」〕
fabric	織物〔「組み立て」、「構造」の意からきた〕
fabricate	（部品など）組み立てる
fabrication	製作〔fabricate の名詞形〕
fiber	繊維〔ラテン語 fibra = filament〕

*vis*it ＝訪問する

★ visit の vis は「見る」の意。ラテン語の videre（見る）からきた。（訪問）とは、「見るために行く」ことだから。あすへの vision（ビジョン）とか、video tape（ビデオテープ）とかがおなじみの言葉。パリのシャンゼリゼーや、マロニエの並木道の vista（見とおし）などはしゃれている。ワイド映画に Vista Vision というものもある。

★形は変わるが、wise も目で見るとよくわかるということから「知る」となり、（かしこい）となった。

見る(vis)ために行くのが(訪問)である

visa	（旅券の）査証〔見られた（カード）の意〕
visage	容貌〔-age は名詞語尾〕
visible	見える〔invisible 見えない〕
visitor	訪問客〔-or は「人」〕
visual	視覚の〔auditory 聴覚の〕
visionary	幻影の〔名詞で使えば「夢想家」〕
view	眺める、見解〔field of ～視野〕
preview	試写〔映画でおなじみ、pre- = before〕
review	復習（する）〔re- = again〕
advice	忠告〔ad + vice = view、「私の見解によれば」の意〕
advise	忠告する〔advice の動詞形〕
envy	うらやむ〔「斜めに見る」の意〕
enviable	うらやましい〔～ possession うらやましい所有物〕
envious	うらやましそうな〔～ glance うらやましそうな目つき〕
evidence	明白な証拠〔はっきり見えるもの〕
wiseacre	知ったかぶる人〔「賢いことを言う人」の意〕
wisdom	智恵〔wise + dom、「状態」を示す〕
wit	機知〔サンスクリット語で「私は知っている」の意〕
witness	証拠〔見たから証拠となる〕

*vita*min(e) = ビタミン

★ vitamine（ビタミン）、vivid（生き生きした）などは、ラテン語の vivere「生きる」からきている。Vive La France !（フランス万歳）の vive（万歳）も同じグループである。vital は、（生命の）から、（致命的な）の意味もある。a vital wound（致命傷）。

★同じような意味で vigor（活力）のグループがある。vegetable（野菜）もこの親類。どんな土地でも根をおろして強く生きるから。だから Popei（ポパイ）が食べて急に元気づくのは、肉ではなく、spinach（ほうれんそう）である。

★ quick（敏速な）も、古い英語では、living（生きている）の意味、quicksilver は、「生きた銀」→「よく動く銀」で（水銀）である。

vividity	生気はつらつ〔-ity は名詞語尾〕
vivify	生き生きさせる〔-fy は「……させる」〕
vivacious	快活な〔-ous は形容詞語尾〕
vivacity	快活〔-ity は名詞語尾〕
survive	生き残る〔〜 war 戦争を生き残る〕
survival	生存〔sur- = above、-al は名詞語尾〕
revive	生き返る〔re- = back、「ふたたび」〕
revival	復活〔-al は名詞語尾〕
viva	(口語) 口述試験〔viva voce (生きた声) から〕
vitality	生命力〔-ity は名詞語尾〕
vitalize	生命を与える〔-ize は「……にする」〕
vitalization	生気を与えること〔-ation は名詞語尾〕
vitaminosis	ビタミン欠乏症〔-osis は、「病気」の意〕
vitaphone	(初期の) トーキー映画〔vita + phone (音)〕
vigo(u)r	力強さ〔-our は名詞語尾〕
vigorous	力強い〔-ous は形容詞語尾〕
invigorate	精力をつける〔in- = en- = make〕
quicken	生命を与える、早める〔-en = make〕
quicksand	流砂、蟻地獄〔「生きている砂」のこと〕

voice =声

★ Vox populi, vox Dei.（民の声は神の声）。イギリスの宗教家 Alcuin の Epistles（「書簡集」、800 年ごろ）にあるこの文句は、まことにデモクラシーの看板である。朝日新聞の「天声人語」もここから。vox「声」はラテン語の vocare（呼ぶ）からきていて、voice はもちろん vocal（音声）や vocabulary（語彙）などに表われている。

★ vocation は「神から呼び出されたもの」だから（天職）なのである。お金に呼ばれて職業をきめるまえに、この語をもう一度考えなさい。calling（神のお召し、職業）も同じこと。

vocalist	声楽家〔演奏家は instrumentalist〕
vocal c(h)ords	声帯〔chords は「帯」〕
vocalize	音にする〔-ize は「……にする」〕
vocational	職業上の〔～ guidance 職業補導〕
avocation	副業、内職、本職、気晴らし〔呼び出す〕
advocate	主唱者、擁護者〔ad- = to、助けに呼ばれる人〕
convoke	(会議を) 召集する〔con- = together、call together 呼び集める〕
convocation	召集、集会〔-ation は名詞語尾〕
evoke	呼び出す〔e- = ex、亡霊、記憶などを〕
invoke	祈る、切願する〔call in 呼び入れる〕
invocation	助けを求める祈り〔-tion は名詞語尾〕
provoke	刺激する〔pro- = forth、call forth (感情を) 呼び出す〕
provocation	怒らせること〔provoking 腹のたつ〕
provocative	(人を) 怒らせる、挑発する〔-ive は形容詞語尾〕
revoke	取り消す、無効にする〔re- = back、「呼びもどす」〕
revocation	取消し〔-tion は名詞語尾〕
irrevocable	取りもどせない〔-able は「できる」〕
equivocal	(意味の) あいまいな〔equi = equal、「同じ声の」の意〕
vociferous	大声で叫ぶ〔fer- は bring〕

volume ＝本

★ vol のついた語は、「巻く、回る」(roll) に関係ありと考えてよい。(本) を volume というのは、むかしは羊皮紙などに書いた巻物だったから。また、本の大きさから (大量、声量) の意も生まれた。

★ revolver (連発拳銃=) は「回転して弾を連発する」から。

★ つづりが少し変わった valve (バルブ、弁) もこのグループ。safety valve は (安全弁)。

★ rot も「回転」を表わす (ラテン語は rota〈輪〉)。環状交差路の rotary (ロータリー) はおなじみ。Rotary Club の名も、世界各地の支部が回り番に接待するから。round (円、丸い) もこの親類。control は contra (逆に) + roll (回す) から (支配する) ことができる。

昔は巻物だったから

voluminous	冊数の多い、大量の〔-ous は形容詞語尾〕
convolve	渦巻きになる〔con- (= together) + roll〕
convolution	回旋〔convolve の名詞形〕
evolve	展開する、進化する〔e- = ex- = out, roll out 回転して外に出る〕
evolution	進化、展開〔cf. revolution〕
involve	巻き込む、含蓄する〔中に (in) 巻き込む〕
involvement	巻きぞえ、こまったこと、当惑〔-ment は名詞語尾〕
revolve	回転する (させる)、思いめぐらす〔re- = back〕
revolution	革命、回転、循環〔revolve の名詞形〕
revolutionary	革命的な、革命家〔revolution + ary〕
revolt	反抗 (する)、反感 (を覚える)〔re- = against〕
revolting	むかむかする、そむく〔-ing は形容詞形〕
valvular	弁 (状) の〔～ disease 心臓弁膜症〕
rotate	回転 (循環) する (させる)〔輪のように動かす〕
rotational	回転の、交替の〔-al は形容詞語尾〕
rotund	丸々とふとった〔round と姉妹語〕
rotundity	丸いこと、肥満〔-ity は「状態」を表わす名詞語尾〕
rotunda	(丸屋根のある) 円形建築〔rotund から〕

*vol*unteer ＝志願者

★ラテン語の voluntas（自由意志）からきた vol を含む語は、まず「意志」に関係があると思ってよい。volunteer は、自分の意志で、自分から進んで志願する「志願者（兵）」である。そうかと思うと voluptuous は自分の欲するままに肉欲にふける（逸楽の）である。voluptuous beauty は、（なまめかしい美人）。

★ I wish という意味のラテン語は volo（われ欲す）である。もっとも、Volo, non valeo.（= I am willing but not able. われ欲すれども、能わず）。さびしいね。will（意志）は、ここから。その変形 well も「望むように」から（十分に）となった。

★ wild（野生の）も will と関係がある。

vol を含む語は「意志」に関係がある

volunteer 志願者（兵）

voluptuous 逸楽の

volition	意志〔-ion は名詞語尾〕
volitional	意志の〔-al 形容詞語尾〕
voluntary	自由意志による〔～ confession 自供〕
involuntary	無意識の、本能的な〔in = not、～ manslaughter 過失致死罪〕
voluptuary	酒色にふける(人)〔-ary は形容詞語尾〕
wil(l)ful	故意の、片意地の〔イギリスでは willful とつづる。will + ful〕
well-being	福祉、幸福〔being は「状態」〕
wealth	富〔weal (繁栄) ＋ th〕
wealthy	富裕な〔wealth ＋ y〕
well-off	ゆたかな、順調な〔= rich〕
well-to-do	裕福な〔= well-off〕
welcome	歓迎(される)〔well ではなく wel〕
welfare	幸福〔よく行く (fare) こと〕
wished-for	望んでいた〔～ results、～ books など〕
wishful	希望的な、ものほしそうな〔～ thinking 希望的観測〕
well-wisher	人の幸いを望む人〔よかれと望む人〕
willing	喜んで……する〔will ＋ ing (形容詞語尾)〕
wilderness	荒野〔「のら犬の住む所」の意。wildness 野生〕
bewilder	当惑させる〔wilderness (荒野) に連れ出す〕
bewilderment	当惑〔-ment は名詞語尾〕

wagon ＝ワゴン、大型四輪馬車

★ wagon の wag は way（道）からきている。現在では大型自動車もこう呼ぶ。

★「道」を表わす重要な語に via がある。ラテン語の言葉 Via crucis via lucis.（十字架の道は光の道）は有名。航空便などの via Siberia は（シベリア経由で）の意。trivial（些細な）を分解すると tri（＝ three）＋ via（＝ way）で、三叉路は、大通りではないので、ろくなものではないからである。

★ voy, vey とつづりが変わることもある。convey は「道をいっしょに」で（運ぶ）。

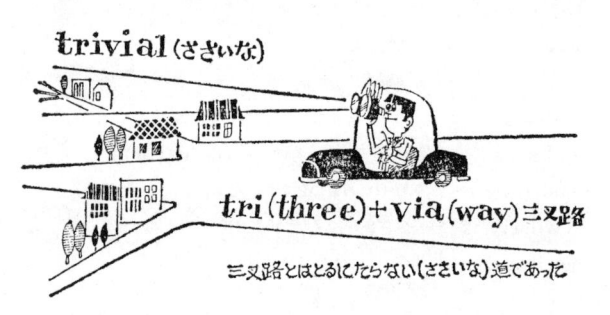

trivial (ささいな)

tri (three) + via (way) 三叉路

三叉路とはとるにたらない（ささいな）道であった

waylay	待ち伏せする〔way に lie している〕
wayward	気まぐれな〔awayward の a- の脱落したもの〕
wayside	道ばたの〔roadside ともいう〕
weigh	目方を量る〔weigh は way の親類で、move、carry の意〕
weight	重さ〔weigh の名詞形〕
weighty	重い〔抽象的に使えば、「重要な、有力な」〕
viaduct	陸橋〔via (way) + duct (lead)〕
deviate	逸脱した〔de (from) + via (way) 道からそれた〕
deviation	逸脱、脱線〔それること〕
devious	遠まわりの〔out of the way〕
envoy	使節〔en- = in-、voy = via、られて途中にあるもの〕
invoice	送り状〔voi = via, 送られたもの〕
conveyance	運搬〔convey の名詞形〕
obvious	明白な〔ob- = near、道の近くにある（だれにも目につく）〕
previous	以前の〔pre- = before、前に行く〕
pervious	透かす〔per- = through、道を透かして〕
impervious	不侵透の〔im- = not〕
vehement	激烈な〔vehe (carry) + ment (mind)、心をよそに運んだ〕
vehemency	激烈さ〔vehement の名詞形〕
vehicle	乗り物〔vehi- = vehere (carry)、cle は「小さい」〕

widow =未亡人

★ widow の語源は、ラテン語の videre（わかれる）。死によって夫と分けられた者の意である。**divide**（分ける）も同じ語源。di (s)（= apart 離れて）＋ videre である。**individual**（個人）もこの仲間。in- = not で、「分けられないもの、ぎりぎりの一人」だからである。

★形は変わるが、**devise**（工夫する）、**advise**（助言する）もこの仲間。

★ **division**（割り算）に対する掛け算は **multiplication**。multiply は（掛ける）。この multi- は、many（多数の）の意。

divided	分割された (〜 payments 分割払い)
dividend	配当金 (「分けられた利益」の意)
divisible	分けられる (-ible は「できる」)
divisional	区分の (-al 形容詞語尾)
indivisible	分けられない (in- = not)
individualism	個人主義 (-ism は「主義」)
individualistic	個人主義的な (-tic は形容詞語尾)
individuality	個性 (-ty は名詞語尾)
device	工夫 (-ce は名詞語尾)
deviser	考案者 (devise する人)
dividers	コンパス (devide する器具)
multiple	倍数の (multi = many)
multiple choice	複数選択 (マルチョイ)
multiplication table	九九の表 (table 表)
multiplicity	多様性 (city とは無関係)
multitude	多数 (-tude は名詞語尾)
multifarious	種々さまざまの (元来「多くの場所の」の意)
multicolored	多色の (multi- = many)
multiform	多様な (form (型) の多い)

window ＝窓

★ window（窓）は、wind eye（風を入れる穴の意）がなまったものである。wind（風）は、ラテン語で ventus。これから vent（空気孔）、ventilation（換気）などが生まれた。

★ aeroplane（飛行機）の aero は、ギリシャ語の āeros（空気、ガス）からきている。acrobatics（アクロバット）をもじったもので、aerobatics（曲芸飛行）というのもある。

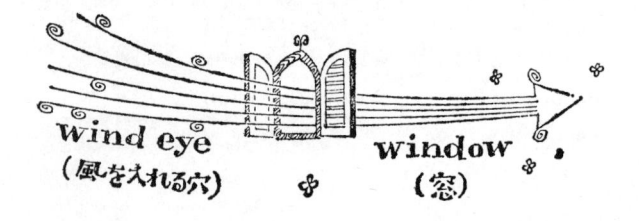

★ つぎに fire（火）だが、語源は不祥。しかし、fuel（燃料）、furnace（炉）、focus（焦点―こげる点）など、f は、火に関係がありそうだ。foyer（劇場のロビー）も、昔は「幕間に観衆があたたまりに（火に当たりに）行く部屋」のことだった。

windmill	風車〔wind + mill（水車場）〕
windfall	もっけの幸い〔wind で fall（落ちた）果実から〕
windowshopping	ひやかし〔窓口を見て歩くだけ〕
windowpane	窓ガラス〔pane 窓ガラスの一枚〕
windstorm	暴風雨〔風の嵐〕
ventilator	換気装置〔-or は「器械」〕
ventilate	換気する〔-ate 動詞語尾〕
aerial	空気の〔-al は形容詞語尾〕
aerodrome	飛行場〔アメリカでは、airdrome〕
aerogram	航空郵便〔aero + gram〕
aeronautics	航空学〔-ics は「学」〕
aerophobia	高所恐怖症〔aero + phobia（恐怖）〕
firing	発砲〔形容詞ではない〕
firefly	ほたる〔fire + fly（ハエ）〕
firearms	火器〔fire + arm（武器）〕
fireman	消防士〔fire + man〕
firework	花火〔work は「細工」である〕
fireside	炉辺〔fire + side（かたわら）〕
fireplace	暖炉〔fire + place（場所）〕
firewall	防火壁〔fire + wall（壁）〕

2 接頭辞による記憶術

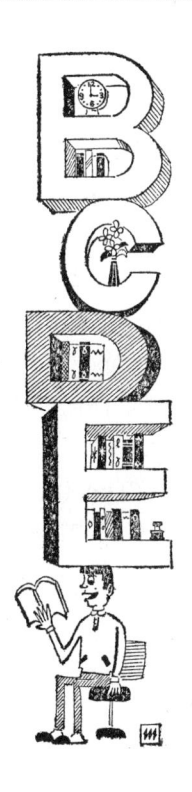

この章の読み方

　emigrant が、「移民」は移民でも、外国へ出ていく移民か、外国からはいってくる移民か、わからなかったりする。そういうときは、接頭辞が、はなはだ大きな役割をする。つまり、この e- や ex- は、exterior（外部）のように、「外」の意であるから、「外国への移民」であることがわかる。emit も、mit は「送る」だから、send out で、「出す」、「発する」。evaporate も、vapor が「蒸気」だから、「蒸発する」。ecstasy も、「外へ立つこと」で、「有頂天」と、ひらめいてくる。

　反対に、immigrant の im- は、in-（中へ）のことだから、国内への移民である。こうなれば、import（輸入する）はもちろん、impress（押しつける、〈心の中に〉印象づける）、implant（植えつ

ける、挿入(そうにゅう)する)も、かんたんに覚え、忘れられない。

　mal- は「悪」だから、malaria（マラリア）、「空気が悪い」からかかる、だとか、concubine の con- は「ともに」で、bine が lie（横たわる）だから、愛人かなんかだろうと見当がつく。poly が「多」とわかれば、太平洋上のぽつぽつちらばった「多い島」を Polynesia（ポリネシア）と名づけたことも、なっとくがいく。

　これら、e-、ex-、im-、in-、mal-、con- などのたいせつな接頭辞による記憶術が、この章である。

*ab*normal ＝異常な

★ **abnormal** は ab- + norm + -al で、norm (= rule〈標準、規模〉) から離れたこと、つまり (異常な、変態の) の意味。このように ab- には、away from (〜から離れて) の意味がある。**absence** なら ab- + sence (= be) で、いないこと、つまり (留守) となる。

★ c、qu、t ではじまる単語につくときは、ab- が abs- となる。**abstract** (抽象的な) など、その典型。abs- + tract (= draw) で、「……から抜き出す」から (抽象的)。

★ また m、p、v のまえでは a- となる。**avert** (よける) など。

abhor	いみ嫌う〔hor = horror（恐怖）からのがれる〕
abject	卑しい〔ab + ject (throw) で、「投げ捨てる」の意〕
abominable	いまわしい〔omen（悪い前兆）からのがれる〕
abound	……に富む〔ound は「波」つまり「あふれる」〕
abundance	豊富〔abundant 豊富な〕
abrade	すりむく〔rade は「こする」〕
abrupt	急な〔-rupt は「破る」、突然の破れ〕
absent-minded	放心した〔心がそこにない〕
absolute	絶対の〔solute は「解く」→束縛から解く→意のままの〕
absorb	吸収する〔sorbere は「吸う」〕
absorbed	熱中した〔ギャンブルに心を吸い上げられる〕
absurd	不合理な〔surd は「耳が不自由な人」、聞こえなければ不合理も生ずる〕
absurdity	不合理〔absurd なこと〕
abuse	乱用（する）〔正しい use（使い道）からそれる〕
aborigines	(pl.) 先住民〔origin は「起源」、初めから住んでいる人たち〕
abnormity	異常〔abnormality という形もある〕
ablactate	離乳させる〔lactate 授乳する〕
abstain	断つ〔tain = keep〕
abstinence	禁欲〔ほしがりません、パスまでは〕
apart	離れて〔a- (= ab-) + part 部分部分に〕

*ad*lib＝アドリブ

★ adlib の ad- は「……に」、「……へ」の意味で、「方向」、「付加」を表わす。つまり、(台本にない台詞を言う)の意味である。**add**(加える) などは、まさにこの典型。

★ ad- は、うしろにくる文字によって、つぎのように形が変わることがある。**assert**(主張する)、**accent**(アクセント、強調する)、**annoy**(悩ます) など。

★なお別に、**ad** には、(広告)の意味がある (advertisement の略)。**ad-balloon**(アドバルーン) など。

adapt	適応させる〔make suitable の意〕
adaptation	適合〔-ion は名詞語尾〕
addendum	付録〔複数は—da〕
adhere	付着する〔adherent はくっついてくる者で「味方」〕
address	住所〔addresses となると「求愛」〕
adjust	調整する〔adapt と同義〕
admire	ほめる〔= regard 好意をもってみる〕
adopt	採用する〔adopted 採用した子=養子〕
adore	崇拝する〔= worship〕
advice	忠告〔ad + vice (= see)〕
adjoin	隣接する〔= unite〕
advocate	主唱する〔= support〕
advent	到着〔vent は「来る」の意〕
administer	管理する〔= manage〕
adorn	飾る〔= decorate〕
advance	前進する〔move forward の意〕
adverse	逆の〔adversity は「逆境」〕
adversary	敵〔verse = turn〕
affirm	断言する〔make firm〕
allow	許す〔= permit〕
appoint	指定する〔—ment はいまや日本語〕

*al*one ＝一人で

★ **alone** は a + lone ではなく、all + one つまり、（まったく一人）である。**almost**、**already**、**also**、**altogether** などの all も同じはたらき。mighty だけならせいぜい mouse にくっつく程度だが (mighty mouse)、**Almighty**（全能の）となると神さまの枕言葉。

★ 乗り物の bus は、もともと **omnibus** といった。その omni- も「すべて」の意。

★ **panorama**（パノラマ）の pan- も all の意で、pan- + norama (view) で、ぐるりと見回す全景から。同じ pan- でも companion（仲間）の pan- は食べる「パン」で、「同じパンを共に (com) 分け合う人」の意。

★ whole も all の意だが、あまり使われない。

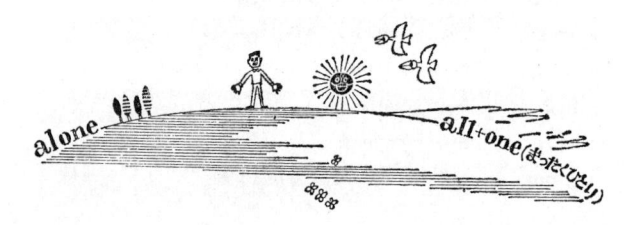

All Fools'Day	万愚節〔4月1日 April Fools'Day のこと〕
all-important	最重要の〔= most important〕
all-in	すべてを含んだ〔災害保険など、レスリングでは自由形〕
all-knowing	全知の〔all-knowing は神さまだけ〕
all-out	全力の〔投球など〕
allover	全面にわたる〔模様など〕
all-round	万能の〔選手、タレントなど〕
all-star	スター揃いの〔映画のキャスト、野球戦など〕
omnifarious	多方面にわたる〔= of all sort〕
omniferous	すべてを生ずる〔ferre = bear 生む〕
omnipotent	全能の〔= almighty〕
omnipresent	遍在する〔一本のバラにも神がいます〕
omnivorous	なんでも食う〔動物なら雑食、読書家にもいう〕
Pan-American	全アメリカの〔会議など。この名の航空会社は有名〕
pan-chromatic	パンクロの〔写真〕〔chromatic 色の〕
pantomime	パントマイム〔all imitative（まね）の意〕
panoply	よろいかぶと一揃い〔full suit の意〕
wholehearted	心からの〔hearted 心の〕
whole-length	全身（像）〔length 長さ〕
wholesale	大量の〔卸売や虐殺〕

a. m. ＝午前

★ 10a. m. は（午前 10 時）だが、a. m. が ante meridiem の略だとちゃんと知り、かつ書ける人は少ない。meridiem が mid + day で正午。ante- が（……よりまえ）である。p. m.（午後）の p. は post-（……よりあと）。

★ ポーカーで新しく札を引くまえに自分の手を見て出す賭け金も ante。

★ なお、形は少し変わるが、anti- は〈ǽnti〉とも〈ǽntai〉とも読む。「反」、「非」、「抗」の意味。だからハンタイと覚えれば忘れられまい。antimilitarism（軍国主義ハンタイ）のように。antiwar なら（反戦）。

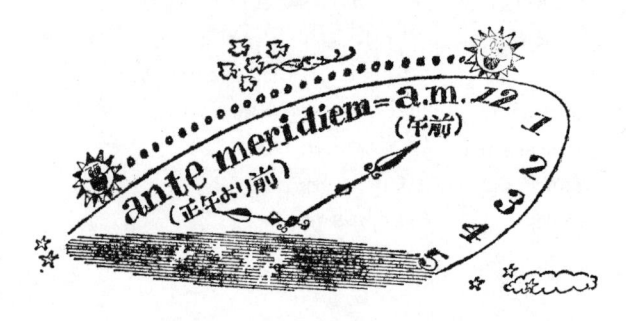

ante-mortem	死直前の〔ざんげなど、mortem は「死」〕
anteroom	控えの間、待合室〔waiting room の意〕
ancestor	先祖〔ante + ces (= go)、子孫は descendant〕
ancient	古代の〔ラテン語 anteanus から〕
ancien régime	旧制度〔フランス革命以前の〕〔アンシャン・レジーム〕
anti-American	反米の〔Yankee, go home!〕
anti-aircraft gun	高射砲〔aircraft 航空機〕
antibiotic ⟨-baiɔ́tik⟩	抗生物質〔ストマイ、ペニシリンなど〕
anticipate	予知する〔capere = take、「先に取る」意〕
anticlimax	竜頭蛇尾〔climax 絶頂〕
antipathy	反感〔pathy は feeling〕
antique ⟨æntíːk⟩	古風な〔模様、美術など〕
antiquity	古代〔特に中世以前の〕
anti-Semitic	反ユダヤ人の〔かつての Hitler〕
antislavery	奴隷制度反対（の）〔anti + slavery〕
anti-sunburn	日焼けどめの〔sunburn 日焼け〕
antithesis	対照法〔Art is long, life is short. など〕
antagonist	対抗者〔他と争う者〕
anthem	讃美歌〔二組の唱歌隊の応答歌ということ〕

*amb*ition ＝野心

★ **ambition** の ambi- は、「両側に」、「周囲に」をあらわす amphi- の変形したもの。勢力を得るためにあちこち動き回ることから、（野心）の意味になった。だから、**ambidextrous** は、ambi- + dext (e) rous（器用な、右手ききの）で、（両手ききの、二心ある）の意とわかる。

★ なお、circum- にも「周囲に」の意味があり、**period** の peri- も同様で、「ぐるぐる回る」ことから、（周期、期間）の意となった。

ambiguity	あいまいさ〔double meaning の意〕
ambit	周囲、構内〔= circuit〕
ambivalence	〔心理学用語〕愛憎並存〔好きだから殺しました〕
amphibious	水陸両棲(用)の〔カエル、舟艇、タンクなど〕
amphioxus	なめくじうお〔どっちにもとれる下等な魚〕
amphisbaena	両頭の蛇〔まえにもあとにも歩ける〕
amphitheatre	円形劇場〔Colosseum（ローマ）で有名〕
amphora	両取っ手つきのつぼ〔phoreús は「運ぶもの」〕
circumference	円周〔ferre は carry の意〕
circumflex	曲折的な〔flex 曲げる〕
circumfluent	まわりを流れる〔flux 流れる〕
circumlocution	回りくどさ〔talking round の意〕
circumnavigate	世界を船で回る〔navigate 航海する〕
circumpolar	極地付近の〔circum + polar〕
circumstance	周囲の事情〔stance は「位置、状況」〕
perigee	近地点〔月の軌道中地球にもっとも近い点、-gee = earth〕
periodical	定期刊行の〔—s 定期刊行物〕
Peripatetic	逍遥学派の〔Aristotle が歩き回って教えたから〕
periphrastic	遠まわしの〔回りくどい言いまわし〕
periscope	潜望鏡〔周囲を見まわす鏡〕
peripheral	周囲の、末梢の〔central の対語〕

*a*tom ＝原子

★ atom は、a-(not) ＋ tom(cut) で、もうこれ以上切れないの意味から、(原子) となった。a は独立した単語としては、「ひとつ」の意になるが、接頭辞になると、このように、「否定」を表わす。

★ a は、ほかに、abed (ベッドに)、aboard (船内に)、ashore (陸上に) のように、to (方向) の意と、asleep (眠って)、alive (生きて) のように、on (状態) の意をも表わす。

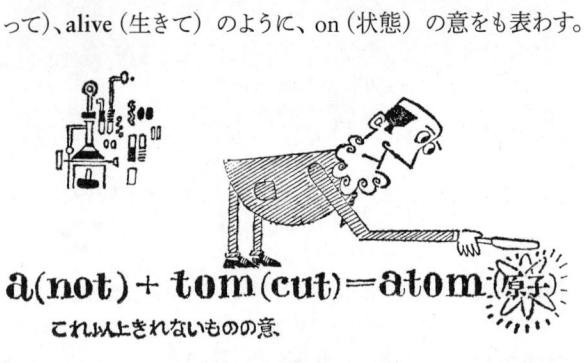

a(not) ＋ tom(cut) ＝ atom (原子)

これ以上きれないものの意。

abyss	深淵〔a (no) + byss (bottom) で、「底なし」〕
abysmal	深海の〔= abyssal〕
agnostic	不可知論者〔gno = know〕
ambrosia	美味なもの〔a (not) + brotos (mortal) 不老不死になる食べ物〕
amethyst	紫水晶〔not drink、酔いを防ぐ力があるという〕
amoral	道徳に関係ない〔immoral (不道徳な) とはちがう〕
anecdote	逸話〔ec = out、「発表されていない話」の意〕
atheism	無神論〔thei は「神」〕
aback	うしろへ〔be taken aback 驚いてのけぞる〕
abate	減る〔a (down) + battre (beat) で「打ち倒す」の意〕
ablaze	燃える〔blaze 炎〕
afloat	浮かんで〔float 浮かぶ〕
aground	浅瀬に乗り上げて〔run 〜 座礁する〕
ahead	先のほうに〔head の方向に〕
alike	似た、同様に〔a + like〕
apiece	ひとりにつき〔= each〕
astray	迷って〔stray 迷った〕
asunder	ばらばらに〔sunder = apart〕
avert	そむける〔vert = turn〕
avertible	防げる〔-ible は「できる」〕
awry ⟨ərái⟩	歪んで、それて〔go 〜 へまをやる〕

*auto*mation ＝オートメーション

★ **automation** といえばオール自動。つまり auto は自分自身でなにかをすること。**autohypnosis** は auto + hypnosis (put to sleep) で（自己催眠）。また **autopsy** ならば auto + opsis (sight) で act of seeing with one's own eyes、つまり自分自身の目でよく確かめる意から、（実地検証、検死）。

★ auto だけなら（自動車）の意。ドイツ総統ヒトラーが作った Autobahn（アウトバーン）は自動車幹線道路として有名。

★ 最近では auto に代わって self が使われだした。**self-service**（セルフ・サービス）、**self-feeding**（自動給油）などと使う。

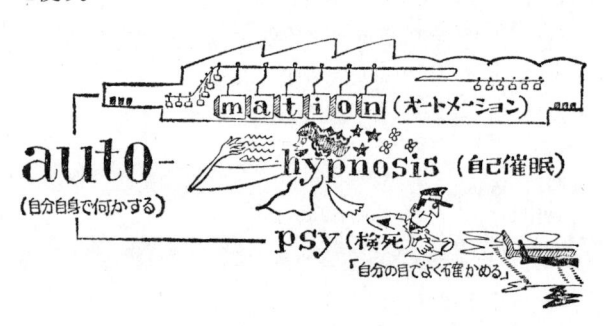

autobicycle	オートバイ〔アメリカでは autobike とも言う〕
autocade	自動車行列〔-cade は「列」〕
autocracy	独裁政治〔-cracy は「政治」の意〕
autoerotic	自己発情的な〔auto + erotic〕
autogenous	自生の〔self-produced の意〕
autogiro	オートジャイロ回転翼機〔-gyro ともつづる〕
autointoxication	自家中毒〔intoxication 酩酊〕
automobile	自動車〔mobile 動く〕
autonomous	自治的な〔nomos = law〕
autopiano	自動ピアノ〔auto + piano〕
selfish	利己的の〔-ish は形容詞語尾〕
self-assertion	出しゃばり〔assert 主張する〕
self-conscious	自意識の強い〔conscious 意識〕
self-confidence	自信〔confidence 確信〕
self-contradiction	自己矛盾〔contradiction 矛盾〕
self-centered	自己中心の〔= egoistic〕
self-conceit	うぬぼれ〔conceit うぬぼれ、みえ〕
self-esteem	自尊〔= self-respect〕
self-sufficient	自給自足の〔sufficient 十分な〕

before ＝まえに

★ before（まえに）という前置詞は、be + fore で、この be は方向、位置を表わす to の意味で使われている。ほかにも about, over の意で behind（うしろに）、below（下に）、between（間に）、beyond（向こうに）などの前置詞を作る。なおこの beyond には（あの世）という意味もある。

★ becalm（しずめる）、belong（属する）のように「……にする」の意の他動詞も作る。また besmear（ぬりたくる）のように「すっかり」と強意的に使う。とにかく be- のレパートリーは広い。

be-は「方向」「位置」を表わす

beyond（向こうに）　before（まえに）　between（間に）　behind（うしろに）

below（下に）

beforehand	まえもって〔before + hand〕
before-mentioned	前述の〔mention は「述べる」の意〕
behalf	……のために〔in behalf of と使う〕
besides	そのうえ〔-s は副詞の働き〕
belongings	所有物〔……のものになる〕
befall	身に起こる〔「事件が……」など〕
befit	似合う〔fit ピッタリあう〕
befool	愚弄する〔fool ばか〕
befriend	友人となる〔「味方する」の意〕
beget	子をもうける（父親になる）〔「母になる」は bear〕
beguile	まぎらす〔guile 悪知恵〕
behave	ふるまう〔自分を手の中に持つ→自制して行動する〕
behead	打ち首にする〔be + head〕
behold	見る〔＝ see〕
bemoan	悲しむ〔moan うめく〕
benumb	マヒさせる〔numb = take、感覚をとり去られた〕
beset	包囲する〔besetting sin 陥りやすい罪〕
bestow	与える〔stow しまいこむ〕
betray	裏切る〔tray 渡す〕
beware	注意する〔ware = cautious〕

*bi*cycle ＝自転車

★ bicycle を分解すると、bi (two) ＋ cycle (wheel)、つまり輪が二つで (自転車)。bi は二の意味。したがって biscuit (ビスケット) の名も二度焼いたことからきた。ほかに「二」を表わすものには two (二)、twice (二度)、twin (ふたご)、duet (二重唱) などがある。

★一見関係なさそうな doubt も「生か死か、それが疑問じゃ」と二つの問いの間で迷ったから (疑い) である。

★つぎに、「三」を表わすものは tri-。three もこの遠縁。trio は (三人組)。

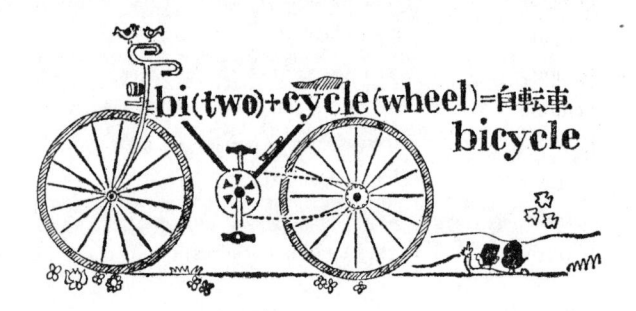

bisexual	両性の〔a bisexual flower 両性花〕
bigamy	重婚〔twice-married〕
bicameral	両院制〔—ist 二院制論者〕
twice	二度〔= two times、一度は once〕
twilight	うす明かり、たそがれ〔二つの光の間〕
twist	ねじる、ツイスト〔ねじって踊るから〕
double	二倍の〔twin-bed は二個、double bed は一個〕
duel	決闘〔二人でするから〕
dual	二重の〔duality 二重性〕
dozen	1ダース〔douze (= twelve)、duo (2) + zen (10)〕
deuce	(テニスの) ジュース〔サイコロの二〕
thrice	三度〔once、twice〕
triangle	三角形〔angle 角〕
eternal triangle	三角関係〔ひとりの彼とふたりの彼女、またはその逆〕
trifoliate	三つ葉の〔foliate 葉のある〕
trigonometry	三角法〔metry は「学」、「術」〕
triple	三重の〔~ play 三者併殺〕
tripod	三脚台〔pod は脚〕
trivial	小さな、とるにたりない〔三叉路の意〕
trinity	三位一体〔父なる神、子なる神、聖霊〕

*com*bat ＝戦闘(する)

★ combat は、com (together) + bat (to beat =打つ) で、相打つことから、(戦闘) となる。coition (交合) は、going together ということ。

★ コネ (connection) をつけたり、コンビ (combination) を組んだり、カレッジ (college) で共学 (coeducation) をしたり、どこの会社 (company) にはいろうかと、カウンセラー (counselor) に相談 (consult) したり、テレビで美人コンテスト (beauty contest) を見たり、この group は、col-、con-、co- などいろいろある。

combine	結合する〔名詞としては「企業合同」〕
comfort	安楽〔fort は strong house の意〕
command	命令(する)、(景色を) 見渡す〔「……の手におく、まかせる」の意〕
common	共通の、普通の、共有地〔out of the common 異常な〕
copartner	共同者、組合員〔co + partner〕
co-ordinate	同格の、等位の〔order 順位〕
colleague	同僚〔「集合したもの」の意〕
collide	衝突する〔lide は「打つ」〕
collaborate	共同して働く〔labor 働く〕
cognizance	認知〔= know〕
concubine	愛人〔con- = with、cubine = lie〕
conform	一致させる〔形を一つにする〕
condense	凝縮させる〔dense 密な〕
consider	考慮する〔sider は「星」、星をよく調べるから〕
confederate	同盟国、盟友〔盟約で結ばれたもの〕
correspond	通信する〔respond は answer の意〕
countenance	顔つき〔感情とともにいろいろ変化する〕
council	会議〔take together〕
cohabit	同棲する〔habit = dwell 住む〕

*count*ry ＝国

★ country は、ラテン語の contrata（向こう側にある地域）からきた言葉。このように contra のついた言葉は、「反」、「逆」、「対（opposite）」の意味を含む。形は似ているが、county（〈米〉郡、〈英〉州）は、まったく無関係で、もと count（伯爵）の領地だったから。

★また接頭辞の counter は、（勘定台）の counter とは無関係で、**counterattack**（逆襲）、**counterplot**（対策）、**countermand**（取消命令）などのように、contra と同じ意味を表わす。ただし、**counterpart** は、（写し）や（半券）のような対（part）になる（一通）である。

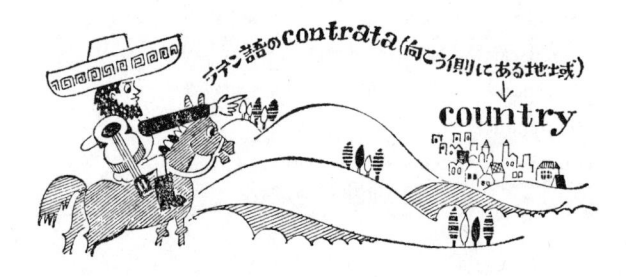

contraband	不正取引〔ban 禁止〕
contrabass	最低音〔低音 bass より 1 octave 低い〕
contraception	避妊〔conception 妊娠〕
contract	契約（する）
contradict	反駁（はんばく）する〔dict- は「言う」〕
contradistinction	対照区別〔distinction 区別〕
contrariwise	反対に〔かしこいの反語ではない。wise = way〕
contrary	反対の〔contra + ary〕
contrast	対照（する）〔contra + st (stand)〕
contravene	違反する〔vene = come、「逆に来る」の意〕
controversy	論争〔-versy は turn の意〕
counteralliance	対抗同盟〔alliance 同盟〕
counterbalance	相殺する〔counter + balance〕
countercurrent	逆流〔counter + current（潮流）〕
counterfeit	にせの〔feit は「つくる」〕
counter-intelligence	対敵諜報活動〔～ Corps 防諜部隊 C. I. C〕
counterpane	かけぶとん〔pane = cloth〕
counterpoint	対位法〔原義は point and point〕
counterpoise	釣合い〔poise = weigh の意〕
counterpoison	解毒剤〔poison 毒〕
countersign	合い言葉〔対になるサイン〕

Decameron =デカメロン

★ Boccaccio (ボッカチオ) の "Decameron" (デカメロン) は、deca (= ten) + hemera (= day) すなわち「十日」の意味で、Florence で疫病流行中の十日間を家で過ごすために語りあった話を集めたから (十日物語) である。

★ なお、centi は「百」。century は (百年) で (一世紀) のことでもある。centimeter (センチメートル)。

★ kilo- は「千」。kilogram、kilometer など。

★ milli は「千分の一」、台風情報の気圧指示単位 millibar (ミリバール) で、すでにおなじみ。

decadal	十の、十年間の〔decad + al〕
decade	十年間〔deca = ten〕
decimal	十進法の〔~ point 小数点〕
decimate	多人数を殺す〔古代ローマで、上官抵抗罪として抽選で十人ごとに一人を殺した〕
cent	セント〔百分の一ドル〕
centurion	百人隊長〔centum（百）から〕
centennial	百年祭の〔-ial は形容詞語尾〕
centenary	百年の〔centum + ary〕
tercentenary	三百年の〔ter-（3）+ centenary〕
centigrade	百分度の〔摂氏寒暖計の目盛り〕
centipede	むかで〔百の足〕
per cent	パーセント〔by hundred の意〕
percentage	パーセンテージ〔-age は名詞語尾〕
kiloampere	キロアンペア〔電流の単位、千アンペアのこと。KA と略す〕
kilocycle	キロサイクル〔kilo + cycle〕
kilowatt	キロワット〔kilo + watt〕
milliliter	ミリリットル〔千分の一リットル〕
millionaire	百万長者〔女性は millionairess〕
millipede	やすで〔むかで以上に多い脚をもつ〕

*des*cend =おりる

★ descend の de- は「下降」(down) を表わす。de- は、このほかにもつぎの意味をもつことがある。derail(脱線する〔させる〕) の de- は「分離」(away from)、demonstrate の de- は、「強意」(この場合は、fully の意) で、(実証する) の意になる。

★なお、スラングで、debus (バスからおりる)、detrain (列車からおりる) などと使われることもある。

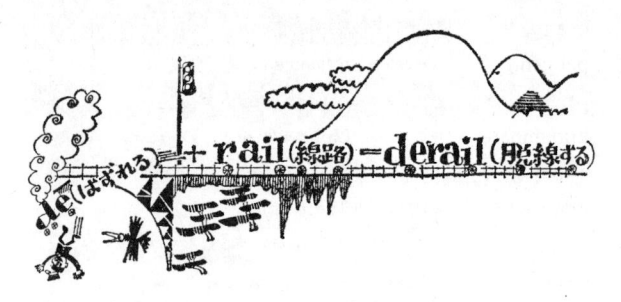

debate	討論する〔beat down やっつける〕
debunk	(名士の) 正体を暴露する〔bunk (インチキ)〕
declare	宣言する〔de- は強め〕
decompose	変質 (腐敗) させる〔de + compose〕
deface	みにくくする〔face (顔) を汚す〕
defer	延期する〔carry down の意〕
deflation	デフレーション〔物価の引下げ〕
deflower	花を散らす〔比喩 (ひゆ) 的にも使う〕
deform	ゆがめる〔form をそこねる〕
degrade	地位を下げる、堕落する〔位を下げる〕
deposit	預ける〔「下におく」から〕
deprive	うばう〔prive は「とる」〕
deprivation	剥奪 (はくだつ)〔deprive の名詞形〕
depend	頼る〔～ on と使う〕
deplore	悲しむ〔de- は強め、plore は「泣く」〕
deride	あざける〔ridere = laugh、laugh down〕
derive	派生する〔水をひいてくる〕
derivation	誘導、派生
despise	軽蔑する〔「見くだす」の意〕
detach	はなす〔attach 付着する〕
detail	詳細 (に述べる)〔こまかく切る〕
detour	回り道〔turn aside の意〕

*dis*cover ＝発見する

★ discover は、dis-(apart) + cover で、カバーをとるから、(発見する)となる。dismember は、dis-(apart) + member で、体の member (手足など)を切り離すこと。宦官など中国的連想をする人もあろう。また、dismiss (解雇する)などの dis- も、動詞について分離を表わすものである。dissent (異議をとなえる)も同じ仲間。

★ dis- は、このように、「分離」の意があるが、ほかに、「逆」を表わすこともある。たとえば、disinter, discontinue は、「埋めない」、「続けない」ではなく、(掘り出す)、(やめる)と、「逆」に積極的な意味になる。

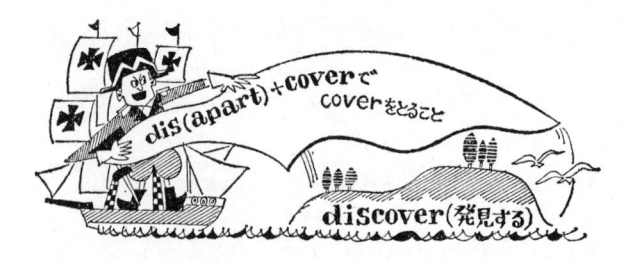

disappear	見えなくなる〔appear 現われる〕
discard	捨てる〔カルタを捨てるから〕
disciple	弟子〔よく聞き分ける、理解する……それでなければ弟子ではない〕
disclose ⟨-z⟩	暴露する〔close 閉じる〕
disconnect	離す〔connect 結ぶ〕
discord	不一致、不和〔be in ～　不和になっている〕
discount	割引きする〔～ sale で有名〕
discriminate	区別する〔criminate 分け隔てる〕
disfrock	着物をはぐ〔frock 着物〕
dismount	おりる〔mount のる〕
displace	解職する〔place 職〕
displacement	解職〔-ment は名詞語尾〕
dissect	解剖する〔切り離す〕
dissolve	溶かす〔この dis- は「分離」を表わす〕
distil	蒸留する〔drop down の意〕
distinguish	区分する、目立たせる〔mark off の意〕
distract	気をそらす〔別の方向へ注意を引く〕
distribute	分配する〔tribute = give〕
district	地域〔押えつける、勢力の及ぶ地域〕

*dis*honest ＝不正直な

★ dis- は、dishonest（不正直な）、dishonor（不名誉）のように、形容詞や名詞につけて「否定」を表わす。また、動詞にもついて persuade（説得する）が dissuade（……しないように説得する）と「否定」の意味になる。

★「否定」、「反対」でも、dis- は un- にくらべると、意味がずっと強い。uninterested は（興味をもたない）だが、disinterested は、(無関心の）→（公平な）となる。

★ dis- は、dif-、di-、de-、se- などと変化することが多い。segment（区分、分ける）などその典型。

disarm	武装解除する〔dis + arm（武器）〕
discountenance	面くらわせる〔countenance 顔色〕
discourage	落胆させる〔dispirit の意〕
disease	病気〔dis + ease、くつろぎのないこと〕
dismay	落胆〔may は「願う」の意〕
disorder	混乱〔order 秩序〕
disparity	不等〔parity 同等〕
dispatch	急送する、処理する〔despatch ともつづる〕
dispassion	冷静〔dis + passion〕
displeasure	不快〔dis + pleasure〕
dispute	反論（する）
disprove	反証する〔prove 証明する〕
disregard	無視する〔regard 見る〕
dissatisfy	不満を感じさせる〔satisfy 満足させる〕
distrust	不信〔dis- = not〕
segmental	分節の〔-al は形容詞語尾〕
segmentation	分割〔細胞分裂の意〕
segregate	隔離する〔～ A from B、A と B を分離する〕

*en*large ＝広げる

★ enlarge（広げる）は en + large で、この en- には、make の意味がある。このほか「中に入れる」の意もある。たとえば enshrine（まつる）。神仏の像を奥深くおさめておくから。

★ en- が b、p、m などの前にくると embarrass（当惑させる）、employ（雇う）のように em- に変わる。

★ enlighten（啓発する）のように en- で始まって en で終わる語もある。

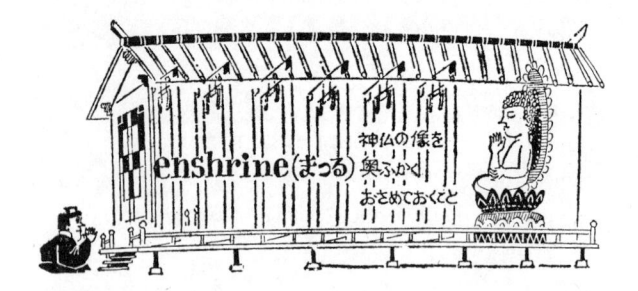

enable	……できるようにさせる〔en + able〕
encircle	取り囲む〔circle 円周〕
encounter	出会う〔counter = contra〕
endanger	危険にさらす〔danger 危険な〕
endear	尊いものにする〔dear（貴重な）から〕
enfold	つつむ〔fold 折りたたむ、折り目〕
enquire	調べる〔= inquire の意〕
enrich	豊かにする〔rich（富裕な）から〕
enslave	奴隷にする〔slave 奴隷〕
ensnare	わなにかける〔snare わな〕
ensure	安全にする、保証する〔sure（確かな）から〕
entice	おびき寄せる〔利益などで〕
entitle	権限を与える〔title 権利〕
entrust	委託する〔intrust ともつづる〕
entry	はいること〔= entrance〕
entwine	ねじる〔twine からみつける〕
embark	乗り込む〔bark 船〕
embitter	にがくする〔bitter にがい〕
embody	具体化する〔body 身体、実体〕
embolden	大胆にする〔bold 大胆な〕
embus	バスに乗る〔em-（= en-）+ bus〕
empower	権限を与える〔power 権力〕

*ex*it ＝出口

★ ex- は「外」、「……から」。exit は（出口）、express の press は「押す」だから、「外へ押し出す」で、（表現する）となる。expose は、外に置く（pose）で、（露出する）。

★ ex-premier（もと首相）などのように、官職などにつけると、「もと……」となる。ex-star（もとスター）。ex-boyfriend（まえの男友だち）。ex-husband（前夫）。ex-flame とは「まえの炎」で、（昔の恋人）のこと。

★ e-、ec- となることもある。eject（追い出す）など。

★ 現在では、この ex- のかわりに out- を使うことが多い。outlaw（無法者）は、「法律の外に出た者」。また out- には、「しのぐ」の意もある。

ex（外に）＋ pose（置く）＝ expose（露出する）

exhort	勧告する〔—ation 勧告〕
extol	賞賛する〔tol は、「高く上げる」の意〕
exterior	外部(の)〔-ior は、ラテン語の比較級〕
Exodus	出エジプト記〔exodus 出発〕
exhale	息をはく〔反対は inhale 息を吸う〕
ecstasy	有頂天〔sta = stand、「あるべき場所から去る」〕
eclipse	(天文の)食〔lipse = leave (去る)で、「光をなくす」〕
eliminate	除外する〔limit (限界) の外へ出す〕
eminent	著名な〔minent = stand で、stand out 目だつ〕
elaborate	たんねんな〔e + labor (骨折り)〕
elate	得意な〔e + late = brought で、「心が運び上げられて」〕
emigrate	移民する〔e + migrate (= move)〕
emerge	出現する〔e- = out、merge は「水中にひたす」〕
outgo	出費〔go out 出ていく〕
outsider	門外漢〔out + side + er〕
outnumber	数で負かす〔out + number〕
outrun	より速く走る〔out + run〕
outshine	しのぐ〔「かがやかしさでまさる」の意〕
outweigh	より重い〔out + weigh (重さがある)〕

350　2　接頭辞による記憶術

*in*door ＝屋内の

★ indoor（屋内の）の in- は、文字どおり「中」を表わす。income は「はいってくるもの」つまり（収入）である。この in- は、enclose（囲む）のように、en- となる場合もある。

★ in- はまた「否定」を表わす。incorrect（不正確な）、indirect（間接の）など。この in- は、あとにくる語によって im-、il-、ir- などと形を変える。impossible（不可能な）、illegal（不法の）、irregular（不規則な）というぐあいである。

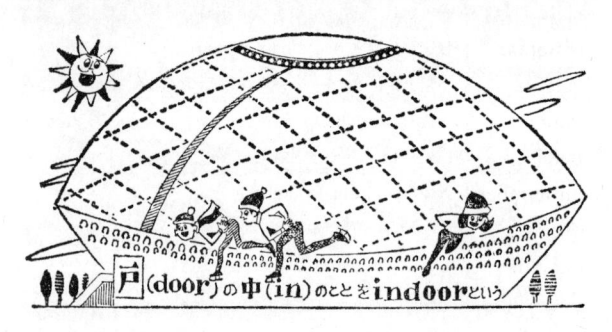

戸（doorの中（in）のことをindoorという

induce	誘う〔in + duce（導く）で「……のほうへ導く」〕
impress	印象づける〔im- = in、「中におす」〕
immerse	浸す〔merse = dip（つける）〕
illumination	照明〔-ion は名詞語尾〕
illusion	錯覚〔illusive 欺き迷わす〕
inability	できぬこと〔ability 能力〕
indecent	下品な〔decent 品のよい〕
indescribable	言いようのない〔describe 描写する〕
infirm	虚弱な〔firm がっちりした〕
inharmonious	不協和の〔in- = not〕
injustice	不公平〔justice 公平〕
innocent	無邪気な〔nocere = do wrong〕
insane	正気でない〔sane 正気な〕
immense	広大な〔mense = measure で、「測ることのできぬ」〕
imperfect	不完全な〔perfect 完全な〕
immoral	不道徳な〔moral 道徳の〕
impartial	公平な〔partial 不公平な〕
improper	不適当な〔proper 適当な〕
illogical	非論理的な〔logical 論理的な〕
irresponsible	無責任な〔responsible でない〕

*inter*national ＝国際的

★ international（国際的）の inter- は、「間に」、「中に」、「相互に」などを表わす。インターハイは inter-high school の略称。高校間のリーグ戦などで使う。interchange（インターチェンジ）は時代の花形である高速道路の（出入り口）である。

★ intro- と -o がつくと、「内へ」と変わる。introduction は、「導き入れること」から（紹介）になる。

★また、「間の」や「……をへて」を表わすものに dia- がある。dialogue は「二人の間で話す (= logue)」で、（対話）である。

interdependence	相互依存 (inter + dependence (依存))
interfere	干渉する (「互いに打つ」の意から)
interference	干渉 (-ence は名詞語尾)
interflow	合流 (flow 流れ)
interfuse	溶け合う (fuse 溶ける)
interlace	組み合わせる (inter + lace)
intermarriage	雑婚 (異なる種族、家庭間の)
intermediate	中間にある (mediate 間接の)
intermedium	仲介物 (medium 媒体)
intermingle	混ぜる (inter + mingle)
intermission	中絶 (inter + mission)
internal	内部の (external の対)
interne	インターン生 (医学用語)
intervene	介入する (「間に来る」の意)
interview	面会 (inter + view)
introduce	紹介する (「内へ入れる」の意)
introspect	内省する (spect は「見る」)
diagnosis	診断 (dia- = apart、gnosis = know で、「区別する」)
dialect	方言 (一地方の間で)

*mal*aria ＝マラリア

★ malaria の名は mal-(bad) ＋ aria(air) で「悪い空気」の沼沢地に発生するところから起こった。ほかにも malignant（悪意ある）、malice（悪意）と、つねにこの mal- は ill の意。

★この逆は bene-。benignant（好意ある）のように well の意味を表わす。アルゼンチンの首都 Buenos Aires（ブエノスアイレス）は good air の意味である。

★ただ最近では ill-natured（ひねくれた）、well-being（幸福）というぐあいに ill、well を用いることが多い。

malefactor	悪人 (benefactor の反対)
maleficent	有害の (beneficent の反対)
malevolent	悪意のある (benevolent の反対)
malicious	悪意ある (-ous は形容詞語尾)
malediction	悪口 (dicere は「言う」)
malformation	ぶかっこう (form 形)
malnutrition	栄養不足 (nutrition 栄養)
maltreat	虐待する (treat 取り扱う)
benediction	祝福 (dict = say、食前食後の祈り)
benefactor	恩人 (fact = do、よくしてくれた人)
benefit	利益 [fit < facere = do]
benevolent	情深い (good will の意)
ill-humored	ふきげんな (↔ good-humored)
ill-natured	意地の悪い (↔ good-natured)
ill-wisher	他人の不幸を願う人 (↔ well-wisher)
well-being	福祉 (反対は ill-being)
welfare	幸福
well-bred	育ちのいい (反対は ill-bred)
well-done	(肉が) よく焼けた (↔ under-done 生焼けの)
well-informed	博識の (よく読んでいるのは well-read)

*mis*fortune ＝不運

★ misfortune、misunderstand（誤解する）、misleading（誤解を招く）などはどれも名詞、動詞、現在分詞などに mis- のついたもの。mis- は「誤り」、「悪」の意味を表わす。

★ mischief の chief は head（さき、はじ、の意から転じて「結果」）の意、したがって mischief は bad end、転じて、（わざわい、いたずら）の意となった。

★ misogamy（結婚ぎらい）などと使う miso- は「きらい」の意味で、mis- とは関係がない。

misadventure	災難〔adventure 冒険〕
miscalculate	計算をまちがえる〔calculate 数える〕
misapplication	誤用〔apply（適用する）から〕
misapprehend	思いちがいする〔apprehend 会得する〕
misbehave	不品行をする〔behave から〕
misjudge	判断を誤る〔judge から〕
mislay	置きちがえる〔lay から〕
misfit	不適当な（「……人」などと使う）
misread	読みちがえる
misprint	誤植（する）〔print（印刷する）から〕
misguide	指導を誤る〔guide から〕
mishap	災難〔happen と縁語〕
misuse	誤用（する）〔名詞は〈-s〉、動詞は〈-z〉〕
mistake	間違え（る）〔mis + take〕
mistrust	不信（をいだく）〔trust（信用する）から〕
misgiving(s)	心配〔「与えない」ではない〕
misshape	不格好に作る〔shape 形〕
misspell	つづりを誤る〔mis + spell〕
misogynist	女ぎらい〔反対は philogynist〕
misology	理屈ぎらい〔philology 言語学〕
misoneism	新しいものぎらい〔neo- = new〕

no =いいえ

★ no は否定を表わすが、ほかの言葉につくときには、ne-、neg-、non-、un- と変形する。non- はたんなる否定で un- より弱い。たとえば、non-essential（非本質的な、かならずしも肝要でない）というぐあいに。un- は、動詞につくと、否定でなく逆もどし（back）の意味になる。たとえば、tie（しばる）に対する untie は、「しばらない」でなく（ほどく）。それで安泰になれる。

un tie=untie
（しばらない）ではなく （ほどく）

naught	皆無〔nothing の古い形〕
naughty	いたずらな〔この子は、まったく……〕
nay	否(いな)〔「然(しか)り」は aye〕
negative	否定の〔肯定的な affirmative〕
neuter	中性の〔= neither どちらでもない〕
neutral	中性の、中立の〔中立は neutrality〕
nonchalant	無関心な〔not glowing の意〕
non-combatant	非戦闘員〔combat 戦う〕
nonsense	たわごと〔すなわち、「sense のない」〕
nonstop	無着陸の〔とまらない〕
unengaged	婚約してない〔= free〕
unsightly	みにくい〔sightly 見てくれのいい〕
unspeakably	なんとも言えないほど〔「speak できない」〕
untruth	虚偽〔un + truth〕
unbosom	(心中を)打ち明ける〔bosom 胸〕
unbutton	ボタンをはずす〔「ボタンをかけない」ではない〕
undo	ほどく、はずす〔ヒモ、ボタンなどを〕
undressed	(衣服を)ぬいだ〔「料理をしてない」の意もある〕
unfold	広げる、開く〔fold 包む〕
unlearn	(学んだことを)忘れる〔「学ばない」ではない〕
unsay	とり消す〔「言わない」ではない〕

*post*war ＝戦後の

★ postwar は、選挙まぢかの郵便戦ではない。post- は、「あと」の意。だから（戦後の）となる。post-postwar（戦後時代のその後）とは、アメリカの著名な評論家 Walter Lippmann の言葉。「もはや戦後ではない」にあたろう。

★ ついでに（戦前）は prewar。pre- は「まえ」の意。preposterous とは「まえとあととをとり違えた」ということから、（矛盾した、ばかばかしい）となる。

★ 最近では、post- よりも after- のほうがよく使われる。aftercare（アフタケア）などいまや日常語の感がある。

posterior	後部の〔複数で「おしり」の意〕
a posteriori	後天的な〔a priori が「先天的な」〕
posterity	子孫〔総称的表現〕
postgraduate	大学院の、大学院学生〔大学卒業後の〕
posticous	うしろ側にある〔hinder の意〕
postmortem	死後の〔mortem は mortal から〕
postpone	延期する〔「あとに置く」の意〕
postponement	延期〔-ment は名詞語尾〕
postscript	追伸〔p. s. と略す。「あとで書かれた」の意〕
afterclap	意外な結果〔一度終わったことがぶり返すこと〕
afterdinner	夕食後の〔an 〜 speech テーブル・スピーチ〕
afterglow	夕焼け〔glow 輝き〕
afternoon lady	おしろい花〔four o'clock〕
afterrecording	アフレコ〔pre-recording 事前録音〕
aftertaste	あと味〔taste 味〕
afterthought	あと思案、あとからの思いつき
aftertime	将来〔future time〕
afterwards	あとで、その後〔wards は「方角」の意〕
hereafter	今後〔here + after、after this の意〕

*pre*fab＝プレハブ(住宅)

★住宅のプレハブを、habit（住居）の連想で、prehab だと思っている人が多い。しかし、これは prefab である。prefabricated house（まえもって建てられた家）の略である。とにかく、この pre- は「まえ」の意の接頭辞。prepare（準備する）、previous（まえの）、preface（序文）など。

★やや形は変わるが、preach（説教）も、「人の前で話す」からきている。

★ fore- も、「まえに(の)」を表わす接頭辞である。weather forecast（天気予報）。

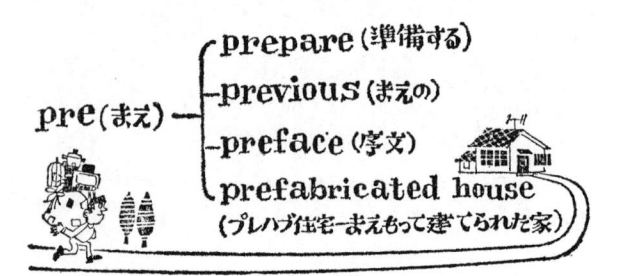

pre(まえ)
- prepare（準備する）
- previous（まえの）
- preface（序文）
- prefabricated house（プレハブ住宅＝まえもって建てられた家）

precaution	用心 〔pre + caution（注意）〕
precocious	早熟の 〔cocious = cooked〕
prefer	……のほうをとる〔「前に置く」から〕
pregnant	妊娠している〔(-g) nasi「生まれる」で、「生まれるまえの状態」〕
prejudice	偏見〔まえもってする判断〕
preliminary	予備の〔limen は「しきい」の意〕
prelude	前奏（曲）〔lude = play〕
premature	早熟の〔pre + mature（熟する）〕
premium	プレミアム〔「まえもって買う」の意〕
premix	まえもって混ぜてある〔味の素など〕
pre-Olympic	プレオリンピック〔オリンピックの前年に行なう〕
prepaid	前納した〔郵税など〕
presuppose	前提する〔「まえもって考える」こと〕
prevent	妨げる〔「前に来る」→「じゃまする」〕
preview	試写〔まえに見るから〕
forehead	額（ひたい）〔顔の前の部分〕
foreground	前景〔fore = before、background なら背景〕
foresight	先見〔fore + sight（見ること）〕
foretell	予言する〔fore + tell〕

pro-wrestling =プロレス

★ pro-wrestling の pro- は、professional（職業的）の略。日本語で「プロ」というとき、プログラム = program（番組）、プロフェショナル = professional（職業的）、プロレタリア = proletarian（無産階級の）、プロダクション = production（映画製作所）のうちのどれかの略称である。

★この四つに「前方」の意の pro- と、「賛成」の意の pro- を加えれば、まず、pro- の全部を網羅するといえる。pro-American（親米的）。

★ pro- は、pol-、por-、pr-、prod-、prof-、pur- のように形を変えることがある。

日本語のプロ
- program　プログラム
- professional（プロの・職業的）
- proletarian（無産階級の）
- production（プロダクション）

prodigal	放蕩の (pro- (= forth) + gall (= drive) で、「追いやる」)
programmer	企画者 (「program を作る人」である)
profane	不敬の (pro- (= before) + fanum (= temple 寺))
profile	プロフィール (in ～ 横からみた)
prominent	顕著な (「つき出る」の意)
proportion	比例 (体の線などにも使う)
promenade	散歩道 (「散歩に連れ出す」の意から)
prompt	敏速な (pro + emere (= take) 前につれて行く)
prompter	プロンプター (うしろで、役者にせりふをつける)
propitiate	なだめる (pitiate = go、「前に行ってなだめる」)
propound	提出する (put before の意)
proffer	申し出る (pro- (= forth) + offer)
pollute	けがす (pole- (= forth) + lute (wash) で、「こぼしてよごす」)
pollution	よごれ「nocturnal ～ 夢精)
prudent	慎重な (pru- (= forth) + dent (見る))
portent	前兆
portrait	肖像 (動詞は、portray)
purpose	目的 (pur- (= before) + pose で、「前に置かれ「たもの」」)
pursue	追求する (pur- (= before) + seek (求める))
pursuit	追跡 (in ～ of ……を求めて)

quarter = 15分

★ quarter（15分）は「(一時間の) 四分の一」。「地区」という意味も、「羅針盤の四方位（東西南北）の基点」という意からきている。ギリシャ語 tetra- も「4」、tetracyclic（四輪の）。

★ pent (a) - は「5」。アメリカ国防省は、世界最大の五角形をした建築だから、Pentagon（ペンタゴン）という。

★ sex- は「6」。sexcentenary（600年祭）を sixcentury の誤りだと誤った人がいる。

★ sept- は「7」。しかし September が九月なのは、Julius Caesar と Augustus 両大帝の生まれ月を記念するために、July（七月）と August（八月）が割り込み、順送りとなったため。

★ octopus（蛸）が八本足なのに October が（十月）なのもこのためである。November（十一月）は novem- (9) で、本来九月だった。

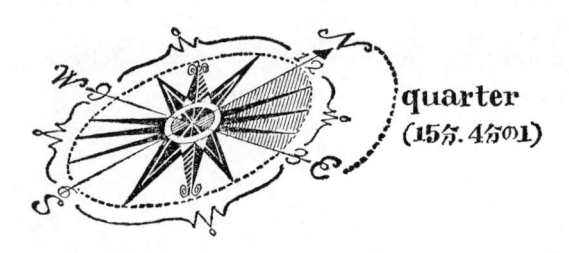

quadruped	四足獣〔ped は「足」〕
quartet	四重唱（奏）
quart	クォート〔液量の単位〕〔1 gallon の四分の一〕
quarry	石切場〔建築石を四角に切り出す所〕
quarterly	年四回の〔weekly と同じ用法〕
quarantine	検疫停船期間〔むかしは四十日だった〕
tetrapod	テトラポッド〔護岸用の保塁、「四足」の意〕
tetralogy	四部作〔古代ギリシャでは「四部劇」〕
tetrarch	小王〔ローマで一州の四分の一を領有していた〕
pentad	五つ一組、五年間〔化学用語では、五価元素〕
pentagram	星形（★）
pentathlon	五種競技〔十種競技は decathlon〕
sexennial	六年に一度の〔名詞なら「六年祭」〕
sextet	六重奏〔sextette のつづりもある〕
septimal	七の〔septim (7 th) ＋ al〕
septet	七重奏
octave	オクターブ〔音楽用語〕〔八音からなるから〕

*rend*ezvous =ランデブー

★ rendezvous は元来フランス語で、render yourselves（二人で集まる）の意味だった。この render の re (n) - には「ふたたび」、「あとへ」、「対して」などの意味がある。renew は「ふたたび新しくする」から（更新する）、recollect は（思い出す）だが、re-collect は（ふたたび集める）となる。同じ意味で rally の語もある。これは re- + ally(味方)で散り散りになった味方をふたたび呼び集めることを意味した。

★ retro も re- と同じ意味をもつ。retrospect は retro- (back) + spect (see) で（回顧する）。

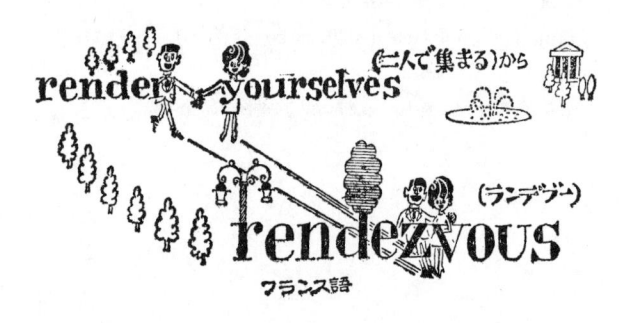

reassure	安心させる〔re- = again、改めて確かにする〕
rebel	反逆者〔re + bel (war)〕
rebound	はね返る〔re + bound〕
rebuff	拒絶(する)〔re- (against) + buff (strike)〕
rebuke	非難(する)〔re- (back) + buke (strike)〕
recalcitrant	頑強に抵抗する人〔蹴りかえす人〕
recall	リコール（一般投票による職員の解任）
recapitulate	要約する〔re- = again、講演の終わりなどにする〕
recent	最近の〔re- = again、cent = new〕
reciprocal	相互の〔re- = back、pro- = forward, 前後に行ったり来たり〕
reckon	計算する〔count と同類〕
recline	もたれる〔re- = back、cline = lean〕
recoil	はね返る〔coil バネ〕
recommence	再開する（名詞形は recommencement）
repose	休息する（ふたたび心を楽にする）
ransom	賠償（buy back の意）
redeem	請け出す〔 〃 〕
retroflex	反転した〔retro- = back、flex = bend〕
retrogress	退歩する〔gress = go、progress 進歩する〕
retrograde	後退する〔= go backwards〕

*sub*way ＝地下鉄

★ **subway**（地下鉄）の sub- は「下」、「下位」などの意味を表わす。「助手」、「補欠」などの意味にも使う。**subeditor**（副主筆）など。sub- は、suc-、sup-、sus- などと形を変えることがある。**suspend**（= hung down）なら（ぶら下がる）。

★ **lieutenant** は、lieu が「場所」、tenant が「もつ人」で、（上官代理、大尉）であるから、**sublieutenant**（海軍中尉）は、「代わりの代わり」ということになる。

★ sub- は、このほか、「次……」、「亜……」の意味にもなる。**subtropical**（亜熱帯の）。

★ subter- は「以下の」で、super の反対。

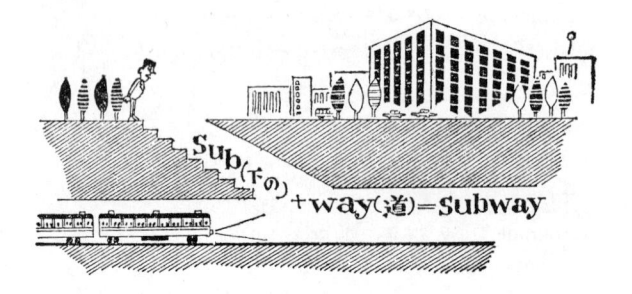

subcurrent	底流 (= undercurrent)
subliminal	潜在意識の (sub + liminal (入口))
subplot	(劇などの) わき筋 (mainplot 主題)
subtitle	副見出し (title 見出し)
subdivide	さらに分ける (divide again)
subterranean	地下の (sub + terrus (= earth) + an (形容詞語尾))
succo(u)r	救う (suc- = sub、cour = run)
succumb	服属する (suc- = sub)
suffocate	窒息させる (fauces (のど) の下をしめる)
suffice	満足させる (suf- (sub-) + fice (make))
suppose	想像する (sup- (sub-) + pose (place))
sudden	急な〔ラテン語 subitus は「突然の」〕
subarctic	亜寒帯の
subalpine	亜高山性の (alpine 高山の)
subtle	微妙な (= finely sensitive)
supplant	とってかわる (= replace)
susceptible	感じやすい (sus + cept (take))
suspect	疑う〔おかしいと、下を見る (spect)〕
subside	沈殿 (ちんでん) する〔上から下へ〕
subsidy	助成金〔上から下へ与えられた金〕

*super*man＝スーパーマン

★ superman（スーパーマン）の super- は、「上」、「超」である。surface（表面）の sur- も同類。surprise も、「上から、不意にとる」で（驚き）である。surge は「上に向く」から（大波）。

★ extra- も、また「外」、「超」の意味。extraordinary は「ふつう（ordinary）を超えた」だから、（異常な）である。アメリカの学生は、校外でのいたずらやデートなどを extracurriculum（教科外活動）と呼んでいる。

★「超」を表わすには、ultra- もある。ultra C は、最高級難度の体操競技の自由問題。

superficial	表面的な〔ficial 顔の〕
superstructure	上部構造〔understructure 下部構造〕
superadd	さらに加える〔add 加える〕
supercilious	人を見くだす〔cilium（まぶた）から〕
supersensitive	（写真）高感度の
superabundance	ありあまり〔abundance 豊富〕
superfluous	余分の〔fluous は「流れる」の意〕
superior	よりすぐれた〔superiority 上位なること〕
superlative	最上級の
superannuated	老朽した〔—tion 退役者に与える年金〕
surmount	打ち勝つ〔sur + mount〕
surname	姓〔名の上についているもの〕
extraordinarily	異常に〔-ly は副詞語尾〕
extravagant	法外の〔vag は「さまよい歩く」で、「範囲外」「まで出歩く」〕
extraterritorial	治外法権の〔territory の外の〕
extraneous	外の〔-aneous は形容詞語尾〕
ultramodern	超現代的な〔ultra + modern〕
ultranationalism	超国家主義
ultraviolet	紫外線の〔〜 rays 紫外線〕

*trans*istor ＝トランジスター

★ transistor radio（トランジスターラジオ）の trans は、across（横切って）、over（越えて）の意。transistor は **transfer**（移す）＋ **resistor**（抵抗器）の合成語である。変圧器のことを、よくトランスというが、これは **transformer** の略である。

★ **transpose** は trans ＋ pose（置く）で（置きかえる、移調する）などの意味となる。**transvestism** は、sex をとりちがえることで、（性倒錯）。

★ trans- は、trad-、tre- となることもある。**tradition** は「歳月を越えて引き渡されたもの」で（伝統）。**trespass** は go beyond（越えていく）で、（侵入する）である。

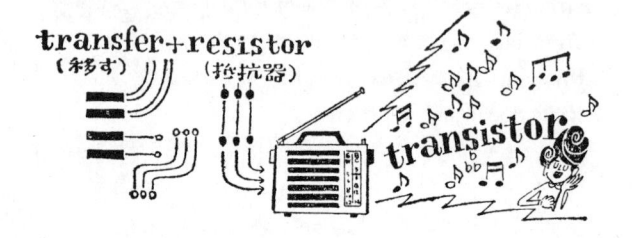

transact	処理する〔trans-(= through) + act (= do) やってのける〕
transatlantic	大西洋横断の〔trans + Atlantic〕
transform	変形する〔trans + form〕
transit	通過〔go across の意から〕
transfix	刺し通す〔trans + fix〕
transgress	(法律など) 犯す〔gress は step の意〕
translate	翻訳する〔late = carry、国語から国語へ〕
translation	翻訳〔translate の名詞形〕
translucent	半透明の〔lucent は lux = light から〕
transmarine	海外の〔marine は「海の」の意〕
transmit	送る〔名詞は transmission〕
transmutable	変形しうる〔-able は「できる」〕
transparent	透明な〔parent = appear で、「通して見える」〕
transplant	移植する〔plant 植える〕
transpire	発散する〔spire は「息」〕
transuranium	超ウラン〔形容詞は transuranic〕
transverse	横切った〔verse = turn〕
traduce	中傷する〔tra(ns) + duce = lead (導く)〕
transship	他船に積みかえる〔trans + ship〕
transitive	他動の〔~ verb 他動詞〕

3 接尾辞による記憶術

この章の読み方

 -er、-or が「……する人」のほかに、「……する機械」を表わすことを知れば、自動車や電気製品だけでも、radiator（ラジエーター）、lever（レバー）、cooler（クーラー）、heater（ヒーター）、cleaner（クリーナー）、wiper（ワイパー）、shutter（シャッター）……などと、いやもう無数に出てくるのに驚く。一を聞いて二十や三十どころではない。
「人」は人でも、-ee は、「……される人」だとわかれば、髭の生えた examinee（受験生）を、examiner（試験官）とまちがえることもなく、pickpocketee なんて俗語に会っても、「すられる人」か、だらしないな、などという余裕も出てくるだろう。

 -cle が「小さいもの」を表わすことを知れば、

muscle は mouse + cle で、ははあ、二十日鼠(はつかねずみ)の小さいの——小鼠か。なるほど、腕にぐっと力をこめてできた力瘤(こぶ)は小鼠みたいなかっこうだな、だから〈筋肉〉か、この単語を作った人は、なかなかユーモアを解するわい、と思うだろう。

　なにしろ、語尾によって、名詞も形容詞も、動詞も副詞もわかるのだから、differ、difference、different、differently などと、派生語もひとまとめにして覚えよう。

　これら、-er、-or、-ee、-cle、-ce、-ent、-ly などの、まことにだいじな接尾辞による記憶術が、この章である。

arabesque ＝アラベスク(唐草模様)

★ arabesque は Arabia に形容詞語尾 -esque〈-esk〉(= -ish）がついたもの。picturesque（絵のような、きれいな）もその仲間。

★ -ar は「……の」。rule から来た regular（正規の）のように、もとの名詞と形の上でかなりちがうものがある。

★ -ive は「性質、傾向」を示す形容詞語尾。talkative（おしゃべりな）。また、よく名詞になる。relative（親類）、captive（捕虜）。

★ -lent は、「……に満ちている」。corpulent は corps（体）が full（はちきれそう）なので（ふとりすぎた）。

arabesque ＝ Arabia + esque(ish)
(唐草模様)

burlesque	バーレスク〔どたばた喜劇〕
picaresque	悪漢の〔picaro（悪漢）から〕
angular	角のある〔angle から〕
jocular	こっけいな〔joke から〕
lunar	月の〔lune から〕
muscular	筋肉の〔muscle から〕
polar	極地の〔pole から〕
popular	通俗的な、人気のある〔populus = people から〕
singular	単一の〔single から〕
allusive	暗示的な〔allude から〕
competitive	競争的な〔compete から〕
detective	探偵（の）〔detect から〕
incentive	刺激（的な）〔incite から〕
motive	動機〔move から〕
restrictive	制限的な〔restrict から〕
sportive	遊びたわむれる〔sport から〕
fraudulent	詐欺の〔fraud から〕
pestilent	伝染性の、有害な〔ラテン語 pestis (= pest) + lent〕
turbulent	荒れ騒ぐ〔ラテン語 turba (= disorder) + lent〕

astro*logy* = 占星術

★ astrology（占星術）の log- は、「話」、「学問」を表わす（astro は「星」）。ギリシャ語の logos（言語）からきており、「言語」→「思想」→「学問」と発達してきた。

★ apologize（謝罪する）も、「罪を免れるために話す」の意である。

★ 思想、学問はつねに logical（論理的）でなければならない。しかし、独創的な思想、学問は、しばしば、illogical（不合理な）発想から思わぬきっかけが生まれることが多いのも事実。

analogy	類推〔ana- = upon〕
apologue	寓話〔tale の意〕
apology	謝罪〔罪を免れるために「話す」こと〕
archaeology	考古学〔古いもの (archa-) の学問〕
biology	生物学〔bio- = 生物〕
catalog(ue)	カタログ〔cata- = fully、「すっかり数えあげたもの」〕
dialog(ue)	対話〔dia- = apart で、「(一人でなく) 二人で話すこと」〕
entomology	昆虫学〔entomo- = 昆虫〕
epilog(ue)	結語〔epi- = after〕
etymology	語源学〔etymon- = 本来のもの、語根〕
eulogy	賛辞〔eu- = praise で、ほめる言葉〕
genealogy	家系(学)〔genea- = family、race〕
geology	地学〔地理学は geography〕
logic	論理(学)〔理屈に合った話 (をする方法)〕
meteorology	気象学〔meteo は「気象」の意〕
monolog(ue)	独白〔mono- は「一人」、「ひとりごと」のこと〕
mythology	神話〔myth 神話〕
prolog(ue)	序〔まえもって言うの意〕
physiology	生理学〔physio- (天然) + logy〕
theology	神学〔theo は「神」の意〕

baby＝赤ちゃん

★ **baby**（赤ちゃん）は、babe に -y のついたもの。現在では baby が babe にとってかわった。このように語尾に y や ie がつくと親しみを表わす表現になる。また、**puppy**（わんわん）式の小児語にもなる。

★形容詞につけて、**fatty**（でぶちゃん）などとも用いる。

★人の名まえのときにも同じことがいえる。たとえば Elizabeth のような長い名まえのときは、Eliza、Liz、Liza、Beth などとちょんぎるが、それをイーと引っぱって Lizzy、Lizzie、Bethy、Betty、Bettie のような親称を作る。

aunty	おばちゃん〔< aunt〕
birdie	小鳥〔< bird〕
cookey、-ie	クッキー〔<オランダ語 koek (= cake)〕
cooky	コック (とくに女の)〔< cook〕
daddy	おとうちゃん〔<ウェルス語で dad (= father)〕
doggy	わんわん〔< dog〕
dolly	お人形ちゃん〔< doll〕
hanky	(俗) ハンカチ〔< handkerchief〕
laddie	にいちゃん (若者に対する呼びかけ)
lassie	ねえちゃん〔< lass、「名犬ラッシー」など〕
mammy	おかあちゃん〔< mama〕
piggy	子ぶたちゃん〔< pig〕
polly	オウムちゃん〔< poll (parrot の俗称)〕
Billy、-ie、Willy、-ie	〔< Bill、Will ← William〕
Harry、Harrie	(Harris ← Henry)
Jenny	〔< Jane ← Janet〕
Jimy、-ie	〔< James〕
Maggy	〔< Mag ← Margaret〕
Susie	〔< Susan ← Susannah〕
Tomy、-ie	〔< Tom ← Thomas〕

bagg*age* ＝手荷物

★ bag は（袋）。baggage だと「集合」の意味が加わって（手荷物）となる。-age には、ほかに「地位、状態、料金」の意味がある。

★たとえば、person は（人）だが、personage といえば（高貴の人）と、その「地位」を表わす。baronage（男爵の位）など。

★モームの "Of Human Bondage"（人間のきずな）の age は、しばられている「状態」を示す。

★また、postage（郵便料金）などの age は、「料金」を表わす。

★また、parsonage（牧師館）のように、「家」も表わす。

ageの4つの意味
- baggage＝集合
- personage＝地位
- bondage＝状態
- postage＝料金

advantage	利益〔< vantage 有利〕
assemblage	会合〔assemble 集まる〕
bondage	奴隷根性〔bond とらわれの〕
breakage	破損〔break + age（状態）〕
cartage	荷車運送〔cart（荷車）から〕
cellarage	穴倉〔cell 穴〕
damage	損害〔dam-（= loss）+ age〕
foliage	木の葉〔集合的に〕
luggage	(英) 手荷物〔アメリカなら baggage〕
marriage	結婚〔~ portion 持参金〕
message	伝言〔mess は「送る」で、「送られたもの」の意〕
mileage	マイル数〔mile（マイル）から〕
orphanage	孤児院〔orphan（孤児）+ age〕
passage	通行〔船賃の意味もある〕
package	包装〔pack より集合的〕
peerage	貴族〔peer（貴族）+ age〕
pilgrimage	生涯〔人生は、pilgrim（巡礼する）ことである〕
tillage	耕作〔till（耕す）から〕
usage	使用〔by ~ 慣例上〕
vicarage	牧師館〔vicar（牧師）+ age〕
wreckage	難破〔wreck（難破する）から〕

barometer ＝晴雨計

★ barometer の meter は、measure（はかる）の意。イギリスでは metre とつづる。「メーター」の意味のほかに、「計器」を表わす。thermometer（温度計）。この thermos（＝ hot 熱い）は、現在では（魔法瓶）の意味に用いる。electric meter（電気計量器）、gas meter（ガス計量器）。lie like a gas meter とは、（とほうもない嘘をつく）こと。とかく、ガスのメーターは不正確だから。

★ -metry は「測定法」を示す。geometry（幾何学）はもともと土地（geo）を測定するためにエジプトで始まった。

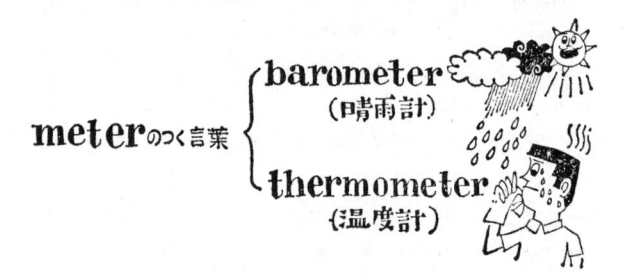

meterのつく言葉 { barometer（晴雨計） / thermometer（温度計）

centimeter	センチメートル〔「一メートルの百分の一」〕
chronometer	クロノメーター〔天文、航海用の精密時計〕
cyclometer	回転記録器(自転車などの)〔cyclo は「円、回転」を示す〕
cyclometry	円の面積を求めること
diameter	直径〔dia- = through〕
gasometer	ガス計量器（= gas meter）
kilometer	キロメートル〔kilo は「千」で、「千メートル」〕
metric	メートル法(の)〔-ic は形容詞語尾〕
metrical	韻律(韻文)の〔~ romance 韻文のロマンス〕
metrics	韻律学〔-ics は「学」〕
m. k. s.	メートル、キログラム、秒法〔度量衡基本単位〕
metronome	メトロノーム〔拍子を正確にきざむ音楽用器具〕
microchronometer	秒時計〔micro- は「微小」を表わす〕
micrometer	測微計〔顕微鏡などに取りつける〕
odometer	(車の)走行距離計〔(h) odos- = way 歩行〕
pedometer	歩行計〔一万歩単位ではかる。pedo- = foot〕
speedometer	速度計〔自動車などの〕
symmetry	均斉〔sym- = together、metron = measure〕
symmetric(al)	均斉のとれた〔-ic (al) は形容詞語尾〕

beauti*fy* ＝美化する

★ **beautify** は、beauty（美）に -fy のついたもの。-fy には「……化する」、「……になる」の意味がある。**simplify**（簡略にする）、**liquefy**（液化する）など。しかし動詞につくことは少なく、あっても **argufy**（うるさく反対する）、**preachify**（くどくどとお説教する）など、ややふざけた使い方が多い。

★ また、**classify**（分類する）、**satisfy**（満足させる）などの名詞形は、それぞれ classification、satisfaction となる。

★ -ize、-ise にも「……化する」の意がある。**Americanize**（アメリカふうにする）など。

intensify	強化する〔名詞形は intensification〕
justify	正当化する〔 〃 justification〕
modify	加減する〔 〃 modification〕
mystify	神秘的にする〔myth（神話）から〕
petrify	石化する〔petr- は「石」の意〕
putrefy	腐敗させる〔名詞は putrefaction〕
stupefy	びっくりさせる〔stupid からきた語〕
Anglicize	イギリスふうにする（cf. Anglo-Saxon）
Christianize	キリスト教徒に改宗させる
emphasize	強調する〔名詞は emphasis〕
fertilize	肥やす〔fertilization 肥沃（ひよく）化〕
organize	組織する〔organ（器官）+ ize〕
patronize	後援する〔patron になる〕
philosophize	哲学する〔philosophy に取り組むこと〕
realize	実現する〔名詞は realization〕
sermonize	説教する〔sermon 説教〕
sympathize	同情する〔sympathy 同情〕
enterprise	企てる〔名詞も同形〕
chastise	こらしめる〔punish の意〕

beggar = 乞食(こじき)

★ beggar（乞食）の語が先にあって、あとから beg（乞う）という動詞がでてきた。これを逆成語という。-ar, -or はともに -er の変形で、「……する人」である。scholar（学者）、liar（嘘(うそ)つき）など。lier は（横たわる人）である。

★ また、-or, -er は「器具」も表わす。

★ elevator（エレベーター）、radiator（暖房器）。

★ saviour（救助者）、amateur（アマチュア）のように、つづりの変わることもある。

★ -ary、-ain なども「人」を表わす。secretary（秘書）、captain（指導者）。

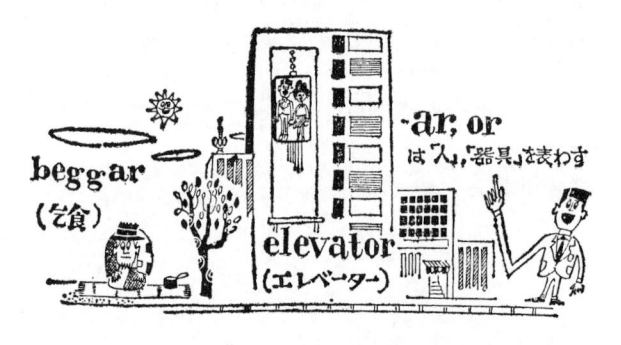

auditor	監査役〔audit（決算）+ or〕
bachelor	独身の男〔アメリカ俗語で、bach は「やもめ暮らしをする」〕
beggary	乞食の身分〔-y は「状態」を表わす名詞語尾〕
burglar	強盗〔「がんじょうな場所に押し入る」ことの意〕
burgle	強盗にはいる〔burglar からできた〕
censor	検閲官〔cencere（評価する）から〕
chancellor	（各種）長官〔chancel + or〕
chieftain	族長〔chief + tain〕
commentator	（時事）解説者〔comment 論評〕
emissary	使者〔emit（= send out）+ ary〕
emperor	皇帝〔empire（帝国）を支配する人〕
inventor	発明者〔invent 発明する〕
missionary	宣教師〔mission（宣教）+ ary〕
pedlar	行商人〔ped（魚を入れるかご）から。同じ意味の peddler とは語源がちがう〕
protector	保護者〔protect 保護する〕
sailor	水夫〔sail 航海する〕
tailor	仕立屋〔tail（= cut）+ or〕
villain	悪漢〔villa は「農家」で、「働く人」の意から「下落した」〕
warrior	戦士〔war（戦争）+ ior〕

bureau*cracy* ＝官僚政治

★ **bureaucracy**（官僚政治）の -cracy は、rule（支配）、power（権力）、ruling body（統治団体）を示す。その支配者は、-crat。**bureaucrat**（官僚）。bureaucracy を、なぜ（官僚政治）というか。bureau は「机」、机はまさに役所の象徴だからである。

★ **cottonocracy**（綿業王国）とは、イギリス Lancaster 地方の綿業主たち（cotton lords）の世界のことである。bureaucracy をもじった **beerocracy**（ビール王国）などという単語もある。

★ -cracy に似た -latry は、「崇拝」を表わす。**idolatry**（偶像崇拝）。

bureaucracy ＝ **bureau**（机）＋ **cracy**（権力）
（官僚政治）

aristocracy	貴族政治〔aristos は best の意〕
aristocratic	貴族(主義)的な〔-ic は形容詞語尾〕
aristocrat	貴族(的な人、主義者)〔-at は「人」〕
autocracy	独裁政治〔auto は「自己」、自分できめる〕
autocrat	独裁者〔auto + crat〕
babyolatry	(戯)赤ん坊をだいじにすること〔< baby〕
bureaucratic	官僚(主義)的な〔-ic は形容詞語尾〕
clubocracy	棍棒(こんぼう)政治〔club 棍棒〕
democratic	民主主義の〔-ic は形容詞語尾〕
mobocracy	愚民政治〔mob 暴民〕
mobocratic	愚民政治の〔mob + cratic〕
ochlocracy	暴民政治〔ochlos は暴民〕
ochlocrat	暴民政治家〔-crat は「支配者」〕
plutocracy	金権政治〔pluto は「富」〕
plutodemocracy	金権民主主義〔pluto + democracy〕
plutolatry	金権崇拝〔pluto は「富」〕
snobocracy	俗物政治〔snob 俗物〕
theocracy	神権政治〔theo は「神」の意〕

chatter＝ペチャクチャしゃべる

★ chatter といえばペチャクチャしゃべる反復の感じが chat よりも強く、井戸端会議の場面が想像されよう。whisper（さ さやく）には、そのうえヒソヒソという音感に添って、試験場の最後部の特別席やたそがれの皇居前広場などの情景さえ感じられる。

★ 童謡「きらきら星」の Twinkle, twinkle, little star. には星のまたたく感じがよく出ている。ラテン語訳の Mica, mica, parva stella. にもピカピカという感じがある。おなじみ hustle（ハッスル）もこの仲間。

flutter	ひらひら（そわそわ）する〔旗、興奮した心臓〕
flicker	ちらちらする〔ゆらめく、ろうそくの灯〕
glitter	きらきらする〔光るもの、必ずしも金ならず〕
mutter	ブツブツ言う〔ひとり言を言う〕
shiver	ぶるぶるふるえる〔おお！ 寒い〕
stammer	発音が不自由な人・状態〔ボ、ボクハ、ア、アナタヲ……〕
litter	ちらかす〔寮、日曜の公園など〕
hammer	ハンマーで打つ〔ガーン、ガーン〕
spatter	（ペッペッと）はきちらす〔口角泡を飛ばす〕
patter	パタパタという〔雨でガラス戸が、台風でトタン屋根が……〕
twitter	さえずる〔朝鳥の来ればうれしき日よりかな〕
bubble	ブクブク泡立つ〔泡立つ、なべの中〕
dazzle	くらくらさせる〔まぶしい、グラマー、ダイヤなど〕
flitter	ひらひら飛び回る〔butterfly が花から花へ〕
jingle	リンリン（と鳴る）〔早くこいこい、クリスマス〕
gurgle	ゴボゴボ（いう）〔うがいも鵜ものどから下に入れない〕
frizzle	ジュージュー（と焼く）〔テンプラ〕
grumble	ブツブツ（いう）〔不平をいう、税金が高いなど〕
prattle	片言をいう〔ウマウマ、チョーダイ〕
ripple	ピチャピチャする〔枕にひびくさざ波の音〕

childhood ＝幼年時代

★ childhood は、child（子ども）であるという一つの状態を示し、（子ども時代、幼年時代）となる。hood は、head としても残っていて、maidenhead というと、「maiden（処女、おとめ）であること」から、（少女時代）、さらに、hymen（処女膜）の意味も持つ。

★ friendship といっても、（友人の船）ではない。（友情）である。ship は、地位、状態を表わすほかに、citizenship（市民権）のように、「権利」も表わす。

★ landscape（風景）、seascape（海の景色）の -scape も、語源的には、ship と同じ。

maidenhead ⇨ 処女であること ➡ 少女時代 / 処女膜

brotherhood	兄弟の関係、組合 (brother + hood)
manhood	成年、男らしさ (man + hood)
neighborhood	隣近所 (neighbor + hood)
sisterhood	姉妹の関係 (sister + hood)
bachelorhood	独身時代 (bachelor + hood)
spinsterhood	未婚 (婦人の) (spinster 未婚婦人)
widowhood	やもめ暮らし〔widow 未亡人〕
knighthood	騎士たること (knight + hood)
falsehood	虚偽〔false 虚偽の〕
likelihood	本当らしいこと、ありそうなこと〔likely ありそうな〕
championship	選手権〔champion の権利〕
courtship	求愛 (男が女にする)〔court 求愛する〕
fellowship	交友、団体〔fellow 友人、仲間〕
hardship	困難〔hard 困難な〕
lordship	封建貴族たること (lord + ship)
membership	会員の資格 (member + ship)
partnership	共同 (partner (相棒) + ship)
scholarship	奨学資金、学識〔それでアメリカで勉強〕
sportsmanship	運動家精神 (sportsman + ship)
worship	崇拝〔warship なら (軍艦) だが〕

child*ish* ＝子どもっぽい

★ -ish は形容詞語尾として、**childish**（子どもっぽい）のように「……じみた」、「やや……」を表わす。このほか、Swedish（スウェーデンの）、Irish（アイルランドの）のように、民族、人種も表わす。childish は、childlike（子どもらしい）にくらべてやや非難めいている。

★ whitish（白っぽい）のほうが white にくらべて「白さ」は少ない。

★ -ish は、また、動詞語尾として、「……になる」の意を表わす。**publish**（出版する）は、make public（公にする）のこと。

apish	猿のような (まねがうまい) (ape + ish)
bookish	本好きの (かたくるしい) (< book)
boyish	子どもっぽい (< boy)
brownish	茶色っぽい (< brown)
coquettish	あだっぽい (< coquette あだっぽい女)
devilish	悪魔のような (< devil 悪魔)
feverish	熱っぽい (< fever 熱)
purplish	紫がかった (< purple 紫)
snobbish	紳士気どりの (< snob 俗物)
womanish	めめしい (< woman)
abolish	廃止する (ab は「分離」を表わす)
accomplish	なしとげる (ac + complete (完全な))
cherish	だいじにする、抱く (~ desire 望みをいだく)
diminish	減らす (cf. minus)
establish	確立する (stable (しっかりした) にする)
furnish	(家具など) 備えつける (< furniture)
nourish	滋養を与える (名詞は nourishment)
punish	罰する (pune (罰) + ish (にする))

clock*wise* ＝右回りに

★ clockwise の -wise は、「方向、様態」を表わす。「時計のまわる方向」だから〈右回りに〉である。似たものに -ward(s) がある。westward（西へ）などと使う。

★このほか重要な副詞語尾は、-ling、-long。darkling（暗がりに）、headlong（まっさかさまに）など。

★また副詞語尾と同時に形容詞語尾にもなるものとして、-ly がある。mainly（おもに）、simply（単に）と副詞だが、lovely（愛らしい）、manly（男らしい）と形容詞。early、daily は両方。

★もう一つ -like がある。gentlemanly（紳士的な）と gentlemanlike（紳士のように見える）をくらべると、-ly のほうが内面的。

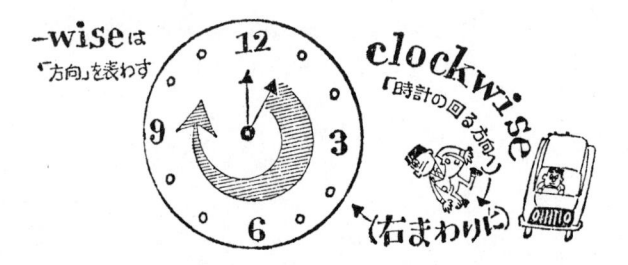

coastwise	海岸のほうへ〔coast + wise (= way)〕
crabwise	蟹(かに)の歩くように、横に〔crab + way〕
lengthwise	縦に〔lengthway ともいう〕
likewise	同様に〔= in the like manner〕
otherwise	その他の方法で、そうでなければ〔= in another way〕
afterwards	あとに〔ふつう -s は副詞を表わす〕
homeward(s)	家のほうの(へ)、家路をさした(て)〔homeward voyage 帰航〕
leeward	風下に(の)〔lee 陰、風下〕
broadway(s)	横に、側面を向けて〔broadwise ともいう〕
endways	端を上に向けて、長いなりに〔endwise ともいう〕
leastways	少なくとも〔口語に多い。leastwise ともいう〕
slantways	斜めに〔slantwise ともいう〕
flatling	平らに〔flat + ling〕
sideling	わきに、横へ、斜めに〔side + ling〕
hour(s)-long	一(数)時間続く〔-long は「……だけ続く」〕
sidelong	横の(に)、斜めの(に)〔-long は「……のほうへ」〕
leisurely	ぶらぶらと、ゆったりした〔leisure + ly〕
shortly	まもなく〔short + ly〕
homely	質素な、ぶきりょうな〔home + ly〕
duly	適当に、十分に〔due + ly〕

communism ＝共産主義

★ communism の -ism は「……主義」を表わす。socialism（社会主義）、Darwinism（進化論）、sadism（サディズム）など。このほか、baptism（洗礼）のように「行為」を表わす名詞語尾ともなる。

★ -ize（……にする）の語尾をもつ動詞は、-ism をつけて名詞になるものが多い。Americanize（アメリカ化する）が転じて、Americanism（アメリカ的言い方、アメリカ英語）。

★さらに、-ism は rheumatism（リューマチ）のように病気も表わす。Rheumatism is the worst of all isms.（リューマチは、あらゆるイズムのなかで、もっとも恐ろしい）。

-ism の数々

communism（共産主義） sadism（サディズム） rheumatism（リューマチ）

academicism	伝統主義〔< academy〕
antagonism	敵対感情〔antagonist 敵対者〕
aphorism	金言〔芥川龍之介の訳では「阿呆律」〕
archaism	擬古主義〔< ancient 昔の〕
Buddhism	仏教〔< Buddha 仏陀〕
classicism	古典主義〔< classic〕
colloquialism	口語体〔< colloquial〕
commercialism	商業主義〔< commerce 商業〕
enthusiasm	熱狂〔逆成動詞 enthuse もある〕
eonism	異性の着物を着たがること〔女装好きなフランス人 Eon から〕
fetishism	（異性の体の一部などを）あがめること〔< fetish〕
Hellenism	ギリシャ文化〔Hellene（ギリシャ人）から〕
heroism	英雄的行動〔< hero 英雄〕
hypnotism	催眠術〔ローマの眠りの神 Hypnos から〕
liberalism	自由主義〔< liberty〕
mannerism	マンネリズム〔< manner 形式〕
onanism	自慰行為〔<聖書にでてくる Onan から〕
organism	有機体〔< organ 器官〕
scepticism	懐疑主義〔< sceptic 懐疑主義者〕

countess ＝伯爵夫人

★ count（伯爵、イギリスでは earl）に ess をつけたのが、countess、同様に、lion（ライオン）なら lioness のように女性語尾 -ess をつけて女性を表わす。authoress（女流作家）、murderess（女殺人者）、cinemactress（米俗語―映画女優）のように。ただし widow（未亡人）は、widower（男やもめ）となるように女性が先。-ess が変化して -rix となることもある。testatrix（女の遺言人）など。

★最近では salesman、saleswoman のように、man、woman をつけることが多い。

★動物の場合は、she-crow（めすのからす）のように、he-、she- や -cock、-hen などで性別を表わす。

★ただし、opportunist（ご都合主義者）のようなものは性別ぬき。

duchess	公爵夫人、女公爵〔未亡人になっても変わらず。公爵は duke〕
marchioness	侯爵夫人〔侯爵は marquis〕
viscountess	子爵夫人〔子爵は viscount〕
baroness	男爵夫人〔男爵は baron〕
Lady	貴婦人〔男性なら Lord。gentleman は位が下〕
aviatress	女流飛行家〔aviatrix ともつづる〕
executrix	女性の遺言執行者〔男性は executor〕
bride	花嫁〔花婿は bridegroom〕
policewoman	婦人警官〔男性 policeman〕
sportswoman	女子運動家〔男性 sportsman〕
stewardess	旅客機の客室乗務員〔hostess では bar の女となる〕
nanny-goat	めすの山羊〔おすは billy-goat〕
she-friend	情婦〔girl-friend が、ときにこうなる〕
female-hormone	女性ホルモン〔male-hormone 男性ホルモン〕
peahen	めすの孔雀(くじゃく)〔peacock は「おす」〕

darling＝かわいい人

★ darling は、dear + ling で、ling は、「小さいもの」をあらわす。だから、peachling は（桃太郎）だし、Mark Twain の『王子と乞食』の中に出てくる changeling は、（取りかえっ子＝さらわれた子どものかわりに置いていかれた子ども）になる。

★なお、el、kin も、「小さいもの」をあらわす。たとえば、vase（花瓶）の小さいのは vessel（器）、女性のことは、weaker vessel。model（モデル）も同様。lambkin は、（小羊）である。

★ -ock も「小」の意。hillock（小山）。

dear(かわいい)＋ling(小さいもの)＝darling, かわいい人

duckling	子がも〔かもは duck〕
foundling	拾い子〔found は「見つけられた」〕
fatling	ふとった牛〔< fat〕
gosling	がちょうの雛（ひな）〔< goose〕
grayling	川ひめます〔< gray（ねずみ色の）〕
groundling	地をはう植物〔ground 地をはう〕
lordling	小君主、田舎貴族〔lord より落ちる〕
princeling	小王子〔prince（王子）+ ling〕
suckling	乳飲み子〔suck は「乳を飲む」の意〕
yearling	（競馬の）一歳駒（こま）
angel	天使〔もとは、messenger の意〕
kernel	核（corn（粒）の小さいもの）
satchel	小形かばん〔satch = sack 袋〕
napkin	ナプキン〔nape（cloth）の小さいもの〕
pumpkin	カボチャ〔pompon（melon）の小さいもの〕
bullock	去勢牛〔< bull（牡牛）〕
buttock	尻〔butt + ock〕
paddock	馬場〔fence の意〕

distan*ce* ＝距離

★ **distance** は、distant（へだたった）という形容詞の語尾が ce と変化して、（距離）となった。diligent（勤勉な）も同類で、**diligence**（勤勉）となる。なかには、appear（現われる）→ **appearance**（出現）のように動詞が変化するものもある。

★同様に、constant（変わらない）→ **constancy**（不変）のように、語尾が cy と変わるものもある。efficient（効力のある）→ **efficiency**（能率、効力）、infant（幼い）→ **infancy**（幼年時代）、poignant → **poignancy**（しんらつ）などは -cy の形のみ。

★ただし、**excellence**（優秀）、**excellency**（閣下）のように、-ce、-cy で意味のちがうものもある。

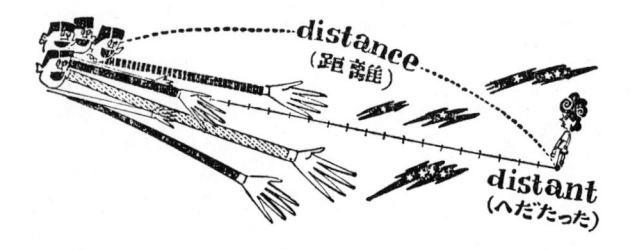

abundance	豊富 (< abound)
disturbance	動乱 (< disturb)
endurance	忍耐 (< endure)
furtherance	促進 (< further)
insurance	保険 (金) (< insure)
repentance	後悔 (< repent)
dependence	依存 (< depend)
efficiency	能率 (< efficient)
innocence	無罪 (< innocent)
intelligence	知能 (< intelligent)
obedience	服従 (< obedient)
patience	忍耐 (< patient)
persistence	固執 (< persistent)
pestilence	ペスト (< pestilent)
violence	暴力 (< violent)
consistency	一致 (< consistent)
deficiency	不足 (< deficient)
frequency	ひんぱん (< frequent)
inadvertency	不注意 (< inadvertent)
urgency	緊急 (< urgent)

dragon = ドラゴン(竜)

★中日ドラゴンズの dragon は、「口から火を吹く大きい蛇」のことで、この -on は「大きい」の意である。the old Dragon は (魔王)。

★ -oon の形の場合も多い。dragoon は dragon から、「火を吹くもの」→「火器」、さらに「火器をもった軍隊」で (竜騎兵) となった。また harpoon は、「大きい爪」の意から、(鯨をとるもり)。オーケストラでおなじみの trombone (トロンボーン) は、「trumpet (トランペット) の大きいもの」である。balloon (気球) は、「大きい ball (ボール)」の意。

billion	(アメリカ) 十億、(イギリス) 兆 (bi- = again)
billionaire	億万長者 (-aire は「人」)
dragonfly	トンボ (dragon + fly (ハエ))
felon	重罪人、凶悪な (「残酷な」の意)
flagon	(大型の) ぶどう酒瓶 (flask (フラスコ) と同根)
million	百万 (mil だけなら「千」の意)
millionaire	百万長者 (-aire は「人」)
sea dragon	タツノオトシゴ (米原子力潜水艦の名まえ、竜に似ている)
bassoon	バスーン (低音の大きな木管楽器)
buffoon	道化 (もともと jest (冗談) の意)
dobloon	(昔のスペインの) ダブロン金貨 (double から)
festoon	(天井に飾る) 花づな (fest (祭り) のときの)
lampoon	風刺文 (Let's drink. の意、酒の歌)
macaroon	マカロン (クッキーの一種) (macaroni の縁語)
musketoon	ラッパ銃 (musket (火縄銃) + oon)
pontoon	平底ボート、浮きドック (ponto 橋)
saloon	大広間 (< salon 広間)
spitoon	大串 (くし) (spit (串) の大きいもの)
spoon	スプーン (「くさび」の意から)

drunk*ard* =大酒飲み

★ drinker は（酒飲み）だが、drunkard は（大酒飲み）、brag は「ほら」で braggart は（ほらふき）のように、-ard、-art は「おおいに……する人」の意。

★形が似ている -ster は、もとは女性の印だった。それがいつか、女性の気持ちが失われて songstress（女性歌手）のように二重にしないと女性になれない。ここにも、女性の男性化がみられる。辞書で有名な Webster も「はた織り」の意だった。youngster（若い者）をもじって oldster（年寄り）などとしゃれる。

★ -aster だと「へぼ……」と軽蔑的。たとえば、poetaster（へぼ詩人）というぐあいに。

bastard	非嫡出子 (bast (= low) + ard)
coward	おくびょう者 (cow 恐れさせる)
dotard	おいぼれ (dote もうろくする)
dullard	のろま (dull にぶい)
haggard	やせこけた (hag 鬼ばばあ)
niggard	けちんぼう (nigger (黒人) とは無関係)
sluggard	なまけ者 (slug なめくじ)
Spaniard	スペイン人 (< Spain)
steward	執事、世話役 〔女性は stewardess〕
stinkard	鼻もちならぬやつ (stink 悪臭)
wizard	魔法使い〔女性は witch〕
gamester	ばくち打ち (game ばくち)
gangster	ギャング (gang は「集団」、一人ではない)
jokester	冗談を言う人 (joke 冗談)
punster	しゃれのうまい人 (pun しゃれ)
songster	歌手〔女性は songstress〕
spinster	オールドミス (spin 紡ぐ)
trickster	詐欺師 (trick + ster)

error ＝誤り

★ error の -o(u)r は「状態」、「性質」などを表わす抽象名詞語尾、err〈ə:〉は動詞で「誤る」。全体では、ぶらぶら歩いて道をふみ違えることだった。fervour（熱情）は fervent から。

★この仲間には、service（奉仕）などのように -ice の形もある。ただし edifice（建物）のように普通名詞になることもある。

★ bravery（勇敢）などの -(e)ry は、「習性」、「職業」を表わす。これは、形容詞にも動詞にもつく。chemistry（化学）は chemist-（化学者）についたもの。revelry（ばか騒ぎ）は revel（飲み騒ぐ）という動詞についたもの。

grandeur	壮大さ〔grand から〕
liqueur	（フランス語）リキュール〔liquor 液体〕
rumour	うわさ〔-or はアメリカつづり〕
tremor	ふるえ〔tremble ふるえる〕
avarice	貪欲（どんよく）〔avere（熱望する）から〕
caprice	気まぐれ〔caper はねる〕
cowardice	おくびょう〔coward おくびょうもの〕
hospice	宿泊所〔hotel の意〕
justice	正義〔just + ice〕
notice	注意〔note から〕
practice	実行〔practise はアメリカつづり〕
precipice	絶壁〔precipitant まっさかさま〕
pedantry	衒学（げんがく）〔pedant 学者ぶる人〕
roguery	悪事〔rogue 悪漢〕
bribery	わいろ行為〔bribe わいろ、「乞食にやるパン屑」の意〕
forgery	偽造〔forge 偽造する〕
mockery	あざけり〔mock あざける〕
robbery	強奪〔rob 盗む〕
quixotry	無鉄砲〔ドン・キホーテの Quixote から〕

examine*r* ＝試験官

★ examiner は「試験する人（試験官）」だが、examinee は「試験される人」（受験者）で、-ee は受身の意味である。あとの〈i:〉にアクセントがある。pickpocketee（すられる人）などといういう語もできた。Yankee には Chinese（中国人）を Chinee などというのがいる。-ese を複数と思ったためだろう。

★ -eer、-ier、-yer は carbineer（カービン銃兵）、cashier（現金出納係）、lawyer（法律家）などからわかろう。語尾が w のものにだけ -yer がつく。どれも名詞につく。

employee	雇人〔雇用者は employer〕
refugee	避難者、亡命者〔受身の意はない〕
lessee	賃借人、借地（借家）人〔lease 賃借（貸）する〕
devotee	熱愛者〔～ of religion 宗教にこった人〕
donatee	寄贈を受けた人〔donator（旦那）と同語源〕
evacuee	引揚げ者〔vacuous = empty〕
trustee	被信託人〔trust + ee〕
committee	委員、管財人、後見人〔管財人の意では〈tíː〉と発音〕
pioneer	開拓者〔もと「歩兵」の意〕
mountaineer	登山家〔mountaineering 登山〕
volunteer	自発的に申し出る（人）、義勇兵〔< volo 私は望む〕
engineer	技師、機関士〔engine を動かす人〕
electioneer	選挙運動をする人〔election 選挙〕
executioneer	死刑執行者〔executor 遺言執行者〕
courtier	廷臣〔court 宮廷〕
gondolier	ゴンドラひき〔< gondola〕
fancier	（動物の）飼育者、空想家〔bird fancier などいろいろ〕
sawyer	きこり〔cf. Tom Sawyer〕
bowyer	弓師〔bow 弓〕

handsome＝ハンサムな

★ handsome は「手ごろの」の意から「よくできている」、つまり（美貌の）となった。この -some は same と同語源で、「……に類似した」、「……のような」、から「……の」となった。

★同じ形容詞語尾に -ous がある。これは、「……でいっぱい」の意。delicious は（おいしい）だが、この語源は delight（喜び）。まさに「喜びがいっぱい」である。また gorgeous（豪華な）、luxurious（ぜいたくな）なども、このグループ。

★形容詞をつくる語尾には、ほかに -ly もある。icy（氷のような）、noisy（さわがしい）、mighty（力のある）など。

burdensome	難儀な〔burden 重荷〕
blithesome	楽しげな〔blithe 愉快な〕
fulsome	いやな〔full + some、重すぎて……〕
gruesome	恐ろしい〔「身ぶるいするような」の意〕
lonesome	さびしい〔lone さびしい、ひとりの〕
irksome	退屈な〔irk 退屈させる〕
meddlesome	干渉好きな〔meddle 干渉する〕
winsome	人をひきつける〔win のもとは wyn (= joy)〕
conspicuous	目立った〔con- (強め) + specere (= look)〕
ferocious	恐ろしい〔fear から〕
glorious	光栄ある〔glory 栄光〕
joyous	喜ばしい〔joy から〕
luminous	明るい〔〜 body 発光体〕
ostentatious	虚飾の〔os (before) + tent (stretch) まえにひろげること〕
sensuous	官能的な〔sense + ous〕
bulky	かさばった〔bulk 大形〕
greasy	脂じみた〔grease あぶら〕
lousy	しらみだらけの〔louse しらみ〕
thorny	いばらの〔thorn いばら〕
touchy	おこりっぽい〔touching なら感傷的な〕

heal*th* ＝健康

★ health（健康）の -th は、動詞または形容詞について「性質」、「状態」を表わす。その際、die → death のように発音やつづりの変わることがある。ところで health が whole（全体の、すべての）からきているというと、驚く人もあろう。whole はもともと「無傷の」、「こわれていない」の意で、これから（完全な）→（全体の）となった。「心身ともに完全な」が health で、hale（強壮な）や heal（いやす）も、この親類である。

★ -t もまた、join → joint のように名詞を表わす。drought（旱魃）が dry（乾燥した）からきているとは、ちょっと気がつかない。

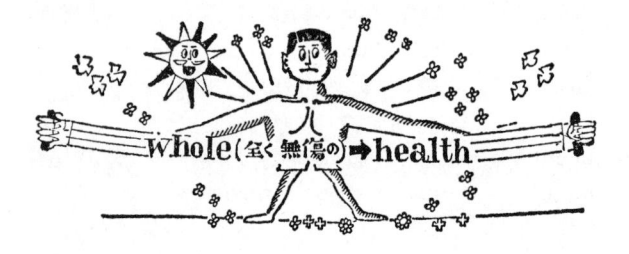

birth	誕生 (< bear)
breadth	幅 (< broad)
complaint	不平 (< complain)
constraint	拘束 (< constrain)
depth	深さ (< deep)
drift	漂流 (< drive)
filth	きたなさ (< foul)
gift	贈物 (< give)
growth	成長 (< grow)
height	高さ (< high)
length	長さ (< long)
mirth	楽しみ (< merry)
restraint	制約 (< restrain)
sight	視力 (< see)
strength	力 (< strong)
truth	真実 (< true)
theft	窃盗 (< thieve)
width	広さ (< wide)
warmth	暖かさ (< warm)
youth	青春 (< young)

icicle =つらら

★ icicle（つらら）の ici は、ice（氷）で -cle は「小さい」、「かわいい」などを表わす指小辞である。

★ -cle は、-cule、-ule、-le などと形を変える。たとえば animalcule（極微動物）、globule（小球）など。bottle（瓶）は、bot「樽」に指小辞がついたものである。

★ chapel（聖堂）は、もと capella「上着」（< cappa—日本語の合羽はここからきている）で、それが St. Martin（サン・マルタン）の法衣を保存している聖堂のことになり、さらに、一般に「聖堂」のことを意味するようになった。

★ castle（城）、article（記事）など、みな指小辞がついてできた語である。

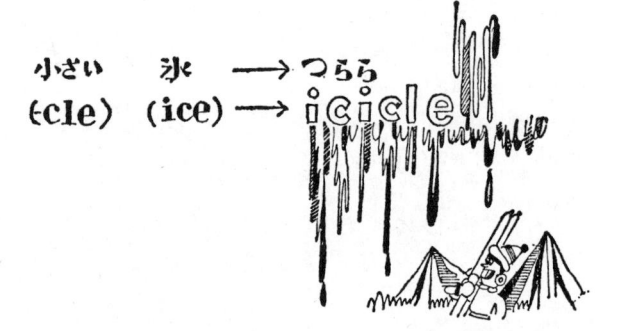

小さい　氷　→　つらら
(-cle)　(ice)　→　icicle

corpuscle	微小体〔corpus (= body) の指小辞〕
muscle	筋肉〔mouse + cle 小ねずみ、力こぶの形が似ているから〕
particle	小片〔< part〕
pinnacle	小尖塔〔(仏) pinna = apeak〕
tubercle	小結節〔小さいはれ物の意〕
molecule	分子〔< mass〕
granule	小粒〔< grain〕
nodule	小さいこぶ〔nodus (節) から〕
bundle	束〔< bound (= bind) 結ぶ〕
male	男性〔女性は female〕
pebble	小石〔< cobble〕
principle	原則〔princep (= first) + le〕
sickle	(小さい) 鎌 (かま)〔hammer & 〜ソ連国旗〕
sparkle	小さな火花〔spark (火花) から〕
speckle	小さな斑点〔< speck 点〕
throttle	絞り弁〔< throat のど〕

lib*rary* ＝図書館

★ -ary、-ery は「場所」を示す。library は libr-（book）がおいてある場所。つまり、（図書館、書斎）。

★ -arium も「場所」を示すことは aquarium（水族館）などから想像がつく。

★ -ory も、factory（fac- ＝作る、工場）のように「場所」を示す。

★ -y だけでも「場所」を示す場合もある。grocery（食料雑貨店）、bakery（製パン所）など。

granary	穀倉〔grain (穀物) を入れる所〕
sanctuary	聖所〔sanctus (讃美歌の聖なるかなの語) から〕
brewery	醸造所 (ビールなどの)
cemetery	共同墓地 (教会には付属しない)〔「眠るところ」の意〕
confectionery	菓子屋 (confetti (金米糖) などを作る)
nunnery	修道院、尼僧院 (nun は「尼僧」)
aquarium	水族館 (aqua- は「水」)
auditorium	講堂 (audi- は「聞く」)
cinerarium	納骨所 (ci- は「灰」の意)
crematorium	火葬場 (cremate 焼却する)
emporium	中央市場〔ギリシャ語の emporion (= market) からきた〕
planetarium	プラネタリウム (planet- は「惑星」)
sanatorium	療養所 ((米) sanitarium)
dormitory	寮、寄宿舎 (dorm は「眠る」)
laboratory	実験室 (labor + tory)
lavatory	洗面場、手洗所 (lavat は「洗う」)
observatory	観測所 (observe 観測する)
purgatory	煉獄 (cf. purge、ダンテの回ったところ)
territory	領地 (terr は「土地」)
pantry	食料貯蔵室 (pánis は bread (パン))
refinery	精練所 (refine 精練する)
vinery	ぶどう園 (vine から wine がとれる)

loveli*ness* ＝愛らしさ

★ loveliness の -ness は、形容詞について名詞をつくり、「性質」、「状態」を表わす。goodliness（りっぱ）、kindliness（やさしさ）など、まれには up-to-dateness（最新式、当世ふう）のように複合形容詞につく。

★ -ment も名詞語尾。improvement（改良）、statement（声明）など、なかには garment（衣服）のように具象名詞もつくる。

★ このほか -mony がある。やはり「結果」、「状態」、「動作」を表わす。harmony（調和）など好例。acrimony（しんらつさ）もこの仲間。

形容詞+ness=名詞

lovely+ness=loveliness（愛らしさ）

up-to-date+ness=up-to-dateness（最新式）

bitterness	にがさ (bitter にがい)
dimness	おぼろなこと (dim うす暗い)
fairness	公明正大 (fair 公平な)
get-at-ableness	手に入れることができること (get-at-able)
matter-of-factness	無味乾燥 (matter-of-fact)
nearsightedness	近視 (near-sighted 近視の)
shabbiness	見すぼらしいこと (shabby みすぼらしい)
ugliness	醜さ (ugly 醜い)
argument	議論 (argue 明らかにする)
betterment	改善 (better にすること)
equipment	装備 (equip そなえる)
enchantment	魅惑 (enchant 魅惑する)
imprisonment	監禁 (prison に入れること)
merriment	陽気なこと (merry から)
nourishment	栄養物 (nourish + ment)
ornament	装飾 (decoration の意)
punishment	罰 (punish 罰する)
sacrament	聖典 (sacred 神聖な)
hegemony	覇権 (hege + mony)

man*ly* =男らしい

★ -ly はふつう beautifully（美しい）のように副詞を作るといわれているが、**manly**（男らしい）、**friendly**（友人らしい）のように名詞について形容詞をつくることもある。

★また kind → **kindly**（やさしい）、sick → **sickly**（病的な）のように形容詞について「……の傾きがある」の意の別の形容詞の場合もある。ただふつうの場合、形容詞につけば副詞となる。They lived happily ever after.（それから二人は幸福に暮らした。めでたしめでたし）。

★ -ly は、-like より内面的。たとえば **godly**（信仰あつい）と **godlike**（神に似た、威厳のある）のごとし。

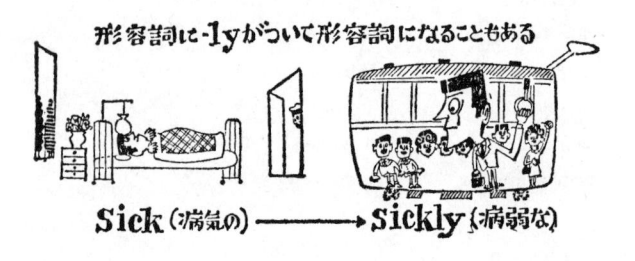

形容詞に -ly がついて形容詞になることもある

sick（病気の） ——→ **sickly**（病弱な）

bodily	体の〔副詞なら「体ごと」〕
comely	顔立ちのととのった〔「集まる」の come ではない〕
deadly	致命的な〔deadlike 死のような〕
earthly	地球の〔earthy 土の〕
heavenly	天の〔~ body 天体〕
weekly	毎週(の)、週刊誌〔week + ly〕
worldly	この世の、世俗的〔~ wisdom 世才〕
economically	経済的に〔economicly とはいわない〕
hardly	ほとんど……ない〔hard はげしく〕
hourly	一時間ごとの〔hour + ly〕
nearly	ほとんど〔near(近い)+ ly〕
presently	まもなく〔「現在に」ではない〕
rarely	めったに……ない〔rare まれに〕
remarkably	目立って〔< remarkable〕
soundly	健全に、ぐっすり〔sleep ~ 熟睡する〕
totally	すっかり〔< total〕
truly	本当に〔truely ではない、Yours Truly は手紙の結びの文句〕
typically	典型的に〔typical 典型的な〕
yearly	一年ごとの〔副詞にもなる〕

medal*ist* ＝メダル受領者

★ medalist（メダル受領者）の -ist は「……する人」、atheist（無神論者、a- = not）、communist（共産主義者）のような「主義者」、antagonist（敵対者）のような「行為者」、さらに scientist（学者）、pianist（ピアニスト）、typist（タイピスト）のような「学者」、「演奏家」、「技術者」などを表わす。

★少し形が変わって -ast となる場合もある、enthusiast（熱心家）のように。

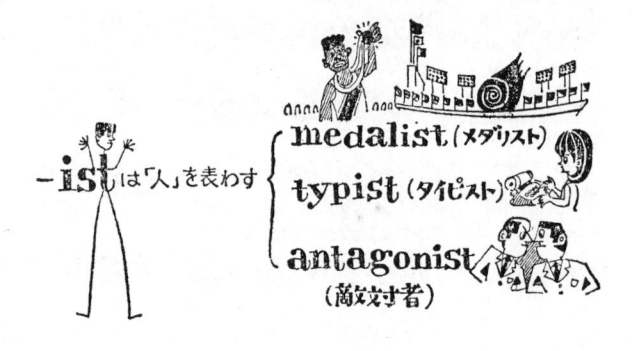

baptist	洗礼を行なう人 (baptism 洗礼)
botanist	植物学者 (< botany)
economist	経済学者 (< economy)
egoist	利己主義者 (ego = self)
egotist	自分本位の人 (egoist とはちがう)
essayist	随筆家 (随筆は essay (「試みる」意から))
extremist	過激論者 (extreme 極端の)
fatalist	運命論者 (< fate 運命)
ideologist	観念論者 (< idea 観念)
marxist	マルクス主義者 (< Marx、発音は ⟨máːksist⟩)
materialist	物質主義者 (< material)
monopolist	独占者 (monopoly)
motorist	自動車運転者 (< motor car)
nationalist	国家主義者 (< nation)
nudist	ヌーディスト (< nude)
opportunist	日より見主義者 (opportunity (機会) を見る人)
pugilist	拳闘家 (< pugnus げんこつ)
socialist	社会主義者 (< socialism)
gymnast	体操教師 (< gymnastics)
iconoclast	偶像破壊者 (< iconoclasm)

mixture ＝混合

★現代はミックス時代であると、ある批評家はいった。なるほど、コーヒー、織物糸をはじめ、いろんなものが mix されつつ衣食住の革命が行なわれていく。その mix からきた **mixture**（混合）からわかるように、-(t)ure は動詞について「性質、状態」を表わす名詞をつくる。

★ honesty（正直さ）、discovery（発見）のように、形容詞、あるいは動詞に y をつけて名詞ができる。この反対に、名詞に y をつけて形容詞を作ることもある。bony（骨ばった）、icy（氷の）など。

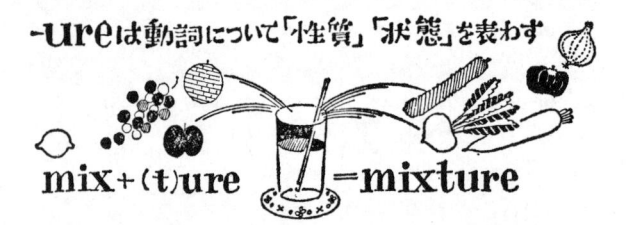

-ure は動詞について「性質」「状態」を表わす

mix + (t)ure = mixture

censure	非難 (census 国勢調査)
composure	落着き (< compose)
creature	創造 (< create)
departure	出発 (< depart)
exposure	暴露 (< expose)
failure	失敗 (< fail)
furniture	家具 (動詞は furnish)
overture	序曲 (overt (= open) + ure)
picture	絵 (< pingere (= paint))
prefecture	県 (prefect (奉行) + ure)
pressure	圧迫 (< press)
difficulty	困難 (< difficult)
honesty	正直 (< honest)
jealousy	嫉妬 (< jealous)
modesty	謙遜 (< modest)
delivery	配達 (< deliver)
discovery	発見 (< discover)
flattery	おせじ (< flatter)
mastery	支配 (< master)
recovery	回復 (< recover)

passion*ate* ＝情熱的な

★ passion（情熱）に -ate がつくと（情熱的な）の意になる。このように -ate は、名詞について「状態」を表わす形容詞を作る。separate（分離した）、fortunate（運のよい）、affectionate（愛情ある）など。

★形容詞語尾には、ほかにも -an、-ian がある。これらは名詞にもなる。American（アメリカ人）、Russian（ロシア人）など。

★また economy から economic、economical（経済的な）となるように、-ic、-al などもこのグループ。

★なお、-ate は「……にする」の意の動詞語尾にもなる。insulate は「島にする」から（孤立させる）。

consummate	完成した〔summus = highest〕
desolate	荒れはてた〔一人 (sol) 取り残された の意〕
fascinate	魅する〔fascination 魅力〕
Brazilian	ブラジルの人〔< Brazil〕
Cuban	キューバの〔～ boys など〕
Lesbian	レスビアン〔同性愛者の詩人 Sappho の生地が Lesbos 島〕
suburban	郊外の〔suburb 郊外〕
comical	こっけいな〔= comic〕
historical	歴史的な〔history 歴史〕
proprietorial	所有の〔～ rights 所有権〕
demarcate	境界を画す〔mark 印〕
concatenate	鎖状につなぐ〔catena 鎖〕
emulate	張り合う
felicitate	幸福にする〔felix = happy〕
invigorate	活気づける〔vigor 活力〕
irritate	いらいらさせる
isolate	孤立させる〔insulate の姉妹語〕
proportionate	つり合わせる〔proportion つり合い〕
luxuriate	繁茂する〔luxury ぜいたく〕
negate	否認する〔negation 否定〕

patri*ot* ＝愛国者

★ -ot には、**patriot**（愛国者）のように「人」を表わすものと、parrot（おうむ）（= little Peter）のように「小さい」という意味のものがある。

★ monger は「商う人」の意。**cheesemonger**（チーズ屋）、**gossipmonger**（他人の噂をして回る人）など。

★ work の過去形はふつう worked だが、「細工物などをする」という意味の場合は wrought となる。wright はこの親類で、「作る人」、「……工」の意である。**waggonwright**（車大工）。

★ -ive、-iff、-ite なども人を表わす。**captive**（捕われの→捕虜）。**plaintiff**（原告）の -iff は -ive からきている。

idiot	ばか、間抜け〔idios（独特な）から〕
helot	スパルタの農奴〔Helos（ラコニヤの町）の住民がスパルタの奴隷になった〕
zealot	熱中者〔zeal 熱意〕
harlot	売春婦〔har + lot〕
maggot	うじ〔flesh worm の変形らしい〕
costermonger	果物売り〔costard 大リンゴ〕
fishmonger	魚売り〔fisherman 漁師〕
ironmonger	（英）鉄器商〔steel 鋼鉄、iron 銑鉄〕
newsmonger	人の噂をまく人〔news + monger〕
scandalmonger	悪い噂をまく人〔scandal 中傷〕
cartwright	車大工〔cart + wright〕
millwright	水車大工〔mill + wright〕
playwright	劇作家〔= dramatist〕
shipwright	船大工〔= shipworker〕
wheelwright	車輪大工〔wheel + wright〕
fugitive	逃亡者〔fugit = flee〕
operative	職工〔< operate〕
cosmopolite	世界主義者〔cosmos 宇宙、世界〕
Labourite	労働党員〔labourer 労働者〕
hermit	世捨て人〔= anchoret〕

pocket ＝ポケット

★ pocket の pock は bag の意。pouch（小袋）も同類。この -et や cigarette（たばこ）の -ette は「小」の意。コロッケもフランス語の croquette から。

★ -ette には、「まがい」の意もある。brunette（浅黒い美人）も brown（褐色）から来たもの。男性なら brunet。

★ -ette は「女性」も表わす。俗語で typette（女タイピスト）、undergraduette（女子大生）など。

★ booklet（小冊子）の -let は -l と -et との二重接尾辞だからいよいよ小さいわけ。

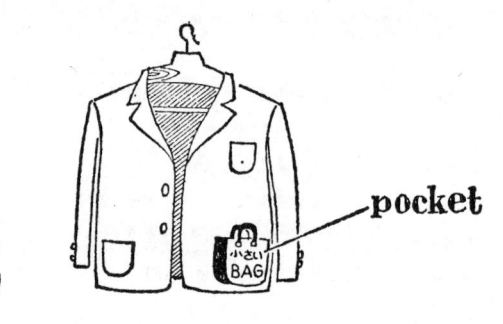

bidet	ビデー〔女性洗浄器、寝室用だから小さい〕
bullet	小銃弾〔bull には「牡牛」の意もある〕
cabinet	小室〔cabin (船)室〕
floweret	小さな花〔flower + et〕
hamlet	山村〔ham は home、シェークスピアの Hamlet もこの意〕
hatchet	手斧（ておの）〔hatch（おの）+ et〕
kitchenette	小台所〔独身アパートなどの〕
leaflet	ちらし〔leaf は「葉」から、「一枚の紙」〕
leatherette	模造の皮〔ette は「まがいの」の意〕
novelette	短編小説〔novel 小説〕
packet	小包〔pack（荷物）から〕
pincette	ピンセット〔pinch は「つまむ」の意〕
rivulet	小川〔river の小さいもの、streamlet も「小川」〕
rocket	ロケット〔円筒形から〕
sonnet	十四行詩〔＜ son 音〕
toilet	化粧、洗面所〔toile は「化粧用小布」〕
toilette	女性の化粧〔入浴、結髪、着衣 etc.〕
wavelet	さざ波〔wave + let〕

poison ＝毒

★ poison の -son は「状態」、「動作」などの意味を表わす節尾辞。reason（理由）もラテン語 reri (= think) に -son がついたもの。

★ -ation、-tion、-sion、-ion などみな -son のグループ。create からは creation（創造）、civilize なら civilization（文明）というぐあい。ほかにも addition（たし算）、reduction（引き算）、multiplication（掛け算）、division（割り算）などみなこの仲間。

appreciation	鑑賞〔appreciate から〕
compensation	償い〔心理学用語では（補償行為）〕
decision	決心〔decide の名詞形〕
definition	定義〔give a ～　定義を下す〕
description	描写〔describe の名詞形〕
inclusion	包含〔include の名詞形〕
inflexion	曲折〔inflect 曲げる〕
introduction	紹介〔introduce の名詞形〕
invitation	招待〔invite 招待する〕
occupation	仕事〔occupy の名詞形〕
omission	省略〔omit の名詞形〕
opinion	意見〔opine（意見を述べる）から〕
oration	式辞〔formal address の意〕
orientation	方針の決定〔orientate の名詞形〕
plantation	農園〔plant からきた語〕
repetition	反復〔repeat の名詞形〕
retention	保有〔retain 保有する〕
supposition	想像〔suppose から〕
suspension	不安、つるすこと〔suspend（掛ける）から〕
treason	裏切り〔give over の意から〕

read*able* ＝読める

★ able や ible は、readable（読める、おもしろい）、unthinkable（考えられない）、visible（見える）、audible（聞こえる）など動詞、名詞について「できる」、「しやすい」、「適する」の形容詞となる。

★ eatable と edible はどちらも（食べられる）。eatables（食料品）。

changeable	変わりやすい〔女心と秋の空など〕
comfortable	居心地よい〔発音は⟨kʌ́mfətəbl⟩〕
controllable	支配できる〔control 支配する〕
drinkable	飲める〔「この酒は……」など〕
educable	教育できる〔長くなるので educatable としない〕
enviable	うらやましい〔envy うらやむ〕
favorable	好意のある〔~ answer 色よい返事〕
habitable	住める〔埴生(はにゅう)の宿も……〕
horrible	身の毛のよだつ〔terrible よりひどい〕
incomparable	比較できない〔ほどリッパ〕
inevitable	避けられぬ〔evitable 避けられる〕
irresponsible	無責任な〔ワシャ知らぬ〕
laughable	笑うべき〔愚行など〕
lovable	愛すべき〔~ girl カワイコちゃん〕
marketable	売れる〔salable とも〕
marriageable	結婚適齢期の〔~ girl、~ chimpanzee〕
movable	動かせる〔movables 家具、動産〕
portable	持ち運びできる〔ラジオ、タイプライターなど〕
taxable	課税しうる〔香奠(こうでん)など〕
unforgettable	忘れられない〔うらみなど〕
unspeakable	なんともいえない〔~ beauty など〕

rival ＝競争相手

★ **rival**（競争相手）は「川の両岸に住む人」の意味で、魚の取り合いなどでけんかをしたことによる。もっとも今日では、対象が美人や席次に変わったが。この rival でもわかるように -al は、名詞をつくる接尾辞である。**funeral**（葬式）、**arrival**（到着）のように。

★ また、nation が **national** に、center が **central**（中心の）になるように、形容詞を作ることもある。

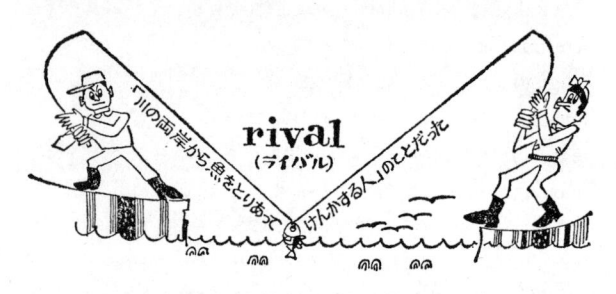

acquittal	釈放〔< acquit 放免する〕
approval	賛成〔< approve 賛成する〕
bestowal	授与〔< bestow 授与する〕
betrayal	裏切り〔< betray 裏切る〕
burial	埋葬〔< bury 埋める〕
denial	拒否〔< deny 拒否する〕
dismissal	解雇〔< dismiss 解雇する〕
disposal	処分〔< dispose 処分する〕
formal	正式の〔< form 形式〕
gradual	徐々の〔< grade 度合い〕
legal	合法の〔< lex (= law)〕
loyal	忠実な〔legal の姉妹語〕
proposal	申込み〔< propose 申し込む〕
rehearsal	リハーサル〔rehearse 下げいこする〕
removal	移転〔< remove 移転する〕
renewal	更新〔re + new + al〕
revival	復活〔< revive 復活する〕
ritual	(宗教的) 儀式〔< rite 儀式〕
survival	生残り〔survival of the fittest 適者生存〕
temporal	一時的な〔tempo「時の」の意〕
trial	試み〔< try 試みる〕
withdrawal	撤退〔< withdraw 撤退する〕

seam*less* ＝縫いめのない

★ seamless stocking（シームレスストッキング）の -less は「……がない」である。childless（子どものない）、moneyless（金のない）、parentless（親のない）などであるが、countless, numberless などは、「勘定のない」、「数のない」ではなく、(数えられないほど多い)、(数えきれぬ) という意味である。「ない」どころではない。

★ valueless は、(価値のない = worthless) で、invaluable のほうが、(値がつけられぬほど貴重な = priceless) である。

★ 逆に beautiful の -ful は、full（いっぱい）で、「美がいっぱい」つまり「美しい」。

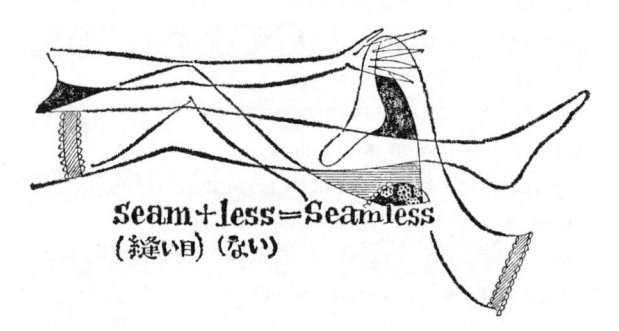

seam + less = seamless
(縫い目) (ない)

careless	不注意な〔care（注意）のない〕
cheerless	陰気な〔cheer 陽気さ〕
dauntless	大胆な〔< daunt 恐れさせる〕
endless	終わりのない〔end 終わり〕
fadeless	色があせない〔< fade 色あせる〕
fearless	恐れない〔< fear 恐れ〕
guileless	正直な〔guile（悪だくみ）をしない〕
homeless	家もない〔～ child など〕
penniless	無一文の〔penny（ペニー）小額の金〕
regardless	注意せぬ〔< regard 注意する〕
relentless	情けようしゃのない〔< relent ゆるす〕
resistless	抵抗しがたい〔< resist 抵抗する〕
restless	おちつかない〔< rest 落着き〕
tireless	疲れを知らぬ〔< tire 疲れる〕
forgetful	忘れっぽい〔< forget 忘れる〕
harmful	有害な〔< harm 害〕
shameful	はずかしがりの〔< shame 恥〕
thoughtful	思慮深い〔thought（思慮）がいっぱいの〕

servant ＝召使い

★ servant（召使い）、student（学生）のように -ant、-ent は、動詞について名詞「……する人」を表わす。

★ また pleasant（愉快な）、excellent（卓越した）のように動詞について形容詞を表わすこともある。この -ant はもとは動詞の分詞形なのだが、-ing のほうがずっと動詞的要素が濃い。servant と serving（仕えること）のように。

★ このほか、-ate も pirate（海賊）のように「人」、「職務」などを示す。

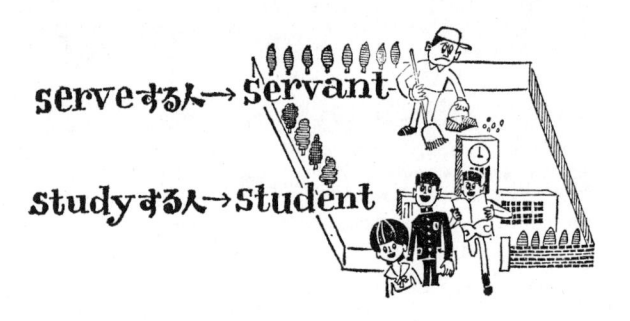

serveする人→servant

studyする人→student

applicant	志願者〔< apply〕
assistant	助力者〔< assist〕
consultant	相談相手〔< consult〕
dependant	扶養家族〔< depend〕
descendant	子孫〔< descend〕
pendant	たれ飾り〔< pend〕
patient	患者〔pati = suffer〕
remnant	残り〔< remain〕
resident	居住者〔< reside〕
solvent	溶剤〔< solve〕
tyrant	暴君〔Nero のような〕
apparent	明らかな〔< appear〕
benignant	好意の〔beni = good、gnant = born〕
malignant	悪意の〔mali = bad〕
consistent	一致（一貫）した〔< consist〕
dormant	眠りの〔< dorm = sleep〕
persistent	しつこい〔< persist〕
consulate	領事館〔< consul 領事〕
delegate	代表者〔代表に選ばれた人〕

silencer ＝消音装置

★ silencer は、映画『007』でおなじみになった（消音装置）。この -er は「器械」、「物」を表わす。これを知らないと「沈黙者」ともしかねない。

★ remote-controller（リモコン装置）、車の bumper、counter（勘定台）など。また、野球の homer（ホームラン）、grounder（ゴロ）のように「動き」を示すものもある。

★ -er が、ほかに「……する人」を表わすことはいうまでもない。crammer（詰込み主義の先生）、hitchhiker（ヒッチ・ハイカー）、cinemagoer（映画ファン）など。

backhander	逆手打ち〔back（後ろ）+ hand（手）+ er（動き）〕
bench warmer	予備選手〔ベンチをあたためる人〕
can-opener	カン切り〔イギリスでは tin-opener〕
cheerleader	応援団長〔cheer かっさい〕
commuter	定期通学（通勤）者〔定期券＝ commutation ticket〕
computer	計算機（electronic 〜　電子計算機）
creeper	つる（←はいまつわるもの。注、つたは ivy）
eavesdropper	立ち聞きする人〔軒下でこっそり……〕
eyeopener	朝酒、大事件〔はっと目がさめる〕
feeler	触角（＝ antenna）
girder	けた、ガード〔しっかりけた構えをしたもの〕
cake-eater	プレイボーイ〔どの cake がおいしいかな……〕
hamburger	ハンバーグステーキ〔もとは「ハンブルク産のもの」〕
pepper caster	こしょう瓶〔こしょうをふりかけるもの〕
pub crawler	はしご酒する人〔pub ＝ public house 酒場〕
ragpicker	再生資源回収業〔rag ぼろ、rug 敷物〕
social climber	立身出世を狙う人〔なんとかコネを利用して……〕
stargazer	星を眺める人、（俗）女優に見とれる人〔＜ gaze 見つめる〕
sucker	乳飲み児、吸盤、だまされやすい人〔＜ suck　吸う〕
tongue twister	舌もつれ〔ボーズがビョーブに……〕

solitude＝孤独

★ solitude の -tude は、「性質」、「状態」を示す抽象名詞を作る。latitude（緯度）などもそうで、高度、緯度などというときの「度」、「広さ」などの「さ」に相当する場合が多い。

★ cruelty（残酷）のように、-ty は形容詞について抽象名詞を作る。safely（安全）は、もちろん safe の名詞形。道路のまんなかにある一段高い safely island（安全地帯）も、いまやかならずしも安全ではない。また、-ty は、sober（酒に酔っていない）のような語にもつき、sobriety（節酒、まじめ）という形になることもある。

latitude（緯度）

-tude は「性質」「状態」を表わす

solitude（孤独）

altitude	高度〔alt はラテン語、high の意〕
amplitude	広さ〔amplus = large〕
aptitude	適切さ〔apt 適切な〕
attitude	態度〔aptitude と同語源〕
fortitude	がまん強さ〔fortis = strong〕
magnitude	大きさ〔magnus = great〕
servitude	どれい状態〔servus = slave〕
promptitude	敏速〔prompt 速い〕
quietude	静けさ〔quiet 静かな〕
certainty	確実〔certain 確かな〕
crudity	粗野〔crude 粗野な〕
eternity	永遠性〔eternal 永遠の〕
loyalty	忠節〔loyal 忠義の〕
oddity	奇妙〔odd 妙な〕
property	財産〔proper〔固有の〕から〕
propriety	礼儀〔proper〔適当な〕から〕
futurity	未来〔future〔未来〕と同義〕
futility	無用〔futile 無益の〕
dignity	威厳〔dignus = worthy から〕

4 人名・地名など による記憶術

この章の読み方

　Apollo（アポロ）は石油で、Hermes（ヘルメス）はジンと思う人はいないだろうか。どちらも、ギリシャ、ローマ神話の神である。(Earl of) Sandwich（サンドイッチ）は、トランプ好きの伯爵の名まえで、この男、賭け事があまりおもしろくて、途中でやめるのがいやさに、パンに野菜やハムをはさんだ軽便食を発明した。虎は死んで皮を残し、大臣はやめて駅を残し、gambler 貴族は、食べ物の名まえを残した。

　Newton の ton は town（町）のくずれ。burg (borough) は「町」の意である。町の人──町人（市民）が金をもつようになるにつれて、市民社会も強力になり、bourgeoisie（ブルジョアジー）となった。金持ち階級というけれど、もとは町人である。

Edinburgh（エディンバラ——スコットランドの都市）にも、この burg がはいってくる。

　standin だとか、get-at-able のような合成語がどんどんできるのも、今日の傾向。

　twist や wrist, wring など、いかにも「ねじれる」感じがする。oomph からは、「プープカ、プープカ」という楽隊の吹奏(すいそう)が聞こえてくるし、whisper（ヒソヒソ）は試験場の最後部特別席や、たそがれの公園を連想させる。これら神話の神さまの名まえ、人名・地名から来た単語、動詞＋副詞などの合成語、音感で意味を推理できる単語などによる記憶術が、この章である。

animal ＝動物

★ animal（動物）はラテン語の anima（生命）からきた語で、この仲間にはテレビでおなじみの animation（動画）や木石にも霊魂があるという animism（物活論）などがある。

★動物には、ほかに beast、brute という語がある。beast には「あさましさ」、brute には「残忍さ」のニュアンスがある。

★ avian（鳥類の）と使うように avi は「鳥」の意。aviator は（飛行家）である。augur（占い師）も形は変わるが avi からきている。むかしローマで公職につくまえに鳥の飛ぶさまや鳴きぐあいから占いをたてたから。auspice（吉兆）もこの仲間。

animate	生気ある〔↔ inanimate 生気のない〕
animosity	憎悪〔心にいっぱいふさがるもの〕
magnanimity	度量の大きいこと〔magn (大) + anim (心) + ity〕
magnanimous	度量の大きい〔magn + animous〕
pusillanimous	おくびょうな〔pusillus = little 心の小さい〕
pusillanimity	おくびょう〔-ity は名詞語尾〕
unanimous	異口同音の〔同じ「いき」の〕
bestial	獣的な〔< beast〕
brutal	残忍な〔< brute〕
aviary	鳥の檻(おり)〔= bird cage〕
aviculture	鳥飼い〔culture 飼うこと〕
aviation	航空〔avi (鳥) + ation〕
aviatrix	女流飛行家〔aviatress ともいう〕
avigation	航空〔aviation + navigation〕
auspicious	前兆のよい〔占いが吉とでた〕
inauspicious	不吉な〔in- = not〕
inaugurate	新任式をあげる〔← augur 公職につくまえに占った〕

Apollo ＝アポロ（日の神）

★アポロは石油で、ヘルメスはジン（酒）だといった人がいる。Apollo は（太陽神）。Hermes は（商業の神）、ローマ神話の Mercury に相当する。merchant（商人）はここからきた。

★同一の神でこのようにローマとギリシャで名が違うものは多い。Aphrodite（ギ・愛と美の神）と Venus（ロ）など。それにしても、この Venus が変じて venereal（性病の）とは。venereal disease（性病）は、V. D. と略す。終戦当時アメリカの進駐軍がこの略称をいかがわしい家につけた。装飾と誤解して、自分で自分の家に書いた人もあった。

ローマ神話の
Mercury から **merchant**
（商業の神）　（商人）

mercury	水銀〔Mercury「水星」の意もある〕
Merchant of Death	死の商人〔戦争などを食いものにする〕
merchantman	商船〔= trading ship〕
merchandise	商品〔-ise は名詞語尾〕
mercantile	商業主義の〔Mercury（ローマ神話）から〕
commerce	商業〔　〃　〕
commercial	商業の、広告放送〔コマーシャルはすでに日本語〕
venerate	尊敬する〔Venus (love) 愛と美の女神、ギリシャ名 Aphrodite〕
veneration	尊敬〔-ion 名詞語尾〕
aphrodisia	性欲過度〔< Aphrodite 愛の神〕
cupidity	貪欲〔< Cupid〕
erotic	性愛の、色情的〔Cupid のギリシャ名は Eros、Venus の子で恋愛の神〕
eroticism	エロチシズム、好色性〔< Eros〕
erotism	異常な性的興奮〔< Eros〕
erotomania	色情狂〔mania 熱狂〕
martial	武勇の〔Mars は「戦の神」、「火星」の意もある、ギリシャ名 Ares〕
Martian	火星人〔< Mars〕

beef＝牛肉

★ beef は、フランス語からきている。イギリスが the Norman（ノルマン人——フランスのノルマンジー地方の人）に征服されたとき、イギリス人は、「ノルマン人は beef、veal（子牛の肉）、mutton（羊肉）、pork（豚肉）を食う。それにひきかえ、自分たちは、ox（雄牛）、cow（雌牛）、sheep（羊）、pig（豚）——いずれも本来の英語——を飼うだけだ。」といって、飼うだけで、その肉を食べられない被征服民の境遇を嘆いた。

★ 家畜のなかでも、「馬」は、花やかな存在である。つねに貴族、騎士とともにあった。馬はラテン語で caval、cavalier（騎士）。ギリシャ語では hippos、だから hippopotamus は（河馬）。potamos は、ギリシャ語で「川」の意。

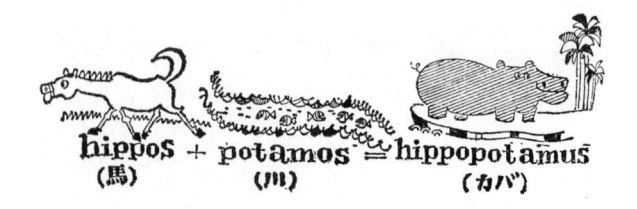

hippos ＋ potamos ＝ hippopotamus
（馬）　　（川）　　　（カバ）

bovrilize	せんじつめる〔bovril 牛肉エキス〕
Oxford	オックスフォード〔oxen を洗う ford（浅瀬）〕
beefeater	英国王の番兵〔牛肉をたらふく食べて血色がよいから〕
beefsteak	ビーフステーキ〔steak 焼く〕
macon	羊肉〔mutton + bacon〕
muttonchop	骨つき羊肉切り身〔chop 切りきざむ〕
pigsty	豚小屋〔sty きたない場所〕
pigtail	弁髪（中国人の）、おさげ髪〔豚のしっぽ〕
porcupine	山あらし〔「とげのある豚」の意〕
porpoise	イルカ〔海の豚〕
calf	子牛〔(pl.)calves〕
cavalcade	騎馬行列〔cade（行く）の意〕
cavalierly	騎士らしく〔-ly は副詞語尾〕
cavalryman	騎兵〔cavalry + man〕
hippocampus	海馬〔神話の sea-monster 海の怪獣〕
hippogriff	馬の体と鷲（わし）の頭と翼の怪物〔ギリシャ神話〕
hippodrome	（古代ギリシャの）競技場〔drome = race〕
bovine	雄牛の（ような）〔beef と同じ語源〕

bourgeois ＝ブルジョア

★金持ちのことを bourgeois というが、これは borough（自治都市）の市民の意。Edinburgh（エディンバラ）、Canterbury（カンタベリー）、ドイツの Hamburg（ハンブルク）などみなその名残り。

★Boston は town から、Birmingham（バーミンガム）の ham は home で、アメリカの地名 Nashville の ville は village から。

★綿業で有名なイングランドの Lancashire には shire（州）の名残りがある。

★西部劇でおなじみの sheriff（保安官）もここから。

burgomaster	市長〔オランダ、ドイツなどでの呼称〕
bourgeoisie	ブルジョア階級〔bourgeois は一人〕
Charleston	チャールストン〔ton は town から〕
proletarian	プロレタリア(の)〔古代ローマで「最下層民」を意味した〕
proletariate	プロレタリア階級
hamburger	ハンバーグ・ステーキ〔Hamburg で始まった〕
citizenship	市民権〔ship は「資格」を示す〕
townspeople	町の人びと〔town + people〕
villager	村民〔hamlet < village < town〕
villain	悪漢〔元来、farm servant だった〕
villainy	極悪〔-y は名詞語尾〕
county council	州会〔イギリスでのみ使う〕
homely	質素な〔= plain〕
homespun	手織りの〔spun 紡いだ〕
homestead	自作農場〔stead は place の意〕
homestretch	最後の直線コース〔home + stretch〕
homey	気のおけない〔わが家のように〕
mayor	市長〔major 陸軍少佐〕
mayoralty	市長の職〔「メイヨである」と覚えよ〕

breakfast = 朝食

★ fast は（断食）、夜の間の断食を破る（break）から、**breakfast**（朝食）である。昔は、He broke his fast. のように使ったが、現在は切り離せない一語となった。break neck（首を折る）という、動詞と目的語の名詞とを合わせて **breakneck**（危険な）という生き生きした語を作ることができる。breakneck drive とは首の折れそうな（危険なドライブ）。このような動詞＋名詞による造語には **passport**（パスポート）、**telltale**（告げ口する人）など、いろいろある。

★ また、**daybreak**（夜明け）のように、名詞＋動詞の形の合成語もある。

夜の間の断食(fast)を破る(break)＝breakfast(朝食)

breakwater	防波堤〔水をbreak（さえぎる）する〕
cutpurse	すり〔pickpocketのほうが芸術的〕
catchword	標語〔catch（人を捕える）＋word（言葉）〕
catchpenny	見せかけだけの〔catch＋penny〕
grindstone	回転砥石（といし）〔grind＋stone〕
killjoy	（宴会などで）陰鬱な人〔喜びを殺す人〕
stickpin	ネクタイピン〔宝石などの飾りのついた〕
turntable	レコードの回転盤〔tableを回す〕
turnkey	監獄の番人〔turn（回す）＋key（鍵）〕
godsend	思いがけぬ幸い〔god（神）＋send（送る）〕
breathtaking	はらはらさせる〔息を奪うような〕
faultfinding	あらさがしをする〔fault（欠陥）＋find＋ing〕
hairsplitting	あげ足をとる〔hair＋split＋ing〕
nightfall	日暮れ〔night＋fall〕
playgoer	観劇好きの人〔play（芝居）＋go＋er〕
spellbound	呪文にしばられた〔spell（呪文）＋bound（bindの過去分詞）〕
waterfall	滝〔water（水）＋fall（落ちる）〕

Cock =ちくしょう！

★感嘆詞 Cock は God の代用。ほかにも Cod、Cot、Cut、Cog、Od、などになる。

★Jesus（ひゃー）、Heaven（しまった）など、聖者、神さまは、よく感嘆詞として使われるが、不敬を避けて God、Jesus などを省略することが多い。あるいは Goodness! くらいにやわらげたり、My God!（おやまあ）を My! だけにしたりする。

★swear-words（のろいの言葉）のうちでも、damned（いまいましい）は意味が強いので、しばしば d—d ⟨diːd、dæmd⟩ と書かれる。喜怒哀楽が英語で表現できれば、あなたの英語も一人まえ。

hush	シッー〔静かに静かに〕
bravo	えらいぞ〔イタリア語、good、well done の意〕
hurrah	万歳〔プロシャ兵の勝ちどきのはやし声だった〕
huzza	万歳〔もとは、水兵の挨拶の語といわれる〕
hei	やあ〔Hei, you, やあ、おめえ〕
heigh-ho	あーあ、やれやれ〔驚き、喜び、疲労、退屈〕
pshaw	ふん〔軽蔑、じれったさ〕
fiddlesticks	ばかばかしい〔= nonsense〕
fiddle-de-dee	ばかな〔de-dee は意味のない添え語〕
fee-faw-fum	おばけー！〔『ジャックと豆の木』の巨人の言葉〕
confound him	この野郎
the devil	畜生〔deuce、dickens などともいう〕
Birlady	〔by our Lady の短縮語〕
Lor	〔Lord の略、ほかに Lud、Lawk などという〕
My eye	おやおや〔My dear ともいう〕
gee	シェー〔Jesus のこと、Jee ともいう〕
hoo-choo	ハックション〔日本人のくしゃみとちがうのかな〕
ouch	痛い！〔日本語でもアウチという〕
bloody	くそいまいましい〔blood から〕
hell	畜生〔Go to hell！ くたばっちまえ〕
marry	まあ！〔the Virgin Mary から〕

dark horse = ダークホース
（意外に有力な競争相手）

★ dark horse を、まさか、黒い馬と訳す人はないだろうが、white elephant となるとちょっとむずかしい。インドやビルマで国王がきらいな臣下をこまらせるときに白象をあたえたことから（ありがた迷惑、もてあまし物）の意味となった。

★ また、fox sleep（そら寝）などのように fox を sly（ずるい）の比喩として使うことがある。

the Great Bear	大熊座
cat's-paw	手先〔猿が焼栗をつかみ出すために猫の手を利用したという『イソップ物語』から〕
dog-in-the-manger	いじわる〔食えないくせにかいば桶の中でがんばって、吠えて牛にやらなかった犬の話から〕
rain cats and dogs	雨がどしゃぶりに降る
cat's-eye	猫目石〔日に当たると猫の目のように色が変わる〕
dog-ear	本のすみの折れ目〔犬の耳に形が似ているから〕
foxglove	(植物)ジギタリス〔葉は心臓病にきく〕
lion's share	最大のわけまえ、うまい汁〔『イソップ』から〕
lion's skin	から元気、にせ勇気〔ロバが獅子の皮をかぶっていばった話から〕
mousetrap	ねずみ取り〔trap わな〕
guinea pig	モルモット〔guinea イギリスの金貨〕
pigeon-hole	書類だな〔鳩の出入り穴のように整然とした〕
pigtail	おさげ、弁髪〔中国の清朝時代の髪形〕
stag-party	男ばかりのパーティ〔stag 雄鹿〕
stray sheep	迷える羊、ぐれた子ども〔漱石『三四郎』でおなじみ〕
cry wolf	虚報を伝える〔狼だ！　と嘘をついた少年の話から〕
wolf in a lamb's skin	偽善者〔外は小羊、内は狼〕
cowslip	キバナクリンソウ(植物)〔ロマンチックなようだが、じつは cow dung (牛のくそ) の意〕
cowpuncher	カウボーイ (cowboy) のこと
black sheep	一家のもてあまし者〔白い群れの中に一匹だけいた黒い羊〕

Derby =ダービー

★ Derby（ダービー）は土地の名まえではなく、発案者 Derby 伯の名からきた。Caesarian operation（帝王切開）もシーザーが開腹によって分娩されたことからきている。

★ watt（ワット）、ohm（オーム）、volt（ボルト）、farad（ファラード）などの科学用語は、みなその発見者名である。

Arctic	北極洋〔arktos(大熊座、北斗星)のある付近〕
ascot	(幅広)タイ〔女王臨席の競馬場 Ascot〕
silhouette	シルエット、影絵〔フランスの蔵相 Silhouette が、大節約政策をとったのを、あざけって〕
bloomer	ブルーマー〔考案者アメリカ人 Mrs. Bloomer〕
buncombe	人気取り演説〔それをやったアメリカ人代議士〕
sardine	いわし〔Sardinia 島付近でよくとれる〕
mackintosh	ゴム引き防水外套〔発明者 Mackintosh から〕
meander	曲がりくねって流れる〔小アジアの Meander 川から〕
tantalize	じらして苦しめる〔秘密を知らした罪で、水を飲もうとすると水がひき、果物を食おうとするとすっと退く罰をうけた Tantalus から〕
giant	巨人〔オリンポスの神々と戦って負けた巨人族〕
gigantic	巨大な〔giantic ではない〕
procrustean	暴力的な〔捕えた人を鉄の寝台にねかせて、長すぎると切り、短いとのばした Attica の強盗 Procrustes から〕
protean	一人数役を演じる〔変幻自在の姿をし、予言力をもつ海神 Proteus から〕
stentorian	大声の〔五十人分の声量のあったギリシャ軍の布告人 Stentor から〕
hector	いじめる〔トロイの勇士 Hector から〕
Julian calendar	ユリウス暦〔旧太陽暦、Julius Caesar から〕
august	荘厳な〔ローマの Augustus 帝から〕
Fabian society	フェビアン協会〔Shaw や Webb が創立した漸進的社会改革団体。1884 年設立。交戦をさけたローマの将軍 Fabius から〕
Virginia	バージニア州〔Virgin Queen Elizabeth I〕
Carolina	カロライナ州〔Charles 二世にちなむ〕
Pennsylvania	ペンシルバニア州〔ペンの森という意味で、ここを開いた William Penn の名にちなんで〕

downpour ＝大雨

★ **downpour**（大雨）などは、ごうごうと降る雨の音が聞こえるような表現であるが、このように、副詞＋動詞の合成語は、動詞の生き生きしたイメージを強めて、今日的な感覚を生み出す。

★陸上競技、スケート、競馬などの「反対側の走路」の **backstretch** も、stretch（のびる）＋ back のコンビである。**upturn** は、up + turn（方向を変える）で、（上昇）である。

副詞 ＋ 動詞 → 伴伴した名詞をつくる
downpour（大雨）

aftercare	アフタケア
backset	ぶり返し (set back)
backslide	あともどりする (slide back)
bypass	迂回(うかい)路 (by + pass)
downfall	落下 (fall down)
forthcoming	やがて現われようとする (coming forth)
income	収入 (come in)
inlay	ちりばめる (lay in)
offset	相殺物 (set off)
offspring	子ども (とび出してきたもの!)
onrush	(水の)奔流 (rush on)
outbreak	勃発 (break out)
outcome	結果 (come out)
outlook	外見 (look out)
outset	手始め (set out)
overthrow	上手投げ (throw over)
underthrow	下手投げ (throw under)
upkeep	(土地などの)維持費 (keep up)
upbringing	養育 (bring up)
uphold	支持する (hold up)
uplift	向上 (lift up)
upstart	成上がり者 (start up)

drivein = ドライブイン

★ drivein は動詞+副詞でできた言葉だが、これと同じ構成の語が多いことは知っておいてよい。break up は、学校などが(解散する)ことだが、breakup と一つになると、(解散)という名詞になる。まだ動詞のときのなまなましさが残っていて、力を与える。そのため、drivein、lockout (「ストライキのときの」ロックアウト)、pullover (頭から引っかぶるセーター) といった現代感覚をもつ、この種の造語法による単語がどんどん発生している。この語感をつかんでほしい。

動詞+副詞 の合成語

drivein
(ドライブイン)

pullover
(頭からかぶるセーター)

lockout
(ロックアウト)

breakthrough	突破〔break through〕
castaway	(社会から)捨てられた(者)〔cast away〕
drawback	欠点〔draw back〕
gobetween	媒介者、なこうど〔go between〕
fadein	(映画の)溶明(だんだんはっきりしてくる)
fadeout	(映画の)溶暗(だんだん暗くなって消える)
fallout	原子灰の降下〔fall out〕
holdup	強盗、(乗り物の)停止〔hold up〕
lookout	用心、警戒、見張り〔look out〕
runaway	逃げ出した人〔run away〕
slip-on	ヒモなしの靴〔slip on〕
standoff	離れている(こと)〔stand off〕
standin	スタンドイン(映画の身替わり)〔stand in〕
standstill	休止、行きづまり〔stand still〕
teachin	学内討論会(ミシガン大学ではじまった)
warm-up	ウォーミングアップ((出演者紹介などによる番組まえの)気分のもりあげ)
washout	洗いざらしの、くたびれた〔wash out〕
walkin	歩道に面した銀行の窓口〔walk in〕
walkout	スト〔walk out〕
workout	試験〔work out〕

export & *import* =輸出と輸入

★人間の考え方には、善悪、正邪、左右、前後のように対応的なものが多い。たとえば、export と import のように ex- と im- という接頭辞によってはっきりと区別する。また major league（大リーグ）に対して、minor league（小リーグ）がある。

★doubt と suspicion はどちらも（疑う）だが、前者は「ないと疑い」、後者は「あると疑う」という意味で、やはり対応語である。

★ほかにも ambassador（大使）—embassy（大使館）、consul（領事）—consulate（領事館）といった対応関係も考えられる。

abstract	抽象的	concrete	具体的
affirmative	肯定的	negative	否定的
amity	親善	enmity	敵対
ascent	上り	descent	下り
creditor	債権者	debtor	債務者
don	着る	doff	脱ぐ
fertile	肥沃的	sterile	不毛の
frigid	寒帯の	torrid	熱帯の
homogeneous	等質の	heterogeneous	異質の
increase	増加	decrease	減少
longitude	経度	latitude	緯度
majority	大多数	minority	少数
masculine	男性の	feminine	女性の
maximum	最大限	minimum	最小限
optimist	楽観主義者	pessimist	悲観主義者
orthodox	正統の	heterodox	異端の
plaintiff	原告	defendant	被告
plural	複数の	singular	単数の
senior	年上の	junior	年下の
wax	月がみちる	wane	月がかける

face =顔

★ face は(顔)。surface は、sur- が「上」だから、「上の顔」つまり(表面)。deface が(外観を汚す)、efface が、「表面をぬぐう」で(消す)。

★ front は(額)。confront が、「たがいに〈con〉額をつき合わせる」から(直面する)。

★ 目は ocul- である。monocle(片眼鏡)。inoculate は、皮膚に穴〈目〉をあけて病菌を注入するから(接種する)。

★ os- は「口」、この複数形が or-。osculate は kiss のこと。oral(口頭の)、an oral examination(口述試験)、oral intercourse というのもあります。

★「鼻」は nose。nostril(鼻の穴)。nasalize(鼻声で話す)。

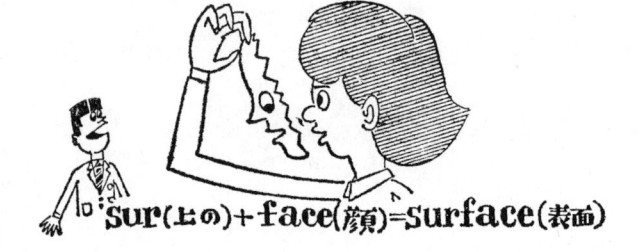

sur(上の)+face(顔)=surface(表面)

facial	顔の〔face + ial〕
superficial	表面的〔super + face + ial〕
facade	(建物の)正面〔face + ade〕
face-ache	顔面神経痛〔正確には facial neuralgia〕
facet	面〔face + et (指小辞)〕
face-saving	面子(メンツ)を立てる〔「顔をつぶさない」の意から〕
frontier	辺境〔front + ier〕
frontispiece	(本の)口絵〔雑誌の前のほうにある〕
affront	侮辱する〔af- = ad- = toward〕
nasal	鼻の〔nasal cavity 鼻腔〕
oculist	眼科医〔oculus は「目」〕
binocle	双眼鏡〔bi- は「二」〕
inoculation	接種〔皮膚に目をあけて病菌を入れる〕
oracle	神託〔(神の)口から出た言葉〕
orator	雄弁家〔speaker の意〕
oratori(c)al	演説の〔～ contest 雄弁大会〕
oratory	雄弁〔orator 演説家〕
oratorio	オラトリオ〔聖書に材をとった聖譚曲〕
mouthpiece	吸い口、代弁者〔mouth + piece〕
mustache	口ひげ〔まんなかが切れていると mustaches〕

Ford ＝フォード（自動車）

★大衆車の第一号はなんといっても Ford だろう。その安い Ford をすら I can't afford a Ford.（フォードも買えない。）と言ってこぼすアメリカ人がいる。さすがはアメリカ人、貧乏をしても言うことがしゃれている。この Ford が人名からきたことはだれでも知っているが、Chevrolet（シボレー）もアメリカ人のレーサー Louis Chevrolet からと知る人は少ない。

★車の様式名である sedan はフランス北部の地名。

★車には貴族的でエレガントな名が好まれる。国産車の Debonaire（デボネア）は、（晴れやかな）の意。Corona（コロナ）は、（光環）である。

Buick	ビュイック〔アメリカ、Buick はアメリカの自動車製作者〕
Contessa	コンテッサ〔日本、伯爵夫人〕
Crown	クラウン〔日本、王冠〕
Chrysler	クライスラー〔アメリカ、chrys- は「黄金の」の意〕
Comet	コメット〔アメリカ、彗星(すいせい)〕
coupé	クーペ〔2ドアの自動車、cut の意〕
Dodge	ダッジ〔アメリカ、妙策〕
Daimler	ダイムラー〔イギリス、ダイムラーはドイツの技師〕
Lincoln	リンカーン〔アメリカ、リンカーン大統領の名から〕
Jaguar	ジャガー〔スポーツカー、アメリカひょう〕
Mustang	ムスタング〔フォードの一車種、メキシコ野馬〕
Oldsmobile	オールズモービル〔automobile のもじり〕
Packard	パッカード〔アメリカ、Packard は技師名〕
Pontiac	ポンティアック〔アメリカ、首長の名から〕
Taunus	タウナス〔フォードの一車種、ドイツの山脈の名〕
Benz	ベンツ〔ドイツ、Benz はドイツの技師〕
Volkswagen	フォルクスワーゲン〔ドイツ、people's waggon〕
Rolls-Royce	ロールス・ロイス〔貴族 Rolls が Royce 製作の車に感心して一緒に始めたから〕
Thunderbird	サンダーバード〔インディアンの羽根飾りから〕

forget-me-not =忘れな草

★花の名の起こりはいろいろあるが、俗称が正式の名になったものが多い。forget-me-not や、「とさか」からきた coxcomb（鶏頭）など。

★また神話からのも多く、adonis（福寿草）は Venus に愛された美少年 Adonis から。

★発見者の名まえに、-ia を付けたものも多い。dahlia（ダリア）〈発見者は Dahl〉、magnolia（もくれん）〈Magnol〉など。

★ anther は（花の葯）。anthology の「詞華集」という訳語は、この語の意味と由来をよくとらえていて、まさに名訳といえる。

forget-me-not
「忘れないで」→（忘れな草）

amaranth	アマランス〔伝説の不凋花〕〔けっして色あせることがない〕
anemone	アネモネ〔anemos はギリシャ語で風〕
camellia	椿〔Jesuit 派の Kamel が、東洋よりもち帰った〕
iris	あやめ〔ギリシャ語の「虹(にじ)」から〕
kiss-me-quick	三色すみれ〔さあさあ早く、色あせないうちに〕
maidenhair	アジアンタム〔シダの類〕
marguerite	マーガレット〔ラテン語で「真珠」のこと〕
narcissus	水仙〔水に映った自分の顔に見とれて溺死した美少年の名から〕
orchid	蘭〔ギリシャ語で「睾丸」。根の形が似ているから〕
pansy	三色すみれ〔(仏)pensée (思索)から。花言葉は「思い」〕
primrose	桜草〔first rose (最初に咲くバラ) の意〕
daffodil	ラッパ水仙
lily	ゆり〔～ of the valley 鈴蘭〕
snowdrop	まつゆきそう〔雪の消えるのを待たずに咲く、春の先がけ〕
touch-me-not	ほうせん花〔触れれば、はじける〕
tulip	チューリップ〔turban から。唇とは関係ない〕
wisteria	藤〔Wister が発見者〕
hyacinth	ヒヤシンス〔アポロに射殺され、花にされたという Hyacinth から〕
morning glory	朝顔〔夕顔は、evening glory〕
peony	しゃくやく〔神々の医者の意。もと薬用とされた〕

G. H. Q. ＝早く帰宅せよ

★ G. H. Q. といえば、戦後の日本ににらみをきかせたアメリカの General Headquarters（参謀本部）が思い浮かぶが、星うつり時変わり、いまでは勤めの帰りに bar-hopping（はしご飲み）などで午前さまが出るくらいまでゆとりができてきたとみえて、Go Home Quickly の略と相成った。

★ Winston Churchill の頭文字をとって、W. C. とするような略号はよく見うけるところ。LP（エルピー盤）、F. M.（エフエム放送）なども同類。

★ Mountain の始めと終わりをとって、Mt. とする略し方もある。

CM	コマーシャル (Commercial Message)
DM	ダイレクトメール (Direct Mail)
D.P.E.	現像・焼付・引伸 (Developing、Printing、Enlarging)
FEN	極東駐留軍放送 (Far East Network)
F.B.I.	連邦警察局 (Federal Bureau of Investigation)
G men	Gメン (Government man)
IBM	世界最大の電子計算機メーカー(International Business Machine)
ID Card	身元証明書 (Identification Card)
LIONS Club	ライオンズクラブ (Liberty、Intelligence、Our Nation's Safety)
M.C.	司会者 (Master of Ceremonies)
NATO	北大西洋条約機構 (North Atlantic Treaty Organization)
PR	ピーアール (Public Relations)
P.P.S.	(手紙の)再追伸 (Post Postscript)
Q.T.	秘密に (on the quiet の略)
RADAR	レーダー (Radio Detecting and Ranging)
SEATO	東南アジア条約機構 (South East Asia Treaty Organization)
TKO	テクニカル・ノックアウト (Technical Knock Out)
SRAM	短距離攻撃用ミサイル (Short Range Attack Missile)
SF	空想科学小説 (Science Fiction)
VIP	重要人物 (Very Important Person)

go-go =ゴーゴー

★パパ、ママ、go-go のように、同じものを重ねる反復語（Reduplication）がある。これは、とくに幼児や未開地で原始的な生活をしている人に多い。**pooh-pooh**（フフーンというあざわらい）、**so-so**（まあまあ）など。また、反復することで、焦慮やあざけり、強調の感じが出る。

★前半と後半の違うものもある。**ping-pong**（ピンポン）、**bow-wow**（犬の鳴き声）、**see-saw**（ギッタンバッタン）、むかしはやった **boogie-woogie**（ブギウギ）も、この類である。

abracadabra	アブラカダブラチンプンカン〔三角形に書いた呪文〕
baddy-baddy	TVや映画の悪人〔< bad〕
ding-dong	鐘の音〔擬音〕
fiddle-faddle	ばかげたこと〔fiddle もてあそぶ〕
gaga	気の狂った〔crazy〕
goody-goody	いやに善人ぶった人〔good + y〕
hocus-pocus	ああらふしぎ、（ごまかすための）でたらめの文句〔手品師のラテン語まがいの文句〕
hoity-toity	おやまあ、〔気どりや軽はずみな行為に対して〕
hokey-pokey	手品、ごまかし、（大道で売る）安アイスクリーム〔口語、cf. hocus-pocus〕
hubba-hubba	(俗)早く（急げ）、よしよし〔語源不明、アラビア語で habba は love の意〕
hugger-mugger	こそこそやる、乱雑〔hugger は「待ち伏せする」〕
humpty-dumpty	ずんぐりむっくりの〔H-D- 英詩の中の人物〕
hush-hush	(俗)ごく内々の、極秘の〔hush「シッ」〕
mumbo-jumbo	迷信的崇拝物、むだ話〔アフリカ西部のスーダン地方の部落の守護神〕
muu-muu	ムームー〔ハワイ土人のふだん着〕
pretty-pretty	飾りすぎた、きどった〔あざける感じ〕
putty-putty	パッパッ〔スクーターの音〕
quack-quack	ガアガア（あひるの鳴き声）、(小児語) あひる
tick-tack	チクタク〔時計の音〕
yackety-yak	のべつ幕なしのむだ話〔yack は擬声語〕

Hottentot ＝ホッテントット

★アフリカ先住民の Hottentot は "hot" en (= and) "tot" の略である。彼らの言葉が、"hot"と"tot"にしか聞こえなかったからである。音感を重視しすぎるのは危険だが、それにしても、「ゴホン」といえば cough（せきをする）と音のうえの結びつきは当然考えられる。プロレス、ボクシング、船の食事の合図などの gong は、（ゴング）としか言いようがない。

★cockadoodledoo（コケコッコー）のように擬音のためだけの単語も多い。

baa	メエー〔羊の鳴き声〕
bang	バン、ズドン〔ドア、太鼓、大砲などの音〕
buzz	ブンブン〔蜂などの羽音〕
ding-a-ling	えっさっさあー〔擬音〕
fizz	シュー(という音)〔シャンペンなどを抜くときの音で、gin fizz はここからきた〕
hum	ハミング〔鼻で〕
flash	パッとひらめくこと〔フラッシュをたくなど〕
flush	(水が) ほとばしる (flash とはちがう)
honk	警笛 (を鳴らす)〔擬音〕
plunk	物の落ちる音〔パタン〕
slim	すらりとした (slender ほっそりした)
slip	するりとすべる (slipper (スリッパ) はこれから)
slit	すーと切る〔鋭利な刃物などで〕
slash	さっと切る〔チャンバラ〕
splash	(水の)パシャパシャいう音
sizzle	ジュージュー〔てんぷらを揚げるときなど〕
smack	チュッ〔キッスの音〕
thud	ドサッと落ちる音 (with a heavy 〜 ずしんと)
whiz(z)	ヒュー〔飛ぶ矢などの音〕

humor ＝ユーモア

★ humor はもと「体液」という意味であった。人間の体には四つの液が流れていて、それらの配合のぐあいで、性質が、怒りっぽくなったり、陰鬱になったり、陽気になったりするという。すなわち blood（血液）、phlegm（粘液）、choler（黄胆汁）、melancholy（黒胆汁）の四液である。だから、humor という体液には、陽気な要素がかなりあったのだろう。

cheer	元気〔cheer はラテン語で「顔」の意〕
cheerful	快活な〔cheer がいっぱい〕
choleric	怒りっぽい〔胆汁からきた〕
cholera	コレラ〔choleric と同語源〕
bilious	気むずかしい〔bile も胆汁、これがたまるとかんしゃくが起こる〕
atrabilious	ゆううつな〔atra = black〕
facetious	こっけいな〔-ous は形容詞語尾〕
gall	にがみ〔gall = bile 胆汁〕
gloomy	陰気な〔gloom (かげ) + y〕
hilarity	陽気〔-ty は名詞語尾〕
hilarious	陽気な〔ギリシャ語 hilaros = cheerful から〕
ill-humored	ふきげんな〔ill- = bad〕
humorless	おもしろみのない〔講義、人間など〕
humorsome	気分の変わりやすい〔女心と秋の空……〕
jocular	こっけいな〔joke の姉妹語〕
jocose	こっけいな〔ラテン語 jocus から〕
joker	ジョーカー(トランプ)、冗談を言う人
juggler	手品師〔joke と同語源〕
phlegmatic	冷淡な〔粘液質の〕
phlegmy	痰(たん)を含んだ〔phlegm (粘液) + y〕
sanguine	多血質の〔sang は「血」〕
sanguinary	血なまぐさい〔bloody の意〕

jack-in-the-box ＝びっくり箱

★ Jack（ジャック）や John（ジョン）は、もともと一般的な男子の名まえで、日本の「太郎」に当たる。「ものぐさ太郎」、「風太郎」、「坂東太郎（利根川のこと）」式に、jack-in-the-box（びっくり箱）や jack-of-all-trades（なんでも屋）、Honest John（オネストジョン）などの語が作られる。

★このような compound word（合成語）は、かんたんにできる点で現代的。who's who（人名録）など、いかにもわかりやすくおもしろい。

cross-word-puzzle-itis	クロスワードパズル狂 (-itis は「病気」)
get-at-able	手に入れやすい (able to get at)
good-for-nothing	ろくでなし(の) (なんの役にもたたない)
hail-fellow-well-met	親しい仲の (おい、おまえの仲の)
how-do-you-do	(口)困った立場 (= how-d'ye-do)
jack-o'-lantern	鬼火、カボチャぢょうちん (Halloween (万聖節前夜)に、カボチャの中身をくり抜いて作る)
Johnny-on-the-spot	待ってましたとばかりなんでもやる人 (on the spot 即座に)
man-of-war	軍艦 (= warship)
matter-of-fact	事実の、実際的の (〜 -ness は名詞形)
Mr. Know-all	物知りぶった人 (軽蔑的に)
ne'er-do-well	やくざ (けっしてよくやらない)
out-of-date	時代おくれの (反対は up-to-date)
stay-at-home	出不精 (いつも家にばかりいる人)
title-itis	肩書き病 (title (肩書き) + itis (病名語尾))
touch-me-not-ishness	私にさわってはなりませんぞえ的気品 (Dickens の造語)
what-d'ye-call-him	なんとかさん (d'ye = do ye = do you)
what-not	(骨董品などの)置き棚、(口)なにやかや
what-you-may-call-it	なんとかいうもの
whichamacallit	あのそれ、なんとかいう (Which am I to call it ?)
whodunit	推理小説 (Who done (= did) it ?)

japan ＝漆器

★ **japan** は（漆器）。日本の特産物だから。陶磁器は **china** である。このように産地の名が普通名詞になったものは多い。

★また、発明者の名を冠したものもある。**sandwich**（サンドイッチ）は十八世紀のイギリスにいた賭博好きの Sandwich 伯が勝負の合い間に食べようとして考え出した簡易食である。**lynch**（私刑）も Virginia の地主 Lynch が奴隷に刑罰を加えたことからできた語。

★ただし例外もある。**turkey**（七面鳥）は Turkey（トルコ）となんの関係もない。南米産であるから。

cashmere	カシミヤ織り〔←インド Cashmere〕
damask	ダマスク織り〔←シリア Damascus〕
muslin	モスリン織り〔←イラク Mosul〕
lawn	寒冷紗(かんれいしゃ)〔←フランス Laon〕
tartan	タータンチェック〔←ギリシャ Tartaros〕
worsted	ウーステッド〔←イギリス Norfolk の Worsted〕
majolica	マジョリカ皿〔←スペイン Majorca〕
bronze	青銅〔←イタリア Brundisium (現 Brindisi)〕
magnet	磁石〔←トルコ Magnesic (現 Manisa)〕
sardine	いわし〔←イタリア Sardiniaに産するから〕
pistol	拳銃〔←イタリア Pistoia で作られた〕
canary	カナリア〔← Canary Islands カナリア群島〕
sodomy	男色〔古代フェニキアの都市 Sodom に男色家が多かった〕
spaniel	スパニエル犬〔← Spain スペイン〕
boycott	不買同盟〔← Captain Boycott〕
guy	やつ〔議会に爆弾をしかけた Guy Fawkes から〕
cinderella	まま子娘〔← Cinderella 姫〕
burke	しめ殺す〔← Wilham Burke 解剖用死体を売ってもうけようとして、多くの人を窒息死させたアイルランド人〕
pander	ぽんびき〔Troilus と Cressida の仲をとりもった Pandarus から〕
guillotine	ギロチン〔←フランスの医師 Guillotin が発明〕

Jupiter ＝ジュピター

★ギリシャ・ローマ神話の中心的な神さまはローマ名 Jove（＝ Jupiter）、ギリシャ名 Zeus。これは father（父なる Jove）の意で by Jove（神かけて、とんでもない）などの句もある。

★ Jupiter の妻 Juno（姓は Moneta）は神殿で貨幣を鋳造した。money はこの Moneta から来ている。

★ほかに Vulcan（火と鍛冶の神）、Bacchus（酒の神）など。

★曜日の名まえは、北欧神話からとったものが多い。

jovial	陽気な〔神々の元締め、木星。木星の人は陽気であるという〕
mint	造幣局、造り出す〔< Moneta〕
monetary	貨幣の、金銭の〔Monetaからきた語〕
volcano	火山〔Vulcan 火と鍛冶仕事の神〕
Volcano Islands	火山列島、硫黄（いおう）列島〔東京の南方約 1200 キロにある〕
volcanic	火山の〔-ic は形容詞語尾〕
volcanic glass	黒曜石〔= obsidian〕
vulcanite	硬化ゴム〔vulcan + ite〕
Icarian	向こう見ずの〔Icarus がろうづけの翼で飛び太陽に近づきすぎて、ろうが溶けて海に落ちた〕
morphine	モルヒネ〔Morpheus 眠りの神の子、夢の神〕
Monday	月曜日〔< Moon's day〕
Tuesday	火曜日〔Tiw (= Mars)の日〕
Wednesday	水曜日〔Odin (北欧神話の神で Mercury に当たる)の日〕
Thursday	木曜日〔Thor (= Jupiter)の日〕
Friday	金曜日〔Frig (Odin の妻)の日〕
Saturday	土曜日〔ローマの農耕の神 Saturnの日〕
Sunday	日曜日〔dies Solis (Sun's day)〕
bacchanalia	飲めや歌えの酒宴〔Bacchus 酒の神〕
Saturnalia	(12 月の)農神祭〔Saturn、悪魔の Satan とは別〕
satyriasis	男子の淫乱症〔Satyr 半人半獣で好色な森の神〕
Olympic	オリンポス山の〔Olympus 神々が住んでいた山〕
Olympiad	国際オリンピック大会〔-ad は名詞語尾〕
Parnassian	高踏派詩人の〔ギリシャにある山の名〕

mob =群衆

★ mob は、ラテン語の mobile vulgus (= excited crowd「興奮した群衆」の意）の、はじめの部分だけ残したものである。群衆が動揺しやすいのは、むかしからである。

★長い名まえをはしょって短くする風潮は、現代では、いっそう盛んである。advertisement（広告）を ad とするなど。また、名まえの Benjamin を Ben. などとするのもこの一種である。

★また、地名の省略もある。canter（馬のだく足〈ゆるいかけ足〉）も、中世の Canterbury（イギリス国教総本山があった）の巡礼者が馬に乗って行ったときの、ゆるやかな足どりから。

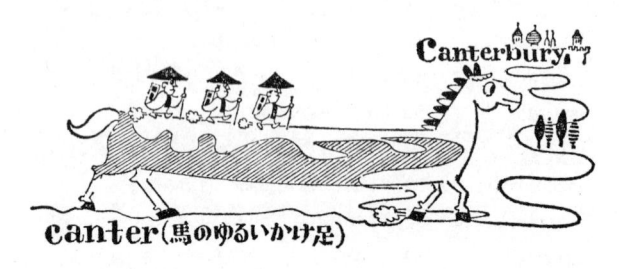

bach	(俗)独身生活をする (bachelor 独身者)
bike	バイク (bicycle)
brig	帆船 (brigantine)
cab	タクシー、辻馬車 (cabriolet)
co-ed	共学女学生 (co-educationed)
doc	医者 (doctor)
drawing-room	応接室 (withdrawing-room)
ee	あなた (Thank'ee！などと使う)
exam	試験 (examination)
fag	疲労 (fatigue)
gym	ジム、体操場 (gymnasium)
hon	(呼びかけ) 恋人 (honey)
motor	自動車 (motor car)
pub	バー (public house)
photo	写真 (photograph)
plane	飛行機 (aeroplane)
mike	マイクロホン (microphone)
flu、flue	流感 (influenza)
phone	電話 (telephone)
tec	探偵 (detective)
vet	獣医 (veterinary)

motel ＝モーテル

★ motorist（運転者）が泊まる hotel（ホテル）だから、たして二で割って motel（モーテル）。言語経済化のあらわれの一つである。二つの部分を一つにするところが旅行鞄のようだから、このような語を portmanteau word という。portmanteau は（旅行鞄）。smoke（煙）+ fog（霧）= smog（スモッグ）などはもっとも典型的。

★数学者で、"Alice in Wonderland"（不思議の国のアリス）の作者である Lewis Carrol は、このような造語が得意だった。chuckle（クスクス笑う）と snort（鼻を鳴らす）をたしてできた chortle（〈得意げに〉笑う）など。

★ crush hour とは crush（つぶれる）+ rush（ラッシュ）で、（超ラッシュアワー）である。

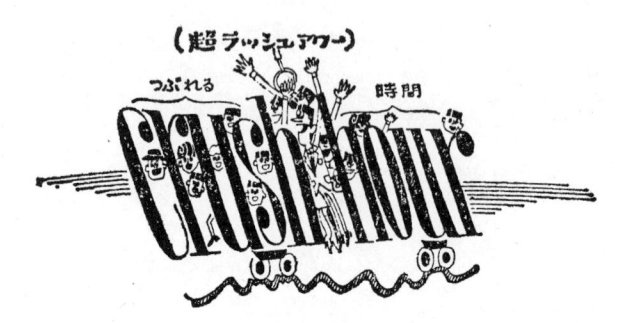

brunch	朝昼兼用の食事〔breakfast + lunch〕
lunper	昼夜兼用の食事〔lunch + supper〕
transceiver	トランシーバー〔transmitter + receiver〕
grumble	ブツブツ不平をいう〔growl（うなる）+ rumble〕
flush	ぱっと赤くなる〔flash（ひらめく）+ blush（赤面する）〕
dumbfound	あぜんとさせる〔dumb（言葉が不自由な人の）+ confound（あわてさせる）〕
luncheon	午餐〔lunch + nuncheon（おやつ）〕
flurry	あわてさせる〔fly（= flow）+ hurry〕
squash	つぶす〔squeeze（しぼる）+ crash（つぶす）〕
splatter	（水、泥を）はねかえす〔splash（はねこぼす）+ spatter（はねる）〕
blurt	だしぬけに言い出す〔blow + spurt（ほとばしらす）〕
electrocute	電気死刑にする〔electro + execute（処刑する）〕
slanguage	俗語〔slang + language〕
twirl	ひねり回す〔twist + whirl〕
teleview	テレビで見る〔television + view〕
telecast	テレビで放送する〔television + broadcast〕
instamatic	インスタマチック〔instant + automatic（自動の）〕

Naples ＝ナポリ

★ See Naples and die.（ナポリを見て死ね。）の Naples（ナポリ、イタリア語では Napoli）は、neos（new）＋ polis（city）つまり、「新しい町」のことだった。neo は new の意である。果物のネーブル（navel orange）が、Naples でとれるからという説は誤りで、これは navel（へそ）に形が似ているから。ソ連の Gorky 市の旧名 Novgorod（ノブゴロド）も、new city の意だった。New York のように、国や都会の名には、よく「新」がつく。万有引力の発見者 Newton の名は new town（新しい町）の意である。

★ novel（小説）も、「新しい話」の意から。

★ neon（ネオン）は news（新しいもの）のこと。

★反対に、veteran（ベテラン）や archaic（古代の）の中には、「古い」が含まれている。

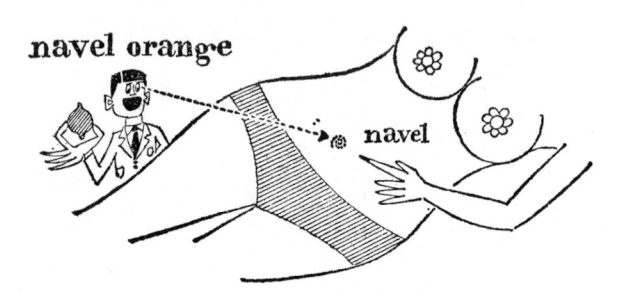

Neapolitan	ナポリの(人)〔~ ice は「三色アイスクリーム」〕
novelist	小説家〔-ist は「人」〕
novelty	新奇さ〔-ty は抽象名詞語尾〕
novice	新参者〔novus = new〕
innovation	革新〔in + novus〕
renovate	刷新する〔再び新しくする〕
renovator	革新者〔renovate する人〕
novitiate	初心者〔「新しくする人」、-ate は「人」〕
neoclassic	新古典主義の〔neo (= new) + classic〕
neolithic	新石器時代の〔lith = stone 石〕
neologism	新造語(を使うこと)〔logos は「言葉」〕
inveterate	常習の、がんこな〔「古くなった」の意〕
inveteracy	根深いこと〔inveterate + cy〕
ancestral	先祖(代々)の〔-al は形容詞語尾〕
ancestry	(集合的に)祖先〔-ry は名詞語尾〕

nightgame ＝夜間試合

★英語だと思って使っている語で、じつは、本場では通用しない和製英語がある。nighter「ナイター」などは、ちょっとしたまさに英語的感覚であるが、正しくは、**nightgame**（夜間試合）である。

★table speech を英語辞典でひいて見つからないので、辞典を非難した人がいたが、じつは、これも和製英語で、辞典にはないはず。英語では、**afterdinner** speech。**romance gray**「ロマンスグレー」は、ソニーの盛田昭夫氏の造語になる和製英語である。

★発音にしても、varnish ⟨váːrniʃ⟩（ワニス、ワニスを塗る）がニスと、原語を連想できないほど変わったものもある。

bromide	ブロマイド〔promide という英語はない〕
bunt	(野球)バント〔band は、楽隊かベルトである〕
curried rice	カレーライス〔カレーとライスが別々なら、curry and rice〕
grounder	(野球)ゴロ〔ゴロという英語はない〕
guinea pig	モルモット〔marmot は別の動物、実験用ではない〕
girder	ガード〔ガード下などのガード、「はり」の意〕
gravure	グラビア〔正しくはグラビュア〕
flannel	(生地)ネル〔flan が落ちている〕
glove	グローブ〔発音は〈glʌv〉、〈gloub〉は「地球」〕
vicuña	ラクダの毛織物〔ラクダの毛というが、これはビクーニャという南米の野生ラマの毛〕
plait	プリーツ(ひだ)〔soft～ は「折り目なしのひだ」〕
veneer	ベニヤ板〔発音は〈vəníər〉である〕
label	レッテル〔発音は〈léibl〉である〕
patrol car	パトカー〔パトカーではアメリカ人には通じない〕
salaried man	サラリーマン〔salary man もあるが一般的でない〕
trunk	トランク〔旅行用大かばん〕
tunnel	トンネル〔発音は〈tʌnl〉〕
white shirt	ワイシャツ〔「白いシャツ」のことで、縞(しま)のワイシャツというのはへんである〕

oblong ＝横長の

★いろいろな形を表わす単語には、それぞれの語源がある。たとえば long から oblong、orb から circle（円）、-gon から angle（角）、rect から straight（直線の）などができた。orbit（軌道）、rectangle（長方形）などもこの仲間。

★curve（曲線）、cone（円錐形）、cube（立体）などからも、いろいろな語が派生する。cubic（立体の）など。車の名まえで有名な crown（王冠）と corona（日輪）とは、同じものである。

★また適当な名詞に -shaped をつければ、「……の形をした」となる。egg-shaped（卵形の）。

orb-（球=circle）

-gon（角=angle）

rect（直線の=straight）

curve（曲線）

cone（円錐形）

cube（立体）

orb	球体〔ラテン語 orbis = circle〕
exorbitant	法外な〔orb は「天体の軌道」の意〕
diagonal	対角線〔dia = through、gon = angle〕
n-gon	n 角形〔-gon は「角形」〕
rectangular	長方形の〔-ar は形容詞語尾〕
rectilinear	直線に進む〔straight line の意〕
cubism	立体派〔二十世紀初頭のフランスに起こった絵画運動〕
coronation	載冠式〔corona = crown〕
coronet	コロネット〔-et は指小辞〕
curvature	湾曲〔curve〕
curvilinear	曲線の〔curve + line + ar（形容詞語尾）〕
conic(al)	円錐形の〔cone + ic〕
oval	卵形の〔ラテン語 ovum（= egg）から〕
lozenge	菱形〔diamond ともいう〕
square	正方形〔ラテン語 squadrus から〕
T-square	T字定規
rondo	（音楽）ロンド〔round 円舞〕
roundel	小円形物〔round + el（指小辞）〕
zigzag	いなずま型〔zag は、もと「歯」の意〕
trapezoid	台形（の）、不等辺四辺形（の）〔table-like の意〕

O-legged = がにまたの

★ふつう（がにまたの）は bandy-legged だが、形からいえば **O-legged** のほうがふさわしい。このように文字を含む言葉は多い。**T-cloth** は、（天じく木綿(もめん)）、商標に T を用いたイギリス産のアジア向けの木綿。**Y-road** は（わかれ道）。

★「アルファベットとは」の問いに対し、「**ＡＢＣ**のこと」という答えでいいわけだが、本当は、ギリシャ語の最初の二字である α（アルファ）、β（ベーター）のこと。時計の Omega（オメガ）も Ω で、ギリシャ語の最後の文字。Omega の mega は great の意なので、時計会社がその名称を選んだのだろう。

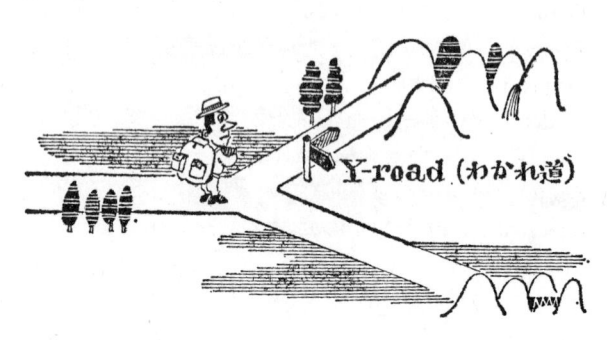

ABC	イロハ、初歩〔ふつう複数形で使う〕
ABCDarian	初等教育者〔ABCDを教える人〕
A-bomb	原子爆弾〔A = Atomic〕
G ship	上陸用舟艇〔= LST〕
G pen	筆記用のペン〔G形をしている〕
H-bomb	水素爆弾〔H = Hydrogen〕
L	〔建築〕L字形のもの、柱など〔〈el〉〕
round O	円〔まるいO字形〕
3 R's	読み、書き、そろばん〔Reading、Writing、Arithmetic〕
S wrench	S型レンチ〔wrench ねじる〕
T bandage	T形包帯〔股間などをしばる〕
T shirt	とっくりシャツ〔T字形のシャツ〕
U-boat	〔ドイツ〕大型潜水艇
U tube	U字型管
V	戦勝〔victoryから、指二本で示す〕
Y branch	Y形枝管〔branch 枝〕
Y cartilage	Y字形軟骨〔cartilage 軟骨〕
Y cross	Y字形十字架〔キリストのはりつけを表わす〕
Y joint	Y字関節〔jointはjoinから〕

*ortho*dox ＝正統の

★ orthodox の ortho は「正」（right）で、dox は「意見」（opinion）のことである。なお、ortho の反対は hetero「異」（different）である。**Orthodoxy is my doxy, heterodoxy is another man's doxy.**（正しい説は私の説で、異端の説は他人の説）などと、はなはだつごうのいいことを言う人もある。

★なお、pseudo は「にせの」で、quasi は「疑似の」である。
★ hyper は「上」（above）、hypo は「下」（under）である。現像液の **hypo**（ハイポ）もここから。**hyphen**〔under + hen（= one）〕は合成語の間につけた - の印。

orthoepy	正しい発音 (epos = word)
orthography	正字法 (ortho (= right) + graphy (= write))
heterography	変則のつづり字 (hetero (= wrong) + graphy (= write))
heteromorphism	変形、変態 (hetero + morph (= form))
heterosexual	異性の (hetero + sexual)
heterogeneous	異種の (genus 種)
pseudonym	変名 (pseudo = false、nym = name)
pseudo-classic	擬古典的な (pseudo + classic)
pseudomorph	仮象 (morph = form)
quasicholera	疑似コレラ (quasi (= false) + cholera)
quasicorporation	半官半民の会社 (corporation 会社)
hyperbole	誇張 (hyper = above)
hypercritical	酷評の (hyper + critical)
hypersonic	超音速の (sonic 音の)
hypochondria	ヒポコンデリー、憂鬱症 (hypo (= under) + chondria = (cartilage 軟骨))
hypocrite	偽善者 〔ギリシャ語「俳優」の意〕
hypodermic	皮下の 〔ギリシャ語 derma = skin〕
hypophysis	脳下垂体 〔複数は hypophyses〕
hypothesis	仮説 (thesis は「おくこと」、「下においたもの」)

para*sol* ＝日がさ

★ Sol は古代ローマでは太陽の神でギリシャの Helios にあたる。**parasol** は「日をよける」から「日がさ」。"O Sole Mio" は「私の太陽よ」。cf. You are my sunshine. **heliotrope**（向日性植物）も、これで太陽と関係があることがわかる。

★ moon にあたる luna から **lunar**（月の）などができ、star の意味の stella からは **constellation**（星座）や **asterisk**（＊印）ができた。**disaster** も ill star（悪い星）の意で（災難）、（不安）となる。

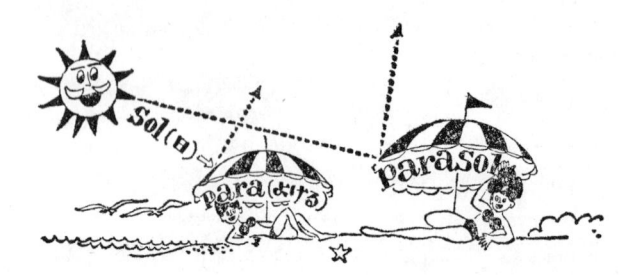

solar	太陽の〔sunny 日当たりのよい〕
the solar system	太陽系
solstice	(冬至、夏至の)至〔stice は「太陽が赤道から最も遠ざかる地点」〕
solstital	夏至の、冬至の〔solstice の形容詞〕
helium	ヘリウム〔heli- は「太陽」〕
helioscope	太陽観測用望遠鏡〔scope 鏡〕
helianthus	ひまわり〔anthus = flower〕
helicopter	ヘリコプター〔pteron は「つばさ」〕
heliocentric	太陽中心の〔geocentric 地球中心の〕
heliograph	日光反射信号機、日光光度計
heliolatry	太陽崇拝〔helio + latry〕
lunatic	常軌を逸した〔月のしずくをあびると気が狂うという= moon-struck〕
sublunary	月下の、地上の〔sub- は「下」〕
stellar	星の〔stella (star + ar)〕
astronomy	天文学〔-nomy は「学」〕
astronomer	天文学者〔astro- は「星」、「天体」、「天文」〕
astrology	星占い〔-logy は「学」、「術」〕
aster	えぞぎく〔星の形かららしい〕
star-spangled	星をちりばめた〔the Star-Spangled Banner 星条旗〕
the Stars and Stripes	星条旗

skirt-chaser = 女ばかり追いかけている人

★俗語の「……する人」、「……狂」には、いろいろの言い方がある。skirt-chaser はスカートを追いかける (chase) 人 (-er)。ほかに、bird、box、bug などをつけることがある。car-bug（車好き）のように。

★「……狂」も mania ばかりでなく、crazy、dizzy、mad、nutty なども使う。

★ hamburger に似せて muttonburger（羊肉入りのハンバーガー）ともやる。

★また、「……売り」を vender とするのが古いからか、butcher（肉屋の意）などとすごいのもある。

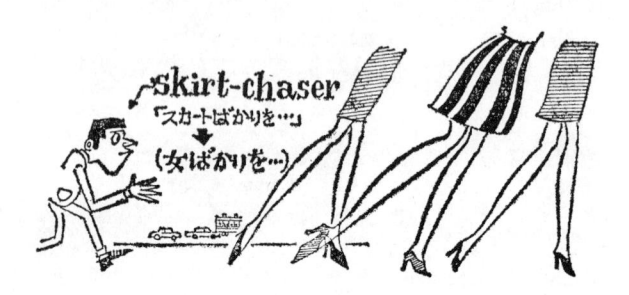

cunt-chaser	女ばかり追っかける人〔cunt は俗語で「女性」〕
early bird	早起きの人〔～ catches the worm. 早起きは三文の得〕
jailbird	囚人〔かごの鳥の連想もあって〕
lazybones	なまけもの〔bones で「人間全体」を表わす〕
chatterbox	おしゃべり〔人間を箱に見たてた。人間ジュークボックスのように〕
dreambox	夢想家〔夢ばかりいっぱいつまった〕
knowledge-box	物知り〔知識のつまった箱みたい〕
sneezebox	くしゃみ男〔ほらまたやった〕
coffee boy	コーヒー売子〔coffee vender コーヒー自動販売機〕
speedboy	スピード狂〔あなたもその一人か〕
tomboy	おてんば〔Tom は男の子の名。それほど悪い意味ではない〕
movie bug	映画気違い〔mania などより感じが出ている〕
hi-fi bug	ハイファイ狂〔最近とみにふえた〕
jitterbug	スイング狂〔hopper (ホップする人) ともいう〕
car-crazy	車マニア〔-happy、-dizzy、-mad などでもよい〕
jazz-crazy	ジャズマニア〔jazz には俗語で vagina の意も〕
beefburger	ビーフ入りハンバーガー〔hamburger のまね〕
Chineseburger	米入りハンバーガー〔中国人は米が常食だから〕
beer butcher	ビール売子〔cf. coffee boy〕
candy butcher	キャンディ売子〔butcher とは肉屋さんのことなのに！〕

snore ＝いびき(をかく)

★音と意味の関連を強調しすぎてもいけないが、sn- の音からは、鼻にかかった感じは出る。snore や sneeze（くしゃみ「をする」）、sniff（くんくんかぐ、洟をすする）などのように。

★また、wr- には、ねじった感じがある。wriggle（のたうつ）には、やまたのおろちや、失恋男が身をよじっている感じが出ている。writhe も、失恋、苦痛、屈辱などで、（身をもだえる）さまが目に見えるようだ。wrist（手くび）も同様。

snarl	(犬などが)うなる〔snoreと同格〕
sneer	鼻であしらう、あざ笑う〔「犬のように歯をむき出す」から〕
snicker	クスクス笑う〔擬声語〕
sniffle	鼻をクンクンいわせる〔sniff の反復形〕
snivel	洟をすする〔粘液から〕
snook	(俗)なんだつまらない〔親指を鼻先に当て、他の指を開く所作〕
snoot	鼻、しかめづら〔snout から〕
snooty	(米俗)思いあがった
snooze	うたたね(する)〔= snore〕
snort	(馬が)鼻をならす、鼻息、ぐい飲み〔いびきをかくから〕
snotty	(卑)洟をたらした〔snot はな汁〕
snout	豚の鼻づら〔< muzzle 鼻づら〕
snub	鼻であしらう〔snub nose しし鼻〕
snuff	鼻から吸う、かぎたばこ〔「洟をかむ」の意〕
sunffle	鼻をフンフンいわせる、鼻をつまらせながら話す〔sunff の反復〕
wrangle	口論する〔-le は「反復」を示す〕
wreath	花輪、花冠〔枝もつけてねじり、頭にまいた〕
wrench	ねじり、レンチ〔= twist の意〕
wretch	あさましいやつ〔心がねじけている〕
wrinkle	しわ〔ねじったようにできるくやしさ〕
wring	しぼる〔ぞうきんの水や涙などを〕
wry	〈rai〉(顔など)ゆがんだ〔~ smile にが笑い〕

tuberculosis ＝結核

★ tuberculin（ツベルクリン）でおなじみの tuberculosis のように、病名の語尾には -osis が多い。

★ bronchitis（気管支炎）などの -itis は「炎」の意。celebrity-itis（名士病）などとも使う。病名には、このようなギリシャ系名詞が多いが、同時に、scarlet fever（猩紅熱）だの、whooping cough（百日咳）や、sud（ポックリ病（突然死）＜ suddenly）のような俗称も多い。

Suddenly(突然に)より突然の Sud (ポックリ病)

aphasia	失語症〔phanai (= speak) から〕
apoplexy	卒中〔ギリシャ語で strike down の意〕
arthritis	⟨ɑːθráitis⟩ 関節炎〔arthon =関節〕
beriberi	かっけ〔セイロン語 beri (= weakness) の強意的重複形〕
cancer	癌(がん)〔カニの意。カニがはさみで切るように広がる〕
carditis	心臓炎 (cardio = heart + -itis)
catarrh	カタル (flow down の意)
chorea	舞踏病〔俗に jumps、または St. Vitus's dance、少年殉教者 St. Vitus の前で踊れば直るという〕
diabetes	糖尿病 (dia (= through) + betes (= flowing))
dysentery	赤痢〔dys (悪化) + entera (内臓)〕
elephantiasis	象皮病〔elephant + -asis (病名語尾)〕
enteritis	腸炎〔ギリシャ語 enteron は「腸」〕
epilepsy	てんかん〔ギリシャ語で「とらえる(= seize)」の意から〕
gastritis	胃炎〔ギリシャ語 gaster は「胃」〕
measles	はしか(麻疹)〔単数あつかい〕
meningitis	脳膜炎 (menin + membrane (膜) + itis)
pleurisy	肋膜炎 (pleura 肋膜)
psychosis	精神病 (psych (精神の) + -osis)
rachitis	くる病〔rhachis (背骨)。俗称 rickets〕
trachoma	トラホーム〔ギリシャ語で、「ざらざらしている」〕
typhoid	腸チフス〔ギリシャ語 tuphos (= vapor) から〕
typhus	発疹チフス (cf. typhoid)
inflammation	炎症 (flame 炎)

・本書は一九六七年三月に光文社のカッパ・ブックスの一冊として刊行されました。
・現在ではあまり使われないような語句や表現、当時の社会情勢についての言及もありますが筆者が故人であること、作品の時代的背景をかんがみ刊行時のままであることをご了承ください。

英語に強くなる本	岩田一男	昭和を代表するベストセラー、待望の復刊。暗記やテクニックではなく本質を踏まえた学習法は今も新鮮なわかりやすさをお届けします。
真鍋博のプラネタリウム	星新一 真鍋博	名コンビ真鍋博と星新一。二人の最初の作品『おーい でてこーい』他、星作品に描かれた挿絵と小説冒頭をまとめた幻の作品集。(晴山陽一)
超発明	真鍋博	昭和を代表する天才イラストレーターが、唯一無二のSF的想像力と未来的発想で"夢のような発明品"129例を描き出す幻の作品集。(川田十夢)
ぼくは散歩と雑学がすき	植草甚一	1970年、遠かったアメリカ。その風俗、映画、音楽から政治までをフレッシュな感性と膨大な知識、貪欲な好奇心で描き出す代表エッセイ集。
いつも夢中になったり飽きてしまったり	植草甚一	男子の憧れJ・J氏。欧米の小説やジャズ、ロックへの造詣、ニューヨークや東京の街歩き。今なお新鮮さを失わない感性で綴られる入門書のエッセイ集。
こんなコラムばかり新聞や雑誌に書いていた	植草甚一	ヴィレッジ・ヴォイスから筒井康隆まで夜を徹しした読書三昧。大評判だった中間小説研究も収録したJ・J式ブックガイドで"本の読み方"を大公開!
土屋耕一のガラクタ箱	土屋耕一	広告の作り方から回文や俳句まで、「ことば」の魔術師の瑞々しい世界を見せるコピーライター土屋耕一のエッセンスが凝縮された一冊。(松家仁之)
コーヒーと恋愛	獅子文六	恋愛は甘くてほろ苦い。とある男女が巻き起こす恋模様をコミカルに描く昭和の傑作が"現代の「東京」"によみがえる。(曽我部恵一)
てんやわんや	獅子文六	戦後のどさくさに慌てふためくお人好し犬丸順吉。社長の特命で四国へ身を隠しますが、そこは想像もつかない楽園だった。しかし……。(平松洋子)
娘と私	獅子文六	文豪、獅子文六が作家としても人間としても激動の時間を過ごした昭和初期から戦後、愛娘の成長とともに自身の半生を描いた亡き妻に捧げる自伝小説。

ねにもつタイプ	岸本佐知子	何となく気になることにこだわる、ねにもつ。思索、奇想、妄想とはまったく脳内ワールドをリズミカルな名文でつづるショートショート。
うれしい悲鳴をあげてくれ	鴻巣友季子	何をやってても翻訳的思考から逃れられない。妙に言葉が気になり妙な連想にはまる。翻訳というメガネで世界を見た貴重な記録(エッセイ)。
全身翻訳家	いしわたり淳治	作詞家、音楽プロデューサーとして活躍する著者の小説&エッセイ集。彼が「言葉」を紡ぐと誰もが楽しめる「物語」が生まれる。(穂村弘)
昨日・今日・明日	曽我部恵一	「サニーデイ・サービス」などで活躍するミュージシャンの代表的エッセイ集。日常、旅、音楽等が爽やかな文体で綴られる。松本隆氏推薦。(鈴木おさむ)
青春と変態	会田誠	著者の芸術活動の最初期にあり、日記形式の独白調で綴るエネルギーを、日記形式の独白調で綴る青春小説もしくは青春の変態的小説。(松蔭浩之)
玉子ふわふわ	早川茉莉編	高校生男子の暴発するエネルギー、吉田健一、宇江佐真理ら37人が綴る玉子にまつわる悲喜こもごも。(南伸坊)
絶叫委員会	穂村弘	国民的な食材の玉子、むきむきで抱きしめたい!森茉莉、武田百合子、吉田健一、山本精一、宇江佐真理ら37人が綴る玉子にまつわる悲喜こもごも。町には、偶然生まれては消えてゆく無数の詩が溢れている。不合理でナンセンスで真剣だからこそ可笑しい。天使的な言葉たちへの考察。(種村季弘)
ことばの食卓	野中ユリ・画 武田百合子	なにげない日常の光景やキャラメル、枇杷など、食べものに関する昔の記憶を感性豊かな文章で綴ったエッセイ集。
なんたってドーナツ	早川茉莉編	貧しい時代の手作りおやつ、日曜学校で出合った素敵なお菓子、毎朝宿泊客にドーナツを配るホテル、哲学させる穴……。文庫オリジナル。
昭和三十年代の匂い	岡崎武志	テレビ購入、不二家、空地に土管、トロリーバス、くみとり便所、少年時代の昭和三十年代の記憶をたどる。巻末に岡田斗司夫氏との対談を収録。

ちくま文庫

英単語記憶術　語源による必須6000語の征服

著者　岩田一男（いわた・かずお）

二〇一四年十二月　十　日　第一刷発行
二〇二〇年　七月二十五日　第七刷発行

発行者　喜入冬子
発行所　株式会社筑摩書房
　　　　東京都台東区蔵前二-五-三　〒一一一-八七五五
　　　　電話番号　〇三-五六八七-二六〇一（代表）
装幀者　安野光雅
印刷所　株式会社精興社
製本所　株式会社積信堂

乱丁・落丁本の場合は、送料小社負担でお取り替えいたします。
本書をコピー、スキャニング等の方法により無許諾で複製する
ことは、法令に規定された場合を除いて禁止されています。請
負業者等の第三者によるデジタル化は一切認められていません
ので、ご注意ください。

© HIROSHI IWATA 2014 Printed in Japan
ISBN978-4-480-43235-3 C0182